Thomas M. H. Bergner

Lebensmuster erkennen
und nutzen

Thomas M. H. Bergner

Lebensmuster erkennen und nutzen

Was unser Denken und Handeln bestimmt

Bibliografische Information der Deutschen Bibliothek
Die Deutsche Bibliothek verzeichnet diese Publikation in der Deutschen Nationalbibliografie; detaillierte bibliografische Daten sind im Internet über http://dnb.ddb.de abrufbar.

Umschlaggestaltung: Atelier Seidel, Neuötting
Redaktion: Annette Gillich
Satz: Redline GmbH, J. Echter
Druck- und Bindearbeiten: Himmer, Augsburg
Printed in Germany 06240/070502
ISBN 3-636-06240-9

Vorbemerkung

Sie sind ein Schöpfer – der Schöpfer Ihrer eigenen Muster –, und das, seitdem Sie leben.

Muster sind unverkennbare, eindeutige Zeichen, die immer wiederkehren. Wir begegnen ihnen im Alltag ununterbrochen. Ein Leben ohne Muster gibt es nicht. In diesem Buch geht es um Muster, aber um andere, als bisher bekannt sind. Welche Muster kennen wir in der Regel?

Wenn Sie morgens vom Radio geweckt werden, hören Sie ein Geräusch- oder Klang-Muster: Der Jingle, die kurze Melodie, welche die Nachrichten oder die Verkehrsnachrichten einleitet. Schon vor dem Frühstück werden Sie Verhaltensmuster ausleben: das Ritual, ob und wie Sie morgens duschen, ob Sie zuerst die Haare waschen und dann den Körper, welche Körperstellen Sie zuerst einseifen und zuletzt abwaschen – alles Muster Ihres Verhaltens. Wenn Sie nicht alleine sind, werden Sie morgens, mittags und abends genügend Verhaltensmuster Ihrer Partnerin oder Ihres Partners oder Ihrer Kinder kennen – mal wohlwollend schätzend, mal eher nicht.

Wenn Sie frühstücken, schauen Sie auf optische Muster: das optische Muster („Logo" oder Markenzeichen) Ihres Joghurts, die mustergeschützte Form Ihres Bestecks und des Marmeladenglases. Selbst der Geruch des Toasts ist ein Geruchs-Muster und die Art seines einmaligen Knusperns beim ersten Biss wieder ein Geräusch-Muster. Dann denken Sie vielleicht kurz daran, ob Sie dieses Knuspern mögen oder ob es Sie an etwas erinnert (Denkmuster).

Den Tag über werden Sie konfrontiert mit Ihren Glaubensmustern oder -sätzen und denen von anderen: weshalb was wie zu sein hat; weshalb Sie irgendetwas so und nicht anders tun sollten.

Solche Muster sind also Teil unseres alltäglichen Leben. In diesem Buch geht es jedoch um viel wichtigere Muster: um Ihre Persönlichkeits-, Lebens- oder Wesensmuster (im Buch sprechen wir der Lesbarkeit zuliebe einfach von „Muster"). Das sind nicht Ihre Verhaltens- oder Denkmuster und auch nicht Ihre Glaubenssätze, aber sie lassen sich ebenfalls als Sätze formulieren. Sie haben in Ihnen größere Wirkungen und sie lösen weit mehr aus als alles andere. Ihre Lebensmuster entspringen Ihrer Persönlichkeit und formen sie. Sie beeinflussen eines entscheidend: Ihr ganzes Leben!

Die Beschäftigung mit Ihren Lebensmustern kann viele wichtige Fragen klären. Sie ist ein Weg zu sich selbst, zu den eigenen inneren Strukturen. Wer wichtige Teile von sich erkannt und angenommen hat, ruht in sich, wirkt nach außen gelassen, selbstsicher und glaubwürdig. Diese Beschäftigung mit seinen Lebensmustern führt bei konsequenter Anwendung hin zu einem charismatischen, integren und authentischen Menschen, der es als eine wichtige Aufgabe versteht, sein wahres Wesen zu erkennen und es auch zu leben. Der nicht bereit ist, sich den gesellschaftlichen „Zwängen" zu beugen. Der spürt, dass Erkenntnis Gewinn an Leben bedeutet. Der weiß, dass er sich selbst der beste Coach ist, wenn er sich in den Dienst seiner Menschlichkeit stellt.

Selbstverwirklichung meint nicht, alles zu tun, wozu man Lust hat, sondern sich dem Sinn des eigenen Lebens zu öffnen und ihm zu dienen.

Was läuft, wenn nichts läuft?

> Man kann einen Menschen nichts lehren,
> man kann ihm nur helfen, es in sich selbst zu
> entdecken.
> *Galileo Galilei*

Wie oft haben Sie schon versucht,

- abzunehmen?
- weniger zu rauchen?
- sich gesünder zu ernähren?
- mit Ihrer Zeit besser umzugehen?
- Ihre Flugangst zu überwinden?
- endlich ein gutes Buch zu lesen?
- regelmäßig Sport zu treiben?
- sich konsequent fortzubilden?
- mehr Struktur in Ihr Berufsleben zu bringen?
- mehr zu delegieren?
- sich mehr Zeit für sich selbst zu nehmen?
- sich nicht mehr über Banalitäten aufzuregen?
- sich mehr um Ihren Partner zu kümmern?
- endlich Ordnung zu schaffen?

Ich bin an solchen Vorhaben immer wieder kläglich gescheitert. Wahrscheinlich haben Sie ähnliche Erfahrungen gemacht. Aber warum fällt es uns nur so schwer, uns zu ändern? Warum ist es uns scheinbar unmöglich, von alten Gewohnheiten zu lassen? Warum eignen wir uns kein neues, sinnvolleres, gesünderes, erfüllendes Verhalten an?

Es läuft nach klaren Mustern

Die Antwort ist einfach: Der Mensch lebt nach individuellen inneren Strukturen, seinen Persönlichkeits- oder Lebensmustern. Und die durchkreuzen so manches Vorhaben. In der Tabelle ist dargestellt, welche Muster unsere guten Vorsätze in der Regel verpuffen lassen. Beachten Sie, dass die Muster hier und auch im weiteren Verlauf des Buches Beispiele sind und eine oder einige von vielen Möglichkeiten bedeuten. Der Individualität und Kreativität des Menschen sind kaum Grenzen gesetzt.

Gute Vorsätze und Muster als Hindernis

Gute Vorsätze	Hinderliche Muster
Abnehmen	**Ich will nichts hergeben.**
Weniger rauchen	**Ich will mich nicht zeigen.**
Sich gesünder ernähren	**Ich will nicht verzichten.**
Mit seiner Zeit besser umgehen	**Ich habe Angst vor der Leere.**
Seine Flugangst überwinden	**Ich muss mich sicher fühlen.**
Ein gutes Buch lesen	**Ich will nur mein Ding machen.**
Regelmäßig Sport treiben	**Wenn ich mich bewege, sterbe ich.**

Sich konsequent fortbilden	**Ich kann nichts annehmen.**
Mehr Struktur in sein Berufsleben bringen	**Ich will nichts ändern.**
Mehr delegieren	**Ich will alles unter Kontrolle haben.**
Sich mehr Zeit für sich selbst nehmen	**Ich habe Angst vor mir.**
Sich nicht über Banalitäten aufregen	**Ich will alles bestimmen.**
Sich mehr um seinen Partner kümmern	**Ich will meine Ruhe.**
Ordnung schaffen	**Ich mag mich nicht anstrengen.**

Jeder von Ihnen besitzt eine Vielzahl an Mustern. Diese sind groß, sicher, unangreifbar und langlebig, vergessen nichts und besitzen Weisheit. Noch dazu sind sie stark und schlau. Das zeigt schon die Tatsache, dass Muster in der Lage sind, Dinge zu verhindern und uns von etwas abzuhalten. Wenn Sie jedoch Ihre Stärke und Schlauheit nutzen lernen, werden Sie endlich Dinge bewegen können und in Gang bringen. Genau darum geht es in diesem Buch.

Nutzen Sie dieses Buch für sich

Sie können dieses Buch als reines Lesebuch verstehen, Sie können es aber auch als Arbeitsbuch verwenden. Für letztgenannten Zweck enthält es eine Reihe von Aufgaben, deren Ziel es ist, Ihnen das Arbeiten mit Ihren Mustern zu ermöglichen. Sie werden dazu angeleitet, sich Schritt für Schritt Ihre persönliche Mustersammlung zusammenzustellen und damit zu arbeiten. Aus Gründen der Übersichtlichkeit sind alle Aufgaben in Teil VI zusammengefasst, in den Kapiteln verweisen kleine Kästchen mit dem Zeichen ᴬᴬ auf die jeweils zugehörige Aufgabe. Alle Aufgaben verstehen sich als Angebot, auf das Sie nicht zwingend eingehen müssen. Dieses Buch ist so konzipiert, dass Sie auch ohne sie Wesentliches für sich erreichen.

Ergänzend zu den Aufgaben helfen zahlreiche Übungen, die Fähigkeiten zum Identifizieren eigener Muster zu erlangen, zu verbessern und zu testen. Die Übungen sind in die Kapitel integriert und sollten schon wegen der darin enthaltenen Muster auch dann gelesen werden, wenn Sie die Übung nicht machen. Darüber hinaus können Sie sich an allen Tabellen üben, die Muster enthalten. Verdecken Sie jeweils die Musterspalte, und überlegen Sie selbst, um welches Muster es sich im Einzelfall handeln könnte.

Die im Buch genannten Muster bilden die Grundlage für Ihre Arbeit mit Ihren eigenen Mustern, daher sind sie im Text gekennzeichnet, damit sie leicht zu erkennen sind: **Alle Muster sind in einer anderen Schrift gesetzt.**

Gewinnen Sie durch dieses Buch

Muster sind außerbewusste innere Strukturen, die Ihr Leben bestimmen. Dabei bezeichnet der Ausdruck „außerbewusst" alles, was uns nicht bewusst ist, es bedeutet keinerlei Abwertung. Erst wenn Sie Ihre Muster durchschauen, können Sie beginnen, etwas anders oder etwas anderes zu tun. Sie werden erkennen, warum vieles in Ihrem privaten und beruflichen Umfeld nicht wunschgemäß läuft. Und Sie werden verstehen, warum manches wunderbar klappt. Eine bisher unentdeckte innere Welt wird sich Ihnen öffnen. Sie können bewusst ein völlig neues Kapitel Ihrer Lebensgeschichte aufschlagen, indem Sie Ihre eigenen Muster erkennen, neue Ressourcen für sich erschließen und ein gutes Stück weiterkommen.

Dieses Buch handelt von der Entwicklung Ihres Selbst, davon, dass Sie Ihre Fähigkeiten erkennen und Ihre Erfahrungen vertiefen. Es geht um Ihr Selbst-Verständnis, nicht um ein äußeres Befestigungssystem, mit dem Sie versuchen, sich im Leben zu halten. Es geht um Ihre inneren Strukturen, denn in Wahrheit sind sie es, die bisher und auch weiterhin für den nötigen Halt sorgen. Es geht um Urteils- und Handlungssicherheit, um emotionale und soziale Kompetenz und – allem voran – um Ihre Einmaligkeit und Würde. Aber was genau heißt das? Was bringt Ihnen dieses Buch? Es bringt Ihnen:

- Ideen und Inspirationen, warum etwas bei Ihnen nicht klappt
- Lösungen, wie vieles bald klappen kann
- Anregungen, den eigenen Horizont zu erweitern
- Methodik, um zielsicher eigene Strukturen zu erkennen
- Impulse, um aus eigener Kraft und mit eigenen Ressourcen die Zukunft zu meistern
- Wissen, weshalb sich niemand auf Dauer durch angelerntes Verhalten manipulieren lässt
- Möglichkeiten, Ihre Reaktionen und die anderer besser zu verstehen
- Sicherheit bezüglich Ihrer Einzigartigkeit

- Bewusstheit über Ihre Muster
- Mehr Freiheit in Ihrem Leben

Das alles hat nichts, aber auch gar nichts mit Glaubenssätzen zu tun, die zum Beispiel so lauten könnten: „Ich kann nicht vor einer Gruppe sprechen". Das folgende Beispiel beleuchtet diesen Glaubenssatz näher. Übrigens beschränkt sich das Buch der Lesbarkeit zuliebe prinzipiell auf die männliche Form von Berufsbezeichnung usw., auch wenn beide Geschlechter gemeint sind.

Markus ist Mitte 40 und das, was man einen erfolgreichen Manager nennt. Er führt eine beachtliche Zahl an Mitarbeitern, arbeitet effizient und weiß, was er will. Er hat eine Bilderbuchkarriere gemacht, immer ging es aufwärts und voran. Markus ist beliebt. Man sagt ihm zwar die eine oder andere Affäre nach, aber das gehört schließlich dazu. Kurzum: Markus ist der Erfolgsmensch und Karrieretyp schlechthin. Ob er Entlassungen verkündet, schriftliche Berichte verfasst oder mit Geschäftspartnern verhandelt, er zieht sein Ding durch. Nach außen wirkt er souverän, jeder Situation gewachsen, eben ein Profi durch und durch – gäbe es da nicht den Jour fixe jeden ersten Montag im Monat. Das nämlich ist der Moment, in dem er vor Kollegen und Mitarbeitern seinen Monatsbericht vortragen muss. Am Abend vorher nimmt er Schlaftabletten, und an den besagten Montagen leidet er regelmäßig an Durchfall. Die unlängst verordneten Betablocker helfen auch nicht so richtig, denn: Markus hasst es, Reden zu halten. „Ich kann nicht vor einer Gruppe sprechen" sagt er. Aber dank seines anerzogenen Pokerface fällt das niemandem auf. Also steht er einmal im Monat da, macht sich fast in die Hose und wirkt souverän wie immer.

„Ich kann nicht vor einer Gruppe sprechen" – vielleicht dachten Sie bisher, bei solchen Glaubenssätzen sei das Ende der Fahnenstange erreicht. Aber es geht noch weiter: Hinter allen Glaubenssätzen verbergen sich Muster. Glaubenssätze und Muster unterscheiden sich in ihrer Qualität: Während Glaubenssätze vordergründig sind, agieren die Muster im Hintergrund. Indem Sie sich mit Mustern auseinander setzen, werfen Sie also einen Blick hinter die Kulissen und entdecken die wahren Ursachen. Glaubenssätze sind eine Art Kulisse. Aber was steckt dahinter? Was verursacht Ihre Befürchtungen und Wünsche, Ihr Verhalten? Bei Markus war es übrigens das Muster **Ich will mich nicht zeigen.** Andere mögliche Spielformen wären: **Ich lass mir nicht in die Karten schauen** oder: **Niemand kriegt mich.** Solche oder ähnliche Erkenntnisse werden Sie im Laufe der Lektüre gewinnen können.

> AA Aufgabe 1, Seite 327

Vor tausenden Jahren wurden am Eingang des Tempels von Delphi alle Besucher aufgefordert: Erkenne dich selbst. Sich selbst zu erkennen, heißt, seine Seele zu erkunden. Das ist leichter gesagt als getan, denn gegenüber den bahnbrechenden Fortschritten in Wirtschaft, Wissenschaft und Technik, wie sie 3 000 Jahre Menschheitsgeschichte hervorgebracht haben, ist das Wissen über die menschliche Seele gering. Vielleicht ist es aber auch nur abhanden gekommen. In unserer Schulzeit hören wir jeden-

Muster sind keine Glaubenssätze.

falls nicht eine Stunde lang, was die Seele eigentlich ist und bewirkt.

Ihre Muster – so viel ist klar – sind ein Abbild Ihrer Seele und Ihres Selbst (Ich). Jeder wendet Lebensmuster an, kaum einer kennt sie und weiß damit umzugehen. Aber spätestens dann, wenn Ihnen etwas gegen den Strich geht, klopfen Ihre Muster an die Bewusstseinstür. Bestimmt haben Sie das schon erlebt. Sie steckten mitten in einer Situation (oder standen ziemlich daneben), über deren Ausgang Sie sich später gewundert haben. Wie konnte das nur passieren? Aber „das", also Ihr Denken, Fühlen und Handeln, geschieht nicht irgendwie oder einfach so. „Das" läuft äußerst kontrolliert nach klaren, vorgegebenen Mustern – Ihren eigenen. Diese kennen und verstehen zu lernen, hilft Ihnen dieses Buch. Nach der Lektüre werden Sie endlich die richtige Adresse kennen, an die Sie Dank und Beschwerden für den scheinbar wundersamen Ausgang so mancher Situation richten können. Es lohnt sich also, weiterzulesen.

Muster sind essenziell

Muster entstehen in früher Kindheit und halten ein Leben lang, wie das folgende Beispiel verdeutlicht.

Daniela, 35 Jahre, schaut unter fachlicher Begleitung und mit Hilfe einer etablierten Methode in ihre frühe Kindheit zurück: Sie ist ein Baby, gerade aufgeweckt und aus den schönsten Träumen gerissen worden. Grelles Licht, vorbeifahrende Autos, Küchengeruch – das alles nimmt sie wahr. Es ist viel kälter als im Bett, sehr unangenehm. Danielas Mutter hält sie fest im Arm, als das Telefon läutet. Daniela wird eilig auf dem kalten Wickeltisch „geparkt" – das nächste unangenehme Gefühl. Sie dreht sich leicht nach rechts und spürt, dass neben ihr nichts ist, schlimmer noch: ein Abgrund. Der sichere Griff ihrer Mutter fehlt, niemand hält sie. Just in diesem Moment wird ihr klar, dass sie sich keinen Millimeter weiter drehen und am besten gar nicht bewegen darf, sonst fällt sie. Da kommt ihr in den Sinn: **Wenn ich mich bewege, sterbe ich.** *Und schon ist eines ihrer wichtigsten Muster gebildet. Daniela verharrt regungslos, bis die Hände ihrer Mutter sie wieder aufnehmen. Fazit: Es hat funktioniert, sie hat still gehalten, sie ist nicht gefallen, und sie hat überlebt.*

So klein Daniela in der beschriebenen Situation auch gewesen sein mag, so war sie doch ein kompletter Mensch mit der Fähigkeit zu denken – vorrangig mithilfe von Gefühlen. Auch wenn sich das Bewusstsein über Tod und die eigene Endlichkeit erst Jahre später herausbildet, war ihr Gehirn leistungsfähig, aufnahmebereit und -willig und hat Inhalte in Form von Gefühlen gespeichert. Diese werden künftig immer wieder als Muster abgerufen, wenn auch unbewusst. Muster sind untrennbar mit einem oder mehreren Gefühlen verbunden – in unserem Beispiel mit Angst, Starre und Unsicherheit. Muster sind der sprachliche Versuch, Gefühle zu konkretisieren. Daniela jedenfalls hat ihre Lektion gelernt: **Wenn ich mich bewege, sterbe ich.** Was aber tut ein Mensch konsequenterweise, wenn er weiß, dass jede Bewegung lebensbedrohlich sein könnte? Er hält still, und das nicht nur auf dem Wickeltisch. Wie also wird Danielas weiteres Leben nach dieser Erfahrung ablaufen? Sie wird ein ruhiges, unkompliziertes und pflegeleichtes Kind, das gerne drinnen spielt und seine Eltern wenig belastet. Sie treibt höchst ungern Sport, bekommt mit zunehmendem Alter Gewichtsprobleme und Bluthochdruck. Zwar macht sie immer wieder Ansätze, ins Fitnessstudio zu gehen, aber alle guten Vorsätze scheitern: Vorletzte Woche war sie krank, und letzte Woche hat sie das Training total verschwitzt. Oder sie lässt sich einfach irgendetwas anderes Hübsches einfallen, um ihr Muster zu erfüllen und das Gelernte zu bestätigen. Hauptsache, sie muss sich nicht bewegen.

Natürlich gibt es viele mögliche Gründe für Gewichtsprobleme. Jetzt kennen Sie einen weiteren. Und kommen Sie mir bloß nicht mit den Genen. Natürlich gibt es sie, einen gewissen Einfluss haben sie auch. Aber diktieren die Gene, wie viel Sie sich bewegen oder was Sie wann und in welcher Menge essen und trinken sollen? Natürlich nicht. Aber Ihre Muster sagen Ihnen das ganz genau. Sie haben immer so großen Hunger? Wie wäre es dann mit: **Ich will es nicht ertragen** (das Hungergefühl) oder: **Ich gebe nichts mehr her?** Wenn Sie keine Gewichtsprobleme haben, umso besser. Vielleicht leben Sie nach dem Muster: **Ich lasse es nicht zu,** mit dessen Hilfe Sie unter anderem ein Leben lang jede lustvolle Nahrungsaufnahme verweigern. Zweifellos auch eine wirkungsvolle Methode, schlank zu bleiben.

Ein kleines Sätzchen also soll für das alles verantwortlich sein? Ein Sätzchen, das aus einer einzigen Situation heraus geboren wurde? Eine Momentaufnahme soll derartige Auswirkungen haben? – Ja!

Sicher ist es für manche schwer nachzuvollziehen, dass sie bereits in ihrem frühesten Erdendasein eigenverantwortlich tätig waren. Ungläubigkeit und das Negieren von Tatsachen sind – wie bestimmte Muster – eine gute Taktik, sich aus der Verantwortung zu stehlen: **Ich bin nicht schuld.** Zwingt Sie denn jemand, Muster zu kreieren? Schreibt Ihnen irgendwer vor, welchen Inhalt Ihre Muster haben sollen? Das tun Sie ganz alleine, Ihr ganzes Leben lang. Aber warum sind Muster so stark, dass sie dauerhaft wirken und sich immer wieder durchsetzen? Ganz einfach: weil sie schon einmal funktioniert und sich in einer existenziellen Situation bewährt haben. Von Erprobtem und Erlerntem abzuweichen, wäre höchst unklug und widerstrebt dem Menschlichen. Außerdem muss man das Rad ja nicht immer wieder neu erfinden. Sind Muster erst einmal da, halten wir an ihnen fest. Ihr Überleben ist gesichert, weil

- wir wiederholt die gleichen Erfahrungen machen,
- sich die Muster jedes Mal aufs Neue zu bewähren scheinen,
- unsere Wahrnehmung dadurch zunehmend getrübt wird,
- wir unseren Mustern in vielen Lebenslagen blind vertrauen müssen,
- sie sich immer stärker emotional verankern und
- wir ein Neu-Lernen und Neu-Erfahren nicht mehr zulassen, um nicht alles durcheinander zu bringen.

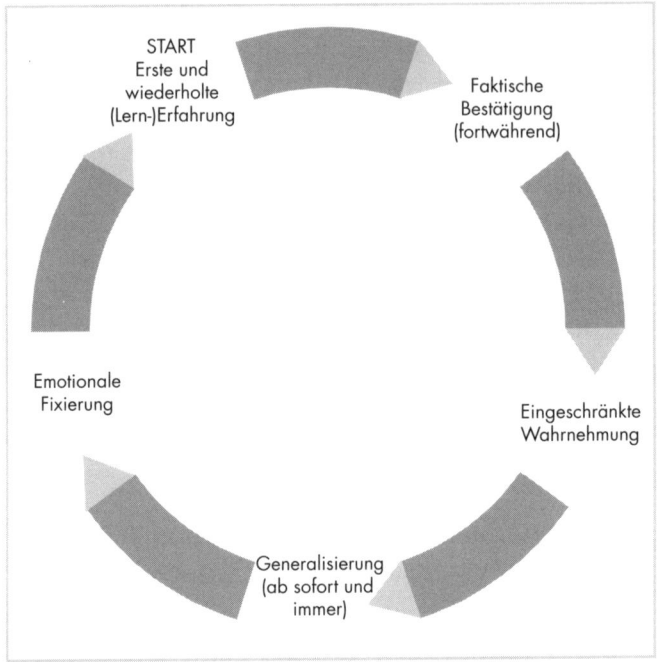

Abbildung 1:   (Über)-Lebenskreislauf von Mustern

Muster bringen Ihnen etwas

Eine gewisse Struktur braucht jeder, der Ordentliche
wie der Chaot. Und Muster schaffen Strukturen. Sie
sind Leitbilder, innere Ordnung, die Grundlage, auf
der wir (auf-)bauen und funktionieren. Muster sind
ein Teil unseres innersten Wissens um uns selbst.
Muster sind die Vermittler zwischen unseren Motivationen und unserem Verhalten. Sie lassen sich in
Worte kleiden und in Sätze packen, die uns fortwährend begleiten und unser Handeln entscheidend
beeinflussen. Es sind Sätze wie:

- **Ich will unbedingt geliebt werden.**
- **Ich schaff's nicht.**
- **Ich habe immer Recht.**
- **Ich lasse nichts an mich ran.**
- **Da muss ich durch.**
- **Ich ertrage es nicht, allein zu sein.**
- **Ich will es nicht wissen.**

Aber Muster geben nicht nur Struktur, sie können unser Leben auch in Bahnen zwingen, die uns schmerzlich einschränken. Ganz ohne Regeln geht es natürlich nicht. Aber die Muster, die Sie lenken, sollten wichtige Sätze und Überzeugungen sein, die Ihre Person im heutigen Erwachsenenzustand widerspiegeln. Bewusste, vertraute, erwachsene und Sie darstellende Muster sind sinnvoll. Es sind Muster, die Sie in vollständiger geistiger Sicherheit, Bewusstheit und Übereinstimmung als richtig und wichtig erkennen und für Ihr Leben annehmen. Solche Muster können Sie sich zunutze machen.

Kleine Kinder bis zum Alter von etwa sieben Jahren lieben es, wenn ihre Bezugspersonen wieder und wieder das gleiche tun (Rituale). Das gibt Sicherheit und ist zudem eine gute Übung. Und wie wir alle wissen: Übung macht den Meister. Deshalb ist es auch so schön und äußerst Erfolg versprechend, das Üben im Erwachsenenalter mit den eigenen Mustern fortzusetzen. Muster entstehen meist durch eine äußere oder innere, für Sie wichtige oder bedeutsame Situation, die Dritten womöglich banal erscheinen mag. Genau solche Situationen sind es auch, die Sie auf bestehende Muster zurückgreifen lassen. Und so ist das erwachsene Leben eine Aneinanderreihung von Musterwiederholungen in wechselndem Gewand. Aber warum wenden Sie alte Muster immer wieder an? Weil Sie einen Nutzen daraus ziehen, und sei es nur der, nichts Neues probieren zu müssen. Von der Pflege unserer Muster versprechen wir uns in der Regel einen individuellen Gewinn: Wir wollen unsere Ruhe haben, unseren Frieden, suchen Bestätigung oder wollen einfach nur geliebt werden.

Ihre Muster sind wie Sie.

Schön und gut, aber wo ist der Haken? Wenn Sie sich Ihrer Muster nicht bewusst sind, können diese Ihre Entwicklung unkontrolliert beeinflussen und sogar hemmen, denn es ist schwierig, einmal Gelerntes zu verlernen. Seien Sie trotzdem stolz auf Ihre Muster, denn sie sind nicht nur ein Teil von Ihnen, sondern Ihre Identität: Individualität, Authentizität und persönliche Note zugleich. Ihre Muster sind Sie. Auf Ihren Mustern basieren Ihre Wirklichkeit, Ihr Verhalten, Ihre Vorstellungen, Ideen, Gefühle und Gedanken. Dennoch haben Muster – einmal verinnerlicht – mit Denken herzlich wenig zu tun.

Gratulieren Sie Ihren Mustern erst einmal: Sie haben sich wacker gehalten und sich Jahre bis Jahrzehnte gegen Ihre intelligentesten Kampfmethoden behauptet. Aber vielleicht hat Sie ein Muster auch gestört oder gar Schaden angerichtet. Dann ist Ihr bewusster Wunsch – weil schwächer und weniger konsequent – dem außerbewussten Muster erlegen. Muster gehen geschickt und raffiniert vor, sie wissen, dass sie äußerst zäh sind.

Muster arbeiten auf sehr tiefen Ebenen außerhalb Ihres Bewusstseins.

Wenn Sie sich bislang an der Oberfläche herumschlagen, haben Sie keine Chance und so manche Schlacht bereits verloren. Aber Sie könnten es leichter haben. Schöpfen Sie aus der Kraft und dem Potenzial Ihrer Muster. Nur dann werden diese ihre Macht über Sie verlieren, über Ihre Ideen, Einstellungen, Emotionen und Verhaltensweisen. Und Sie werden gewinnen – nämlich Zutrauen zu sich selbst.

Nur keine Sorge: Sie müssen sich nicht unbedingt ändern, aber Sie können dazulernen.

Dieses Buch begleitet Sie mitsamt meinen Erfahrungen, die ich als Coach und im Rahmen meiner Seminare (www.bergner.cc) machen durfte. Es sind branchenübergreifende Seminare für Führungskräfte und Mitarbeiter von Konzernen und mittelständischen Unternehmen, für Selbstständige und Privatpersonen. Sie helfen den Teilnehmern, ihre Führungskompetenzen zu erweitern, ein effektives Selbstmanagement zu erzielen und eventuell vorhandene Defizite der Eigenmotivation abzubauen. Zentraler Punkt ist die innovative Methode der Musteridentifikation, der Leitfaden dieses Buches. Die Personen und Sachverhalte der aufgeführten Praxisbeispiele sind grundsätzlich so verändert, dass sie keinen Rückschluss auf die betroffenen Personen oder Firmen mehr zulassen.

Nutzen Sie die Chance, mehr über sich zu erfahren. Wir wünschen Ihnen viele Anregungen und entscheidende Schritte auf dem Weg zum wichtigsten Menschen in Ihrem Leben – zu sich selbst. Und denken Sie immer daran: Sie sind einmalig. Diese Einmaligkeit bewundere und achte ich. Tun Sie es auch!

Ihr Leben ist das Produkt Ihrer Muster und umgekehrt.

AA Aufgabe 2, Seite 327

TEIL I

MUSTER HABEN IHR SYSTEM

Das System Ihrer Muster zu kennen, ist eine wichtige Grundlage. Erst dann können Sie Ihre Muster systematisch nutzen und Gewinn bringend anwenden.

Bedingt lauffähig: Muster – das menschliche Betriebssystem

Der Mensch steht im Mittelpunkt –
und somit sich und allem im Wege.

Bernhard Trenkle

Meine Ahnung von EDV und anderen technischen Dingen lässt sich in einem Wort zusammenfassen: Fehlanzeige. Ich bin ein typischer Endverbraucher. Sie können mir auf diesem Gebiet alles verkaufen, und ich glaube, was immer Sie mir erzählen. Trotzdem wage ich, Ihnen etwas über Betriebssysteme zu erzählen.

Muster steuern

Wenn ich das mit den Computern richtig verstanden habe, dann bezeichnet man das Gerät als Hardware, und die braucht Energie (Strom), damit sie funktionieren kann. Aber wenn Sie der Hardware nur Strom geben, passiert erst einmal nicht viel. Etwas fehlt noch, und zwar Programme (Software). Grundsätzlich unterteilen wir Software in das Betriebssystem, das ist das Steuerungsprogramm, und in Anwendungsprogramme. Ohne Betriebssystem läuft gar nichts; es ist essenziell. Es regelt die grundlegenden und strukturellen Vorgänge, steuert die einzelnen Hardwarekomponenten sowie deren Miteinander und bildet die Basis für die vorhandenen Anwendungsprogramme. Aber mit einem funktionierenden Betriebssystem allein würde der Computer nicht weit kommen. Was Sie unbedingt noch brauchen, sind Anwendungsprogramme. Diese müssen zum

Betriebssystem passen, damit Sie sie erfolgreich nutzen können. In der EDV-Sprache heißt das „kompatibel"; so steht es jedenfalls immer auf der Software-
verpackung. Das Betriebssystem entscheidet also,
welche Programme auf dem Computer laufen können. Und obgleich das Betriebssystem die wichtigere
Instanz ist, wären Sie an einem Computer ohne
Anwendungsprogramm ziemlich aufgeschmissen,
denn nur das Anwendungsprogramm deckt den
individuellen Bedarf und nützt im Alltag.

Ihre Muster sind das Steuerungsprogramm Ihres Verhaltens.

Nicht viel anders verhält es sich auch beim Menschen. Also das Ganze noch mal von vorne. Wenn ich
das mit den Menschen richtig verstanden habe, dann
bezeichnet man das Äußere als Körper, und der
braucht Energie und Antrieb (Motivation), damit er
funktionieren kann. Aber wenn Sie dem Körper nur
Motivation geben, passiert erst einmal nicht viel.
Etwas fehlt noch, und zwar Programme (Persönlichkeit). Grundsätzlich unterteilen wir die Persönlichkeit in das Mustersystem, das ist das Steuerungsprogramm, und in Verhalten(sprogramme) (siehe „Strategie 10", Seite 163). Ohne Muster läuft gar nichts, sie
sind essenziell. Sie regeln die grundlegenden und
strukturellen Vorgänge, steuern die einzelnen Komponenten Ihres Körpers (z. B. Ihre Sprache, Ihre
Mimik, Ihre Gestik) sowie deren Miteinander und
bilden die Basis für die vorhandenen Verhaltensprogramme. Aber mit einem funktionierenden Mustersystem allein würde Ihr Körper nicht weit kommen. Was Sie unbedingt noch brauchen, sind
Verhaltensprogramme. Diese müssen zum Mustersystem passen, also kompatibel sein, damit Sie sie
erfolgreich nutzen können – leider steht das bisher
nirgendwo. Das Mustersystem entscheidet, welche
Verhaltensprogramme bei Ihnen laufen können.

Und obgleich das Mustersystem die wichtigere Instanz ist, wären Sie in Ihrem Körper ohne Ihr Verhalten ziemlich aufgeschmissen, denn nur das Verhalten
deckt den individuellen Bedarf und nützt im Alltag.

Die Richtung bleibt immer dieselbe

Sie sind ein Mensch mit bestimmten Motivationen, Muster schei-
die Ihren individuellen Mustern die nötige Energie nen Ihnen das
liefern. Das Mustersystem lenkt die Motivationen in Leben zu er-
geregelte Bahnen und steuert damit Ihr Verhalten. leichtern,
Alle Muster bilden eine Art hierarchisches Netzwerk. denn Sie müs-
Muster, die in dieser Hierarchie weit oben stehen, sen nicht stän-
können mithilfe persönlicher Glaubenssätze sogar dig dazuler-
Ihr gesamtes Verhaltensprogramm direktiv steuern. nen.
Mehr noch, sie wirken fundamental auf Ihre Gefühle, Gedanken und Emotionen. Muster sind maßge-
schneidert und standardisiert zugleich, zudem auf
Ihre Grundmotivationen abgestimmt. Sie ermöglichen uns, in jeder Situation reagieren zu können,
ohne ständig dazulernen zu müssen.

Auch wenn unsere Reaktionen und unser Verhalten im Detail von Mal zu Mal etwas anders ausfallen,
das Muster selbst steht meist unverrückbar, was
durchaus nachteilig sein kann, uns jedoch die Arbeit
erheblich erleichtert. Der Preis für diese Rationa-
lisierungsmaßnahme ist eine gewisse Starrheit, die
sich nach außen unter dem Deckmantel der scheinbaren Variabilität unseres Verhaltens versteckt. Und
wieder sind wir beim Computer gelandet, dessen
Betriebssystem nämlich ähnlich starr und unflexibel
ist. Versuchen Sie einmal, ein UNIX-Programm unter Windows ablaufen zu lassen: Es wird nicht funktionieren. Nachfolgendes Szenario verdeutlicht, wie

Muster unsere geistige Beweglichkeit und unseren
Handlungsspielraum einschränken können.

*Eva erzählt aus ihrer Kindheit: Sie ist neun Jahre alt
und leidet extrem unter ihren abstehenden Ohren. Sie
wird gehänselt und ist nicht so recht glücklich in ihrem
Leben. Sie ist längst nicht alt genug, um anderen
Grenzen aufzuzeigen. Auch wagt sie es nicht (aufgrund
welchen Musters auch immer), offen mit ihren Eltern
darüber zu sprechen. Die sind aber weder taub noch
blind und erkennen ihre missliche Lage zumindest
ansatzweise. Schließlich die entscheidende Situation:
Die Eltern bauen sich vor ihr auf. Der Vater spricht:
„Wir haben mitbekommen, dass du wegen deiner etwas
abstehenden Ohren von anderen aufgezogen wirst.
Schön ist das sicher nicht für dich. Wir könnten das
operieren lassen. Aber ich weiß nicht, ob du das wirklich
willst. Weißt du, jede Operation hat Risiken. Und
garantieren können dir die Chirurgen nicht, dass alles
gut geht und es danach besser ist und anders aussieht.
Was meinst du denn, willst du dich wirklich operieren
lassen?“ Und da stehen sie nun: die „Großen“ auf der
einen Seite, die kleine Eva auf der anderen. Eva denkt
und fühlt: „Es belastet mich so sehr. Ich bin so verzwei-
felt. Ich will so gerne, dass es anders wird.“ Und dann
sagt sie ihren Eltern: „In Ordnung, dann lasse ich die
Ohren eben nicht operieren.“*

Diese Reaktion mag erstaunen. Aber Eva sagt das
genau so, weil sie spürt, dass sie als Kind für eine so
wichtige und weit reichende Entscheidung weder das
Recht noch die Ausdauer hat. Beides hätte sie sich
von ihren Eltern gewünscht. Die aber liefern eine
schwache Vorstellung und lassen sich von eigenen
Ängsten vor Ärzten und Operationen zu ihrer Aus-

sage verleiten. Letztlich haben sie mehr Angst als Eva und können ihr Kind nicht führen, was sie aber sollten. Eva muss also akzeptieren, dass es hier und jetzt mit diesen Eltern nicht funktioniert. Eine andere Entscheidung zu treffen hieße, sich groß machen und die Eltern klein, sich also über die Eltern zu erheben. Dieses Verhalten ist in solch einer Lage für ein „normales" Kind sehr unwahrscheinlich. Das geschilderte Erlebnis ist für Eva aber so schwer wiegend, dass sie in dieser Situation ein Muster bildet.

Übung: Muster erkennen
Versetzen Sie sich in die Geschichte von Eva. Welcher allgemein gültige Satz könnte dahinter stecken, unabhängig von dem, was konkret geschehen ist? Entscheiden Sie sich für eine der folgenden Möglichkeiten.

- **Niemand hilft mir.**
- **Ich muss alles selbst entscheiden.**
- **Ich bin so allein.**
- **Ich kann niemandem vertrauen.**
- **Ich will es anders.**

Mit ihrem neuen Muster – **Niemand hilft mir** – hat Eva einen entscheidenden Anteil ihres lebensbestimmenden Betriebssystems auf den Weg gebracht. Durch die persönliche Brisanz des Themas ist die Wahrscheinlichkeit hoch, dass sich das Muster in Evas Leben zunehmend Raum verschaffen wird. Und genau so ist es.

Bei der inzwischen 51-jährigen Eva zeigt sich nach wie vor das Muster **Niemand hilft mir.** *Mit Mitte 20 hatte sie übrigens selbst die Entscheidung getroffen, ihre abstehenden Ohren operieren zu lassen; ein schönes*

Beispiel dafür, dass Menschen durchaus in der Lage sind, nicht nur ihre Ohren, sondern auch Fehlentscheidungen ihrer Eltern zu korrigieren. Die Operation verlief komplikationslos, und nichts lässt mehr auf den ehemaligen Makel schließen. Ihr Muster half ihr, diese wichtige Entscheidung recht früh im Erwachsenenleben zu treffen. Aus dem Muster entstand große Selbstständigkeit, und dies vermochte erst recht nichts an dem ursprünglichen Muster zu ändern.

Mit Mitte 40 standen bei Eva viele berufliche Veränderungen und Entscheidungen an. Monate vergingen, und sie bemerkte eine zunehmende Traurigkeit, die sich wie ein Nebel um sie herum ausbreitete. Sie merkte, dass sie keine eigene Entscheidung treffen konnte. Ihr Muster hatte sie wieder eingeholt. Eva fühlte sich immer schwächer und hilfloser. Sie schlief schlecht und wälzte sich nachts von einer Seite auf die andere. Nachdem sie jahrelang kaum am Grab des längst verstorbenen Vaters gewesen war, ging sie nun öfter hin. Sie flehte ihn innerlich an: „Bitte Papa, hilf mir. Ich weiß nicht mehr weiter."

Das im Alter von neun Jahren geprägte Muster war gleichsam zur Leitbild geworden, zum Schema F ihres Verhaltens. Obwohl inzwischen erwachsen, hatte sie es nicht geschafft, sich von den Fesseln dieses Musters zu befreien. Wie sollte sie auch? Das Muster war ihr nicht bewusst.

Konfigurieren bringt mehr als Systemwechsel

Muster sind dienlich, weil sie strukturieren und ordnen, auch wenn sie Ihr Leben zuweilen einschränken. Deshalb geht es primär nicht darum, Muster zu wechseln, sondern sie anzupassen, sie sinnvoll nutzbar zu machen und gezielt anzuwenden. Die Frage ist nur: Welches Ziel verfolgen Sie? Was wollen Sie erreichen? Auf jeden Fall kommen Sie leichter ans Ziel, wenn Sie mit bewussten Mustern ganze Arbeit leisten, statt außerbewussten Mustern die ganze Arbeit zu überlassen.

Aller guten Dinge sind drei. Sie können

- Ihre Muster uneingeschränkt anerkennen,
- ihnen einen neuen, angemessenen Kontext geben oder
- sie ändern.

Erst wenn Sie Ihre Muster kennen, können Sie entscheiden, welche der Alternativen für Sie sinnvoll ist. Ein Muster gänzlich loszuwerden, empfiehlt sich in der Regel nicht und geht keinesfalls im Laufe eines nachmittäglichen Meditationskurses. Ein Muster zu verändern braucht auch seine Zeit, hat aber wirkliche Erfolgsaussichten. Wenn Sie ein Muster nicht mehr brauchen (können), haben Sie nicht nur das Recht, sondern sogar sich selbst gegenüber die Pflicht, dieses Muster umzuformulieren. Verabschieden Sie sich von dem alten Muster, und danken Sie ihm, denn irgendwann einmal hat es Ihnen gute Dienste geleistet. Dann nehmen Sie sich die Freiheit zur Veränderung. Weil es jedoch nicht einfach ist, einmal Gelerntes zu verlernen, lässt sich das Ändern bzw. Umformulieren von Mustern nicht ausschließlich auf seelischer Ebene vollziehen, sondern erfordert immer Bewusstsein. Es bedarf also einer geistigen Tätigkeit, die Ihnen bereits zugute kommt, noch bevor Sie Ihr erstes Muster verändert haben.

Die Arbeit mit eigenen Mustern stärkt Ihr Selbstbewusstsein.

AA Aufgabe 3, Seite 328

Auf Schritt und Tritt: Muster, wohin man sieht

The games must go on.[1]

Avery Brundage

Ich bin ein Berliner.[2]

John F. Kennedy

Rauchfreie Zonen sind heute gang und gäbe, „Muster-freie" Zonen aber finden sich nirgendwo. Bei allen Menschen wirken Muster, immer und überall. Sie sind da, und sie sind vielfältig – auch bei Ihnen. Wo immer Sie hinschauen, werden Sie fündig. Zum besseren Überblick lassen sich Muster nach Herkunft und Wirkungskreis einteilen. Auch wenn Schubladendenken beim Arbeiten mit Mustern (und bei Menschen sowieso) völlig fehl am Platz ist, lassen Sie uns gemeinsam einige Muster aus den wichtigsten Schubladen holen.

---

1 Geäußert nach dem Terroranschlag bei den Olympischen Spielen 1972 in München; Metamuster: **Das Leben muss weitergehen**.
2 Geäußert nach dem Mauerbau in Berlin 1963; Metamuster: **Ich gehöre dazu**.

Die Musterkategorien

Musterkategorien	Beschreibung
Metamuster	Globale Muster, die häufig und bei fast allen Menschen auftreten und deren Fehlen nicht unbemerkt bliebe
Historische Muster	Eine Untergruppe der Metamuster, sie halten sich über Jahrzehnte oder Jahrhunderte, auch wenn inzwischen kein Anlass mehr für sie besteht
Kollektive Muster	Bei Gruppen zu finden
Geschlechtsspezifische Muster	Treten nur bei Männern oder nur bei Frauen auf
Übernommene Muster	Sind bei bekannten (in-)direkten Bezugspersonen abgekupfert
Soziale Muster	Das, was gesellschaftlich erwünscht ist
Organisations- und Unternehmensmuster	Begleiten die Entwicklung eines Unternehmens
Eigene Muster	Zeigen sich nur bei einzelnen Personen

Alle Musterkategorien hängen zusammen. Historische Muster können zu Metamustern werden, soziale Muster zu übernommenen Mustern, und übernommene Muster werden automatisch zu eigenen. Jede Kategorie umfasst wiederum verschiedene Arten von Mustern.

Bei der Eigenarbeit mit Mustern ist deren Einordnung zweitrangig.

Musterarten

Muster-arten	Sinn und Zweck	Beispiel
Existenzielle Muster	Sind lebensnotwendig, sie beantworten die entscheidende Frage: Wie kann ich überleben?	**Wenn ich mich bewege, sterbe ich.**
Spirituelle oder Glaubens-Muster (nicht Glaubenssätze!)	Beschäftigen sich mit der Frage: Woher komme ich und wer bin ich?	**Ich bin Gott.**[3]
Bindungsmuster	Klären emotionale Aspekte zwischenmenschlicher Beziehungen, z.B.: Mit wem kann ich überleben?	**Lasst mich in Ruhe.**
Fähigkeitsmuster	Kümmern sich darum, was wir können und leisten, z.B.: Welche Leistung muss ich bringen?	**Ich schaff's alleine.**

3 Geäußert von einem Siebenjährigen, auf einem Stuhl stehend und beide Arme seitlich ausbreitend

Rollen-muster	Definieren die eigene Stellung, z.B.: Welche Position bekleide ich im gesellschaftlichen Gefüge?	**Die anderen sind mir egal.**
Ästhetische Muster	Geben vor: Wie will ich die Welt empfinden oder vorfinden?	**Ich will es schön haben.**

Neben diesen inneren, strukturellen Persönlichkeits- oder Lebensmustern, auf die sich das Buch beschränkt, gibt es natürlich noch viele mehr. Im Vorwort finden Sie eine Übersicht über die Mustervielfalt, die von Ihrer bevorzugten Sitzhaltung (Körpermuster) bis zum Firmenlogo (optisches Muster) einzelner Unternehmen reicht.

Metamuster: Das Wesentliche

Metamuster beschreiben gewisse Grundzüge des menschlichen Wesens. Sie sind also wesentlich. Deshalb sind sie auch für jeden verständlich und annehmbar. Sie schützen das Menschliche, lassen sich auch in die individuellen Strukturen einbauen und werden so zu eigenen Mustern.

Metamuster schützen das Menschliche.

Metamuster und ihre Hintergründe

Metamuster	Hintergrund
Mir hilft keiner./ Um mich kümmert sich keiner.	Hilflosigkeit, Alleinsein
Ich bin allein.	Alleinsein, Hilflosigkeit
Es hilft ja doch nichts.	Zweckpessimismus
Ich bin nicht wichtig./Meine Bedürfnisse sind unwichtig.	Minderwertigkeitsgefühl
Ich will (um meiner selbst willen) geliebt werden.	Liebesbedürfnis
Ich schaffe es nicht./Ich muss es schaffen.	Versagensangst
Ich habe keine Zeit.	Endlichkeit des individuellen Lebens
Ich habe ein Recht auf Fehler (wie andere auch).	Mitmenschlichkeit, Güte
Das Leben geht weiter./Es muss weitergehen.	Durchhaltevermögen, Zuversicht
Ich will meine Ruhe.	Individualität, Abgrenzung, Eigenständigkeit

Ich muss alles selbst machen./ Im Leben bekomme ich nichts geschenkt.	Eigenständigkeit, Verzweiflung
Ich will wissen, was andere von mir denken.	Sicherheit, Bestätigung, Kontrolle
Ich will machen, was ich will.	Eigenständigkeit
Wo kämen wir da hin.	Kontrolle, Macht
Ich werde verlassen./Ich will nicht verlassen werden.	Einsamkeit
Ich will meine Eltern stolz machen.	Bestätigung
Ich kann niemandem (ver-)trauen.	Vorsicht
Ich will nicht, dass es weh tut.	Unversehrtheit
Ich will dazugehören./Ich gehöre dazu.	Liebesbedürfnis
Ich bin bedroht./ Ich habe Angst.	Überlebenskampf (historisches Muster)

Nur der Stärkere überlebt./Ich muss stark sein.	Durchhaltevermögen (historisches Muster)
Es gibt nicht genug./Ich habe nicht genug.	Überlebenskampf (historisches Muster)

AA Aufgabe 4, Seite 328f.

Historische Muster: Früher war alles besser

Hinter vielen Werbebotschaften stecken historische Muster und Metamuster.

Historische Muster sind eine Untergruppe von Metamustern, die den Menschen bereits seit Generationen begleiten. Sie haben in der heutigen Realität jeden Sinn verloren. Auf diesen Mustern basieren heutige Volkswirtschaften, weite Teile der Werbung und zum Beispiel auch folgende Aussagen:

- Sichern Sie sich das Produkt, bevor es ausverkauft ist
- Nur diese Woche im Angebot
- Wenn Sie das Automodell wollen, müssen Sie bis zur Lieferung zwei Jahre warten
- Solange der Vorrat reicht
- Jetzt bevorraten!
- Fragen Sie noch heute nach der „Umschau", bevor sie wieder vergriffen ist

Indem sie noch immer mit einer künstlichen Verknappung argumentieren, zielen sie auf Überlebensängste und befriedigen unter anderem das Muster **Es gibt nicht genug**. Warum tun sie das? Weil man damit nichts falsch machen kann. Jeder fühlt sich angesprochen. Das garantiert, die Menschen im Griff zu haben. Historische Muster und Metamuster sind deshalb die Basis vieler moderner Marketingmaßnahmen. Sie haben sich schon seit langem bewährt.

Kollektive Muster: Mir san mir

„Mir san mir" ist bayrisch und bedeutet: Wir sind so, wie wir sind, und das ist gut so. Der Psychologiepionier C. G. Jung hat sich mit dem kollektiven Unbewussten befasst. Das ist eine vom Gehirn unabhängige Geistesebene in tiefsten inneren Schichten, mit der jeder Mensch verbunden ist. Auf dieser Ebene, so Jung, sind übergreifende Urmuster menschentypischen Empfindens und Denkens gespeichert, die so genannten Archetypen. Durch sie verliert die eigene Psyche zunehmend an Individualität. Dieser Ebene entstammen beispielsweise gleichartige, kulturell unabhängige Grundvorstellungen. Solche Grundvorstellungen entstehen zum Beispiel durch Kriegsereignisse, die ein Volk als besonders einschneidend erlebt und die den nachfolgenden Generationen als Grundlage für kollektive Muster dienen. Nach dem Zweiten Weltkrieg beispielsweise „wussten" die Deutschen: „Ich bin schuld". Viele bildeten ein Muster: **Ich will nicht schuld sein.** Das zog ein weiteres Muster nach sich: **Ich will keine Verantwortung übernehmen.** Ein großer Teil ihrer Nachkommen hat dieses Muster übernommen und verinnerlicht. Und so freuen sich heute die Versicherungen, die uns für teures Geld jede Verantwortung abnehmen, und der (Sozial-)Staat, der sich um alles kümmert und dadurch immer mehr Macht über uns gewinnt. Wussten Sie, dass die Deutschen Weltmeister in Lebensversicherungen sind? Wer keine Verantwortung für seine Taten, Ideen, Kreationen, Programme usw. übernimmt, wird aber auf Dauer an

Kollektive Muster werden wirtschaftlich und menschlich ausgenutzt.

Neu- und Weiterentwicklungen nicht teilhaben können. Er schließt sich aus, was viele Beispiele aus der
internationalen Wirtschaft und Wissenschaft tagtäg-
lich belegen. Man denke nur an die Fortschritte in
der Informationstechnologie und welche Länder
daran maßgeblich beteiligt waren. Wer keine Verantwortung für sein Leben übernimmt, ist nicht Herr
seiner selbst, sondern macht sich zum Mitläufer,
Jasager und Befehlsempfänger.

Geschlechtsspezifische Muster: Kommen Männer vom Mars und Frauen von der Venus?

Haben Sie schon einmal in einer Gemeinschaftsdu-
sche für Männer gestanden? Nein? Dann sind Sie
entweder eine Frau oder Sie bevorzugen andere
Aufenthaltsorte oder Sie sind besonders gehemmt.
Ich darf Ihnen kurz schildern, was da vor sich geht.
Die einen lassen nie ihre Hüllen fallen, die anderen
entledigen sich mehr oder weniger schnell auch der
letzten Hose. Und dann gibt es allerhand zu sehen:
die herausragende Männlichkeit in XXL oder die
eher verhaltene in XXS. Aber alle sind sich sicher:
Ich habe den Größten! Wie beim Anblick der
Prachtexemplare unschwer zu erkennen ist, spiegelt
dieses Muster aber nur eine innere Wirklichkeit
wider und hat mit der Realität herzlich wenig zu tun.
Denn selbst der XXL-Mann sollte wissen, dass im
Buch der Rekorde auch XXXL notiert ist. Und jeder
sollte sich fragen, ob körperliche Größe wirklich das
Maß aller Dinge ist? **Ich habe den Größten (Ich will
den Größten haben/Ich muss den Größten haben)**
ist das einzige ausschließlich männliche Muster, das
mir bisher unterkam. Und es bedeutet nichts ande-

res als: **Ich bin der Beste, Schnellste, Schönste, Reichste, Klügste** usw. Sie sind ein Mann? Sie protestieren entschieden? Schauen Sie sich doch einmal Ihr Auto an. Wie viel PS dürfen es denn sein? Lieben Sie Breitreifen oder dezente Spoiler? Aber gegen die teure Lederausstattung spricht doch nichts, oder? – **Man gönnt sich ja sonst nichts.** Autos interessieren Sie nicht? Hauptsache, sie fahren? Schade. Aus der Beziehung zu Ihrem Auto lässt sich einiges über Ihre zwischenmenschliche Beziehungen ablesen. Sie können Parallelen ableiten. Nehmen wir andere Beispiele. Wie steht es denn mit Ihren Noten, Zeugnissen oder Beurteilungen? Und Ihr Gehalt? Vielleicht besitzen Sie aber auch nur 5.000 CDs oder haben trotz glücklicher Ehe mindestens zwei Freundinnen nebenher. Oder, oder, oder … Wie Sie sehen, ist besagtes Muster in seiner Umsetzung äußerst einfallsreich. Neben dem Muster **Ich habe den Größten** in all seinen Varianten gibt es natürlich noch weitere typisch männliche Muster, aber kein zweites, das *ausschließlich* Männer gerne anwenden.

AA Aufgabe 5 Teil A, Seite 330

Und Frauen? Ich sage nur: auf zur Tupper-Party. Das klingt nach Klischee, soll aber zutreffen. Man erzählt sich, dass Frauen regelmäßig in größeren Ansammlungen auf fremden Sofas sitzen und sich die neuesten Plastikprodukte aus amerikanischer Massenproduktion vorführen lassen – von einer Frau, die sie entweder selbst kennen, oder von der Freundin einer Freundin. Alle sind begeistert, rege am Plaudern und lassen sich mehr oder weniger (meistens mehr) davon überzeugen, dass sie die Tupperdose mit dem rosa Deckel unbedingt noch brauchen. Ein

Es gibt nur zwei geschlechtsspezifische Muster.

Tässchen Kaffee oder ein Gläschen Sekt gefällig? Man fühlt sich wohl. Und weil's so schön war, plant man zum Abschied noch schnell die nächste Veranstaltung. Aber was die Frauen da (er-)leben, ist nichts anderes als das einzige ausschließlich weibliche Muster. Es lautet: **Gemeinsam sind wir stärker.** Das gilt auch für das klassische Kaffeekränzchen, gemeinsame Aerobic-Kurse oder an Weiberfasnacht.

AA Aufgabc 5 Teil B, Seite 330

Zunächst liegt nahe, Männer hätten die typischen Machtmuster gepachtet (**Ich bestimme alles**) und Frauen die klassischen Liebesmuster (**Ich möchte geliebt werden**). Tatsächlich verteilen sich aber alle Muster – bis auf die beiden oben genannten – höchst individuell und geschlechtsunabhängig. Deshalb lassen Mustersammlung und Musterhierarchie so gut wie nie auf das Geschlecht schließen.

Übernommene Muster: Was nichts kostet, ist nichts wert

Obwohl das Muster **Was nichts kostet, ist nichts wert** weit verbreitet ist, übernehmen Sie immer wieder Muster – kostenlos. Warum eigentlich? Aus Angst oder aus Liebe? Weil Sie möglichst bequem leben wollen, ohne auf Widerstände zu stoßen? Nein. Der eigentliche Grund liegt woanders. Das Muster hat in Ihnen Resonanz erzeugt. Sie übernehmen Muster dann, wenn sie in Ihr inneres Betriebssystem passen. So bilden Sie *Ihre eigene* Wirklichkeit, nicht die Ihrer Eltern, Ihrer Freunde oder Ihres Partners.

Muster zu übernehmen, sich beeindrucken und beeinflussen zu lassen, ist aber kein Zeichen von

Schwäche, sondern von Intelligenz. Sie sind zum Beispiel intelligent genug, aus fremden Fehlern und Erfahrungen zu lernen, Sie müssen nicht jeden Fehler, jede Erfahrung selbst machen. Die elterliche Erziehung beispielsweise appelliert genau an diese rationale Intelligenz: Was andere schon erledigt haben, kann ich mir schenken. Aber warum bleibt der elterliche Rat oft ungehört? Die Musterübernahme ist eine sehr persönliche Angelegenheit. Sie übernehmen schon als Kind nur Muster, die Ihnen passen und von denen Sie profitieren. Sich dafür schämen oder sich darüber ärgern müssen Sie nicht, schließlich verschafft Ihnen das Vorteile, zumindest eine Zeit lang:

- Sie brauchen selbst nicht Neues zu entwickeln oder zu erarbeiten. Das Imitieren ist eine bequeme und arbeitssparende Lernform.
- Sie können sich ein Leben lang vor der eigenen Verantwortung drücken, indem Sie auf Ihre Eltern verweisen, auf andere Menschen (wie Freunde, Geschwister, Lehrer, Ärzte) oder auf Bücher, Internet oder Fernsehen.

Die Erfahrung zeigt: Weniger als 30 Prozent Ihrer Muster sind übernommen. Die meisten basieren auf Ihren „Re-Aktionen" und werden in Ihnen selbst gebildet. Und für alles Übernommene werden meist fälschlicherweise die Eltern als alleiniger Buhmann vorgeschoben. Ich habe einmal einen Vortrag gehört, in dem der Referent wortwörtlich Folgendes von sich gab: „Sie sitzen von 0 bis 20 Jahren im Knast der Eltern. Sie haben keine Chance, etwas anderes zu lernen, Sie haben einfach keine andere Chance." Später führte er aus, dass 95 Prozent unserer Ich-

Allein Sie tragen die Verantwortung für Ihre übernommenen Muster.

Botschaften von den Eltern übernommen seien. Ich fragte mich, ob der Arme keine Geschwister hat, nie mit anderen Kindern spielen durfte, nie ferngesehen oder Bücher gelesen hat und auch nicht in der Schule war. Denn von 0 bis 20 passiert im Leben viel mehr als nur Eltern-Kind-Kontakte. Und die Muster, die *nicht* von Ihren Eltern stammen, sind keinesfalls zu unterschätzen. Vorrangig sind hier Muster von Geschwistern zu nennen. Aber letztlich ist es egal, woher übernommene Muster kommen. Heute sind es Ihre, und Sie sind erwachsen und eigenverantwortlich. Ihre Muster haben Sie sich selbst zu verdanken, was prima ist, wie Sie noch lesen werden. Schieben Sie, was Ihnen gegen den Strich geht, nicht weiter auf andere(s).

Thomas ist ein Musterschüler. Er bringt immer gute Noten heim. Anfangs wurde er noch jedes Mal gelobt, aber je mehr Einser und Zweier kamen, desto seltener wurde das Lob. Bestleistungen wurden zur Selbstverständlichkeit. Doch auf einmal wird diese Selbstverständlichkeit jäh durchbrochen: Thomas hasst englische Adjektive. Die Note mangelhaft zeigt dies mehr als deutlich. Und obschon er bislang immer gute Noten geschrieben hatte, sind seine Eltern entsetzt und sehen drohendes Unheil. Gelobt wird er diesmal natürlich nicht.

Jedes Muster hat einen Nutzen.

Als Reaktion auf die Eltern könnte Thomas das Muster bilden: **Ich bin nur etwas wert, wenn ich etwas leiste.** Wären die Eltern an diesem Muster schuld? Keinesfalls; denn Thomas könnte genauso gut andere Muster bilden:

- **Ich schaffe es trotzdem.**
- **Mir sagt niemand was** (auch nicht meine Eltern).
- **Ich kann nicht anders.**
- **Mich interessiert es nicht.**

Die Realität zeigt, es gibt immer mehr als eine Möglichkeit. Wenn Sie sich für eine entscheiden, dann wollen Sie das so, auch wenn es Ihnen später scheinbar Probleme bereitet. Jedes Muster ist eine Lernaufgabe, die Sie so lösen, wie Sie es für sinnvoll erachten. Einzig und allein daran wachsen Sie.

Soziale Muster: Das macht man nicht

Soziale Muster machen eine klare Ansage: **Man tut das so** und nicht anders. Ganze Industriezweige leben davon, zum Beispiel die Textilbranche: Ob Rapper-Outfit oder Hochzeitskleid – **Man trägt das jetzt so.** Ein anderes Beispiel sind Benimmregeln, die von Generation zu Generation weitergegeben werden und heute wieder groß im Kommen sind. Unser „gutes" Benehmen beachtet soziale Muster, auch wenn wir diese nicht als eigene übernehmen.

> Soziale Muster nehmen Ihnen die Angst und die Unsicherheit.

Benimmregeln und soziale Muster

Knigge-Regel	Muster
Wenn man Personen vorstellt, gibt man keine Details über ihren Beruf oder Wohnort preis. Das mögen die meisten nicht.	**Ich will mich nicht zeigen.**

Abhängig vom Grad der Bekanntschaft begrüßt man Menschen unterschiedlich.	**Ich muss mich verlassen können.**
Man schenkt nichts, was den üblichen Rahmen sprengt.	**Ich will in keine Schuld kommen.**
Üblicherweise schenkt man Schnittblumen und keine Topfpflanzen.	**Ich will meine Ruhe haben.**
Man überreicht Blumen ohne Papier.	**Ich will sehen, woran ich bin.**
Man erscheint selbstverständlich pünktlich.	**Es soll geordnet ablaufen.**
Wenn man zu früh am verabredeten Ort eintrifft, dreht man lieber noch eine Runde.	**Ich mag keine Überraschungen.**
Als perfekte Liebhaberin reagiert man immer souverän und gelassen auf all die kleinen männlichen Missgeschicke.	**Ich darf mich nicht zeigen.** **Ich will geliebt werden ohne Wenn und Aber.**
Als Frau berücksichtigt man, dass der durchschnittliche Mann sich weniger von seiner Vernunft, sondern vielmehr von seinen Trieben leiten lässt.	**Ich weiß es besser.**

Wenn man einige Hygie-ne-Grundregeln beachtet, gestalten sich die intimen Stunden zu zweit wesentlich angenehmer.	**Ich will es nicht ertragen.**

Ob Einladungen, Geschenke oder Sex – soziale Muster haben immer den gleichen Hauptinhalt: sie sollen Sie und andere vor Überraschungen bewahren und somit Ängste nehmen. Das soziale Leitmuster lautet: **Ich will wissen, woran ich bin und mich darauf verlassen können.**

Organisations- und Unternehmensmuster:
... machen Kinder froh und Erwachsene ebenso

Gerade jüngere Firmen versuchen ihren Mangel an gewachsenen Mustern mithilfe von PR-Agenturen auszugleichen, die ihrerseits mehr oder minder passende Lückenfüller vorschlagen. Traditionsreiche Firmen brauchen das nicht, sie haben ihre Muster längst gebildet. Aber leider nehmen sie diese oft nicht bewusst wahr. Und so kommt es, dass viele Firmen immer wieder nach neuen Mustern suchen – wiederum über PR- und Werbeagenturen – und bestehende, tradierte, funktionierende Muster durch neue, unpassende ersetzen. Die folgenden Beispiele stammen ausnahmsweise aus dem Bereich der optischen Muster (so genannte Logos): Zum Beispiel der Paketdienst, der sein grafisches Logo gegen drei Buchstaben getauscht hat – viele werden das schwarze Posthorn vermissen. Schade um die verminderte Identität. Wie viel Energie wird an neuen Logos vergeudet, wie viel Geld verschleudert? Ein gewisser Eishersteller muss es wissen: Die heimliche Abschaffung des gestreiften Banners und die sang- und klanglose Einführung eines Doppelherzens bescherten dem Unternehmen allein in den ersten drei Monaten Umsatzeinbußen in zweistelliger Millionenhöhe. Manche Firmen verstehen es aber auch, ihre optischen Muster gekonnt und wirkungsvoll zu verändern. Das demonstriert beispielhaft das Logo eines bekannten Automobilherstellers: Im Abstand von mehreren Jahrzehnten hat sich der Stern regelmäßig und geradezu unmerklich den neuen Gegebenheiten und Firmenzielen angepasst. Obschon immer zeitgemäß und stimmig, wirkt es doch altvertraut. Die genannten Beispiele verdeutlichen eindrucksvoll, warum es meist mehr Erfolg verspricht und weitaus gewinnbringender ist, Muster anzupassen, statt sie durch neue zu ersetzen. Das gilt nicht nur für optische Muster, sondern ebenso für Lebensmuster, um die es ab jetzt wieder ausschließlich geht.

Nicht nur im Internet sind einige Firmen so frei, über Werbebotschaften eigene Glaubenssätze zu verraten – wobei fraglich bleibt, ob auch nur ein einziger authentisch ist. Die Tabelle „Werbebotschaften, Glaubenssätze und Unternehmensmuster" versucht, eine Auswahl vordergründiger Glaubenssätze in die zugehörigen, dahinter stehenden Organisations- und Unternehmensmuster zu übersetzen.

Werbebotschaften, Glaubenssätze und Unternehmensmuster

Branche/Glaubenssatz	Muster
Chemie	
Es ist unser Selbstverständnis, den Menschen Nutzen zu bringen.	**Es muss einen Sinn haben. Ohne mich geht es nicht.**
Wir müssen vielfältigen und unterschiedlichen Rahmenbedingungen gerecht werden.	**Ich schaff' es kaum. Mir kommt niemand aus.**
Unser Handeln ist kontinuierlich darauf ausgerichtet, ... das Ansehen unseres Unternehmens zu mehren.	**Der Schein ist mir wichtig.**
Wir streben eine starke Markt- und Finanzposition an, die es uns ermöglicht, das Unternehmen erfolgreich und unabhängig mit eigener, unverwechselbarer Identität zu erhalten.	**Ich will der Größte sein. Mir sagt niemand was. Ich bin, was ich bin. Ich bin ich.**
Energie	
Wir streben von Größe zu mehr Effizienz.	**Es muss sich etwas ändern. Ich gebe nichts her.**

Wir wollen vorhandene Potenziale nutzen und kontinuierliche Verbesserungen erreichen.	**Was mir nutzt, das will ich.**
Unser Ziel ist es, zum eindeutigen Marktführer unserer Branche aufzusteigen.	**Ich will der Größte sein.**
Kosmetik	
Weltweit steht unser Name als Synonym für Innovationen.	**Ich will, dass sich alles ändert.**
Mischkonzerne	
Wir tragen gesellschaftliche Verantwortung.	**Ich muss es tragen. Gemeinsam sind wir stärker.**
Unsere Ideen, Technologien und unser Handeln dienen den Menschen, der Gesellschaft und der Umwelt.	**Ich kann alles und ich mach' alles. Mir haben alle zu gehorchen.**
Integrität bestimmt den Umgang.	**Gemeinsam sind wir stärker.**
Die Mitarbeiterinnen und Mitarbeiter sind die Quelle unseres Erfolgs.	**Ich brauch' die anderen. Die anderen sollen es tun.**

Unsere Unternehmenskultur ist geprägt von der Vielfalt der Menschen und Kulturen, von offenem Dialog, gegenseitigem Respekt, klaren Zielen und entschlossener Führung.	**Ich kann alles und ich mach' alles.** **Ich setze mich durch.**
Pharma	
Wir lieben es zu entwickeln.	**Ich will weiterkommen.**
Entwicklung braucht das Wir-Gefühl.	**Gemeinsam sind wir stärker.**

Eigene Muster: Was ihr wollt

Eigene Muster sind alle Muster, die sich aus Ihrem Innen entwickelt haben. Nach Erfahrungswerten sind das weit mehr als die Hälfte all Ihrer Muster, und sie setzen sich aus allen bisher genannten Musterarten zusammen. Eigene Muster zu erklären, würde ganze Bände füllen. Aber bescheiden wir uns vorerst mit diesem Buch und den nachfolgenden Kapiteln.

AA Aufgabe 6, Seite 330

Im Zentrum der Macht: Muster herrschen mit treuem Gefolge

> Wenn du dich von guten Vorbildern gelöst hast,
> darfst du zu ihnen stehen.
>
> *C. G. Jung*

Was haben politische Systeme, Firmen und das Militär mit inneren Strukturen gemeinsam? Eine Hierarchie. Sie ist nötig, damit einer das Sagen hat, entscheiden kann und etwas bewegt. Mit einer Alle-sind-gleich-Mentalität können auch Sie nicht leben. Wenn Ihnen niemand sagen würde, wo es langgeht, müssten Sie mutmaßen, wo Ihr Lebensweg hinführt, und wären sich niemals sicher.

Muster bilden eine Hierarchie. Die Musterhierarchie gleicht einem zentralistischen System. Abhängig von ihrer Stellung (Hierarchiestufe) innerhalb der Musterhierarchie unterscheiden wir folgende Muster:

- Leitmuster, das zentral ist und die größte Bedeutung hat
- Führende Muster, die das Leitmuster unterstützen, beschützen und große Bedeutung haben
- Basismuster, die wegen ihrer geringen Bedeutung am Rande stehen.

Das gleiche Muster kann bei verschiedenen Menschen auf unterschiedlichen Hierarchiestufen wirken. **Ich schaffe es alleine** ist für den einen ein Basismuster, für den anderen wird es zum Leitmuster. Inhalt oder Wortlaut des Musters verraten nichts über die Bedeutung eines Musters für den Einzelnen.

Sie wollen nicht glauben, dass sich Ihr gesamtes Verhaltensrepertoire einer Hand voll Mustern unterordnet? Sie meinen, ein freier Mensch zu sein? Aber auch ein freier Mensch braucht eine automatisch und immer funktionierende innere Struktur. Wir alle brauchen Stütze und Ordnung. Sonst stünden wir als Erwachsene noch immer da wie Kleinkinder. Indirekt tun wir das auch – denn unsere Muster stammen größtenteils aus unserer Kindheit. Aber wir könnten auch anders.

Die Basis hat nicht viel zu melden

Jeder Mensch verbrennt sich im Leben mindestens einmal die Finger. Deshalb hat wahrscheinlich auch jeder ein Muster wie **Ich muss die Gefahr des Feuers beachten**. Dieses Muster ist banal, sinnvoll, unauffällig und schadet nichts. Aber es wäre unvorstellbar, dieses Muster als zentrales Muster zu leben. Es würde uns zu wenig führen. Es ist ein typisches alltägliches Basismuster aus unserem Basismuster-Pool, der hunderte bis tausende Muster umfasst. Ihre genaue Formulierung und ihre „Mischung" sind bei jedem Menschen einmalig. Aber alle Basismuster haben eines gemeinsam: Sie stehen ganz am Rande bzw. ganz unten in der Musterhierarchie. Basismuster von Glaubenssätzen abzugrenzen kann schwierig sein, ist aber möglich. Basismuster sind erst einmal außerbewusst, sie stehen jedoch sehr nahe an der Schwelle des Bewusstseins (⇨ Abbildung 2). Sie werden selten bei passender Gelegenheit exakt ausgedrückt, erst recht nicht in gewöhnlichen Situationen. Deshalb kann auch ihre Identifikation mit ihnen mühsam und langwierig sein.

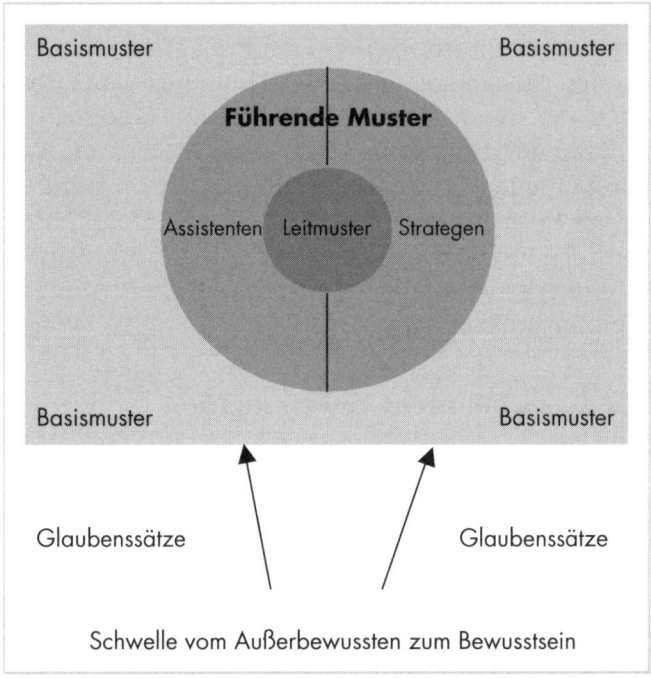

Abbildung 2:   Zentralistische Musterhierarchie

Basismuster sind von den führenden Mustern und somit letztlich vom Leitmuster abhängig und dienen ihnen. Als Basismuster werden vorrangig solche entwickelt und erhalten, die der Führungsriege Folge leisten oder ihr zumindest nicht widersprechen. Widerspenstige Basismuster wecken widersprüchliche innere Neigungen und Wünsche und führen zu unvorhersehbarem, flatterhaftem oder wenig konsequentem Verhalten (⇨ „Konkurrenz belebt das Geschäft“, Seite 65ff.).

Anführer geben den Ton an

Die führenden Muster gehören zum harten Kern der inneren menschlichen Struktur. Sie bilden einen helfenden Schutzmantel um das zentrale Leitmuster, den Anführer, und haben somit eine Wächterfunktion. Wir unterscheiden zwei Arten führender Muster, die gleichermaßen einflussreich sind:

- Die Strategen, meistens zwei an der Zahl. Ihre Aufgabe ist es, die Zielvorgabe des Leitmusters strategisch zu begleiten.
- Die persönlichen Assistenten, ebenfalls meistens zwei. Ihre Aufgabe besteht darin – oder sollte darin bestehen –, das Leitmuster zu kräftigen und zu unterstützen.

Wie bei allen Mustern sind auch die Inhalte der führenden Muster grundsätzlich allgemein gehalten. Nicht immer ist auf den ersten Blick erkennbar, wie sie zusammengehören oder zusammenarbeiten. Aber: Gemeinsam mit dem Leitmuster decken Strategen und persönliche Assistenten immer alle drei Grundmotivationen des Menschen ab: Liebe, Leistung und Macht (⇨ „Ich bin der Choreograf deines Verhaltens", Seite 163ff.).

Ihre fünf obersten Muster decken die drei Grundmotivationen ab: Liebe, Leistung und Macht.

Diese Führungsriege aus Leitmuster, Strategen und persönlichen Assistenten hat eine sehr viel größere Bedeutung als alle Basismuster zusammen. Sie bestimmt Ihr Verhalten und Denken, Ihre Einstellungen, Stimmungen und Gefühle.

Konkurrenz belebt das Geschäft

Prima wäre, wenn alle Muster Hand in Hand arbeiteten. Renitente Basismuster machen keine ernsthaftcn Probleme. Anders ist es jedoch, wenn die Führungsriege uneins ist, Konkurrenzkämpfe ausgefochten und Intrigen geschmiedet werden. Und das kommt oft genug vor.

Jirina P. ist eine erfolgreiche und bekannte Therapeutin mit vielen kreativen Ideen. Ich erlebte sie im Rahmen einer Fortbildung auf der Bühne. Aus den Lautsprechern dröhnte das Lied „Verdammt, ich lieb dich, ich lieb dich nicht". Jirina – klein (an Körpergröße!) und nicht gerade gertenschlank – schwankte von einem Bein aufs andere – von links nach recht, von rechts nach links. Beide Arme schwenkten mit, jeweils in die gleiche Richtung. Es war ein Bild für die Götter: Ich lieb dich, ich lieb dich nicht. Ja, nein. Hin und her. Wischiwaschi.

Führende Muster machen es oft ganz ähnlich. Wir nennen dies „Dilemma" und bezeichnen damit eine häufige Schwierigkeit, sich einem gesteckten Ziel anzunähern. Im Grunde besteht das Problem aber nur darin, dass sich unsere führenden Muster einen Konkurrenzkampf leisten – auf unsere Kosten.

Konkurrierende Muster

Mögliche Kontrahenten	Gegenläufige Auswirkung
Ich muss es schaffen. Ich bin es nicht wert, Großes zu leisten.	Wenn Sie es nicht wert sind, Großes zu leisten, werden Sie nichts Großes leisten. Dann schaffen Sie es auch nicht.

| Ich will der Erste sein. Ich bin's nicht wert. | Wenn Sie es nicht wert sind, sind Sie auch nicht wert, der Erste zu sein. |
| Ich will bedingungslos geliebt werden. Ich darf mich nicht zeigen. | Wenn Sie sich nicht zeigen, werden niemals Sie selbst, sondern nur Ihr Scheinbild geliebt. |

Es ist eher die Regel als die Ausnahme, dass unter den führenden Mustern mindestens ein Störenfried sein Unwesen treibt, der manchmal auch nur teilweise Widerstand leistet. Sonst hätten wir es im Leben viel zu leicht. Doch um es uns nicht unnötig schwer zu machen, sollten wir die innere Konkurrenz erkennen. So stärken wir unsere Fähigkeit, Probleme auch dann zu lösen, wenn konkurrierende Muster gleichzeitig wirken.

Nur Macher kommen an die Spitze

Entscheidungen müssen oft in kürzester Zeit getroffen werden und dulden keine Denkpause. Sind schnelle Entscheidungen gefragt, ist das Kriechtempo unseres Bewusstseins auf jeden Fall hinderlich, wenn nicht sogar gefährlich. Aus diesem Grund sind unsere Muster im Außerbewussten angesiedelt, einer äußerst reaktionsschnellen Zone. Dort reagieren sie zwar nicht immer richtig, aber dafür prompt. Am schnellsten und zuverlässigsten sind unsere führenden Muster. Sie werden üblicherweise in besonders markanten Situationen, in Schlüsselerlebnissen unserer frühen Kindheit geprägt: Situationen, die lebensbedrohlich sind, tief verletzend, sehr überraschend, besonders einschneidend oder innerlich ergreifend und die bis zu unserer Geburt zurückreichen können oder sogar noch weiter. Im Erwachsenenalter gebildete Muster übernehmen fast nie die Führung, es sei denn, sie entspringen Extremsituationen wie zum Beispiel Nahtoderfahrungen.

Die Geburtssituation ist ein wichtiger Moment und der statistisch lebensbedrohlichste in unserem ganzen Leben. Es ist der Moment des wesentlichen Ebenenwechsels hinab auf die Erde, daher kommt der Ausdruck „Niederkunft". Wie die Erfahrung mit der Identifikation von Mustern zeigt, führt die Geburtssituation üblicherweise zu mindestens einer bedeutsamen Entscheidung und Musterbildung, zum Beispiel: **Ich will raus hier.** Wenn ein Kind bei einer als stockend und langwierig empfundenen Geburt solch ein Muster bildet, was die Geburt erheblich beschleunigen dürfte, hat sich das Muster für den Menschen meist schon gelohnt: Es hat sich bewährt. Und Bewährtes wird nicht aufgegeben, im Gegenteil. Schon bei der nächsten scheinbar passenden Gelegenheit zaubern Sie das Muster aus dem Hut, damit es ein weiteres Mal hilft. Doch das ist meistens ein äußerst unpassender Moment, und dies ist der entscheidende Augenblick: Ab da beginnt das Muster den Verlauf der Situation zu beeinflussen, nicht mehr umgekehrt. Zunächst ergibt das Sinn, denn wir wähnen uns in Sicherheit. Je mehr aber das Muster Einfluss nimmt, lenkt, schiebt und Druck macht, desto unsinniger wird es.

Ich will raus hier – was tut ein Kind mit diesem Muster in einem Kaufhaus voller Leute, mitten im Menschengewühl? Es empfindet wieder Enge, wieder ein Gequetschtwerden. Just in diesem Moment schaltet sich sein Muster ein: **Ich will raus hier.** Das Kind beginnt zu schreien und führt sich so lange auf, bis die Eltern mit ihm das Kaufhaus verlassen. Aber

Führende Muster stammen aus Ihrer Kindheit.

Kaufhäuser sind nur ein möglicher Schauplatz. Selbst in der Straßenbahn wird das Kind keine Enge ertragen, und auch überall sonst wird es generell mehr Platz brauchen. Wenn der Platz ihm bisweilen gewährt wird, bestätigt sich das vermeintlich richtige Muster von Mal zu Mal und beginnt seinen steilen Aufstieg in der Musterhierarchie.

Natürlich können Sie mit Fug und Recht behaupten, Sie seien ein selbstbestimmter Mensch und nicht geleitet oder verleitet von ominösen inneren Strukturen. Das stimmt natürlich. Die Strukturen sind auf jeden Fall da, ob Sie wollen oder nicht, aber Sie bilden und bestimmen Ihre eigenen Strukturen ganz alleine. Wenn wir also von Mustern sprechen, sprechen wir immer von Selbstbestimmung, nicht von Fremdbestimmung. Außerdem machen Ihre Muster ja oft genug das, was Sie wollen: brav, loyal und vor allem konform.

> Muster bedeuten Ordnungen Ihrer Seele und Ihres Geistes.

Muster neigen zur Generalisierung. Wenn das Muster in der Anfangsphase seines Bestehens noch auf räumliche Enge (im Geburtskanal) beschränkt war, wird es sich Schritt für Schritt, mit jeder bestandenen Bewährungsprobe, von der Ursprungssituation, dem auslösenden Moment abnabeln. Es wird Ihren Begriff von zunächst räumlicher Enge ausweiten, dadurch gelingt Ihnen die Transferleistung, einmal erworbenes Wissen und erprobte Lösungen auf andere Situationen zu übertragen und generalisiert anzuwenden. Wann immer Sie sich in die Enge getrieben fühlen, werden Sie – dank Ihres Musters – ausbrechen oder fliehen. Die Flucht bezieht sich dann nicht mehr nur auf örtliche Gegebenheiten, sondern schlägt eine ganz andere taktische Richtung ein: Sie fliehen vor sich selbst und anderen. Das heißt, wenn es in seelischer Hinsicht bedrohlich eng wird, werden Sie sich innerlich verabschieden und

> Muster entstehen in konkreten Situationen, wirken dann aber generell.

flüchten – an einen sicheren bzw. gesicherten „Ort".
Sie flüchten vor der Gegenwart (dem Sein) zumeist
in die Vergangenheit (ins Haben), und eine Vergangenheit haben Sie ganz sicher.

Führende Muster wirken in wichtigen und meist
auch in häufigen Situationen lenkend und leitend.
Der Inhalt der einzelnen konkreten Situationen
rückt dabei immer mehr in den Hintergrund, je
länger das Muster besteht oder je häufiger es zum
Einsatz kommt. Im Erwachsenenalter haben die
Muster meistens schon einen so guten Schliff, dass
ihre Kompetenz, ihre Wirksamkeit und ihre zentrale
Bedeutung feststehen. Schwankungen und ganz,
ganz langsame Veränderungen sind möglich, aber
die Ausnahme.

Einer zieht die Fäden

Sie haben ein oberstes Muster, Ihr Leitmuster. Ihm ordnet sich alles unter.

Die Erfahrung zeigt, dass nur wenige führende
Muster Ihr Verhalten strukturell lenken und nur ein
einziges Muster lenkt zentral: Ihr Leitmuster. In
Worte gekleidet bildet Ihr Leitmuster den Leitsatz,
der all Ihre komplexen Gefühle zusammenfasst. Ihm
ordnen Sie sich unter und Sie tun alles, um seinen
Inhalt zu verwirklichen. Das Leitmuster ist eine
graue Eminenz. Es spielt sich nicht in den Vordergrund, sondern agiert aus dem sicheren Hintergrund. Es schickt seine Strategen an die Oberfläche
des Verhaltens vor, meidet selbst das Licht der
Öffentlichkeit und begnügt sich damit, Wirkung zu
zeigen. Das Leitmuster zu erkennen kann daher sehr
schwierig und aufwändig sein. – In Ausnahmefällen
können zwei Muster die Leitung haben, das führt auf
Dauer jedoch zu grundsätzlichen Problemen. Zwei
gleichermaßen wirksame Muster an der Spitze verwi-

schen die Führungslinie, die Folge davon sind unberechenbare bis stark schizoide Verhaltensweisen.

Das Leitmuster **Mir kann keiner helfen** beispielsweise lässt sich nach außen durch den Strategen **Ich nehme nichts an** vertreten. Und nur dieses Muster bemerken Sie im zwischenmenschlichen Bereich. Mit diesem Strategen nehmen Sie weder Ratschläge, Geschenke noch Vergünstigungen oder Hilfe an. Das wird weitaus offensichtlicher, als dass Ihnen keiner helfen kann.

Übung: Leitmuster identifizieren
Hier sieben verschiedene Leitmuster:

- **Ich will alles unbedingt beherrschen.**
- **Du kriegst mich nicht.**
- **Ich will nie wieder verletzt werden.**
- **Ich will geliebt werden, so wie ich bin.**
- **Ich bin was Besonderes.**
- **I wui griagn, wos I wui.** (Bayerisch für: **Ich möchte unbedingt das bekommen, was ich will.**)
- **Ich darf mich nicht zeigen.**

Eines der genannten Muster stammt vom heute erwachsenen Hans und wurde in seinem sechsten Lebensjahr gebildet. Überlegen Sie, welches der genannten Leitmuster hinter allen nachfolgend beschriebenen, wahllos herausgegriffenen, unterschiedlichen Situationen steckt, die Hans seit seinem neunten Lebensjahr erlebt hat. Berücksichtigen Sie dabei: Muster können sich extensiv ausbreiten, zum Beispiel vom körperlichen Bezug auf eine seelische Ebene.

Situation 1: Der neunjährige Hans liebt Wasser und Planschen. In einem Italienurlaub lernt er endlich schwimmen. Das passt bestens, denn im folgenden Schuljahr steht auch in der Schule Schwimmunterricht auf dem Programm. Die Freischwimmerprüfung folgt: Alles geht klar, er kann ja schwimmen. Zum Abschluss fehlt nur noch der Sprung vom Einmeterbrett. Der Junge steigt die Leiter hinauf, hat zwar etwas Angst, aber er springt. Beim Eintauchen ins Wasser atmet er jedoch ein. Das tut richtig weh: Wasser in der Nase, in der Luftröhre, in der Lunge. Die Konsequenz: Über 20 Jahre lang springt Hans nicht mehr vom Einmeterbrett. Und erst mit 41 wagt er zum ersten Mal einen Sprung vom Dreimeterbrett. Allerdings hält er sich beim Springen bis heute die Nase zu.

Situation 2: Hans ist inzwischen ein junger Mann von 17 Jahren. Er ist ein echter Stubenhocker, hat keine Freundin und keinen Sex. Er gaukelt sich vor, zufrieden zu sein, zumal er die Zeit ja zum Lernen braucht. Eines Tages lädt ihn eine Mitschülerin ins Kino ein: „Eis am Stiel." Er geht mit, wagt aber nicht, danach mit ihr noch eine Disko oder Kneipe zu besuchen – obwohl die junge Frau ihm eindeutig zu verstehen gibt, dass sie ihn gerne mag und mehr will. Hans versteht zwar ihre Botschaft, scheut sich aber, eine Beziehung einzugehen. Und so bleibt es bei dem einen Treffen.

Situation 3: Mittlerweile 30, macht Hans Skiurlaub mit Freunden. Das Wetter ist bestes, die Pisten traumhaft, es macht einfach Spaß. Aber dann: Ein Freund fährt voran, kommt auf einer Eisplatte ins Rutschen, stürzt und bricht sich die linke Schulter gleich mehrfach. Und obwohl dieser später wieder mit dem Skifahren beginnt, fährt Hans, der selbst keinen Schaden genommen hatte, seither nicht mehr Ski.

Situation 4: Hans ist 38 Jahre alt und erfolgreich im Beruf. Es geht ihm in dieser Hinsicht gut. Er verliebt sich heftig und trennt sich von seiner langjährigen Freundin. Diese macht ihm daraufhin das Leben zur Hölle, sie ist das Opfer, er der Täter. Und sie versucht immer wieder, verbal und anders, Hans unter Druck zu setzen. Er lässt es geschehen. Vier Jahre lang wagt er nicht, einen Schlussstrich zu ziehen. Stattdessen zahlt er ihr sehr viel Geld und nimmt dafür sogar Kredite auf, die ihn später in finanzielle Nöte bringen. Schließlich schafft er es, die Zahlungen einzustellen. Höchste Zeit, denn inzwischen ist er längst verheiratet.

Haben Sie Hans Muster gefunden? Hinter allen geschilderten Situationen verbirgt sich das Leitmuster **Ich will nie wieder verletzt werden.**

In der ersten Situation war es der selbst empfundene körperliche Schmerz. Da Hans nicht mehr auf diese Weise „verletzt" werden wollte, sprang er mehr als zwei Jahrzehnte nicht von irgendeinem Sprungbrett, obgleich er das Gefühl des freien Falls und des Eintauchens ins Wasser liebte.

Seine Reaktion auf die zweite Situation resultierte aus der Angst, am Ende zurückgewiesen zu werden.

Trotz offenkundigen Interesses der Frau ließ er sich lieber nicht auf sie ein. Er wollte kein Risiko eingehen; denn er fürchtete, durch Zurückweisung verletzt zu werden. Sein Weltbild ließ die viel wahrscheinlichere Variante gar nicht zu, nämlich glückliche und zufriedene Zeiten mit dieser Frau erleben zu können. Das zentrale Muster war zu diesem Zeitpunkt schon viel zu stark.

Die dritte Situation ging zwar wie einst mit körperlicher Verletzung einher, die Hans jedoch gar nicht selbst betraf. Das eigene mögliche Verletztwerden lief als Zukunftsangst ausschließlich in seiner Vorstellungswelt ab. Schon mitzuerleben, wie jemand anderes verletzt wurde, aktivierte das Muster: **Ich will nie wieder verletzt werden** … und deshalb fahre ich einfach nicht mehr Ski.

In der vierten Situation fühlte Hans sich schuldig an der Trennung, obschon so manches vorgefallen war, woran seine damalige Freundin „Schuld" hatte. Und da diese ihn sehr gut kannte, appellierte sie gewollt oder ungewollt an sein Leitmuster. Dafür, dass er nicht verletzt würde (so wie er sie zweifellos verletzt hatte), musste er bezahlen. Es war sein Versuch, sich von möglichen eigenen Verletzungen freizukaufen.

Außerbewusste Leitmuster werden oft zu „Leidmustern".

Keine der genannten Verhaltensweisen wirkt auf andere besonders auffällig. Hans ist einfach nur ein Mann, der lange Zeit nicht ins Wasser sprang, der als Teenager schüchtern war, der nicht mehr Ski fährt und etwas heftigere Trennungsprobleme hatte – mehr nicht. Doch all das steuert ein Leitmuster, das oft – so auch hier – zum „Leidmuster" wird. Nach außen aber wirkt dieser ganz normale Wahnsinn weder gesteuert noch verrückt.

Was hat Hans mit seinem Leitmuster **Ich will nie mehr verletzt werden** im Leben bewerkstelligt? Natürlichen Bestleistungen! Denn Kommentare seiner Eltern aufgrund schlechter Schulnoten hätten Hans nur verletzt. Und so wurde Hans in der Schule und im Beruf sehr erfolgreich. Sie sehen also: Auch Muster, die viel verhindern, bringen Nutzen und haben durchaus ihre guten Seiten.

Ein Leitmuster übernimmt üblicherweise sofort oder sehr rasch seine führende Rolle, denn es harmoniert nur zu gut mit dem individuellen menschlichen Wesen, seinen Motivationen, seinem Sein. Gewinnen Sie nun einen weitergehenden Einblick in die Musterhierarchie von Hans:

Beispiel für eine Musterhierarchie

Leitmuster	
Ich will nie mehr verletzt werden.	
Persönliche Assistenten: **Ich will ganz hoch hinaus.** **Ich will perfekt sein.**	Strategen: **Jeder soll gefälligst tun, was ich will.** **Ich will unbedingt von jedem geliebt werden.**
Basismuster-Auswahl	
Ich will über allem stehen. **Ich will alles unter Kontrolle haben.** **Ich will unangreifbar sein.** **Ich brauche Sicherheit.** **Ich will der Sieger sein.**	**Ich bin unberührbar.** **Ich kann mich nicht richtig freuen.** **Lass mich in Ruhe.** **Ich kann mich schwer einlassen.** **Ich mag keine unangenehmen Überraschungen.**

Übung: Leitmuster und Basismuster erkennen
Überlegen Sie, welche einzelnen Muster aus der
Tabelle „Beispiel für eine Musterhierarchie" Hans
außerbewusst und sekundenschnell genutzt hat,
um in jeder der genannten Situationen seine
Entscheidung zu treffen. Versuchen Sie auch, die
Glaubenssätze[4] zu formulieren, die Hans jeweils
geäußert haben könnte. Erst dann schauen Sie
sich die Lösungstabelle an.

Übung: Leitmuster und Basismuster erkennen

Lösungstabelle – Beispiel für eine Musterhierarchie

Situation 1		Situation 2	
Ich will nie mehr verletzt werden.		**Ich will nie mehr verletzt werden.**	
Ich will perfekt sein.	**Ich will alles unter Kontrolle haben.**	**Ich will unbedingt von jedem geliebt werden.**	**Ich bin un- berührbar.**
Glaubenssatz: Turmsprin- gen finde ich blöd.		*Glaubenssatz:* Eine Freundin zum jetzigen Zeitpunkt gefährdet mein schulisches Weiter- kommen.	

---

4 Siehe „Strategie 12: Ich mache dich glauben", Seite 194ff.

Situation 3		Situation 4	
Ich will nie mehr verletzt werden.		Ich will nie mehr verletzt werden.	
Ich will perfekt sein.	Ich will keine unangenehmen Überraschungen.	Ich will ganz hoch hinaus. Jeder soll gefälligst tun, was ich will.	Ich will alles unter Kontrolle haben. Ich will der Sieger sein.
Glaubenssatz: Skifahren interessiert mich nicht mehr. Ich habe keine Lust dazu.		*Glaubenssatz:* Der Laden muss laufen.	

Das Ganze läuft nicht immer streng hierarchisch ab. Da Muster innerlich miteinander vernetzt sind, kann zunächst ein Basismuster wirken, das dem Bewussten nahe und über mindestens ein führendes Muster abgesichert ist. Die Absicherung durch Strategen oder persönliche Assistenten garantiert, dass das Leitmuster erfüllt wird.

Schließen Sie Frieden mit Ihren Mustern

Doch wer entscheidet letztlich, welches Muster wann angewendet wird? Ihr Außerbewusstes. Das ist die Instanz, die für jede konkrete Situation das (un-)passende Muster parat hat. Aber Ihr Außerbewusstes ist nichts anderes als der wesentliche Teil Ihres Ich: Ihr Sein, also Sie selbst. Denn *Sie* haben Ihre Musterhierarchie aufgestellt und entwickelt. Sie halten an ihr fest und nutzen sie ununterbrochen. All Ihre Muster sind Teile Ihrer inneren Struktur und Ordnung, sie sind die strukturelle Entsprechung Ihrer individuellen Wirklichkeit. Und allen voran steht Ihr ganz persönliches Leitmuster. Das alles ist nicht so schlimm, auch wenn das Leitmuster zum Leidmuster werden kann, wie Sie an den Übungsbeispielen sehen konnten. Immerhin haben Sie sich den Inhalt Ihrer Muster selbst gegeben und akzeptiert.

Ihr Leitmuster muss immer befriedigt werden und wird es auch. Ein Leitmuster zu missachten, allein schon daran zu denken, führt unmittelbar zu sehr unangenehmen Gefühlen, massivem inneren Aufruhr und zu energischen Zuwiderhandlungen. Ihr ganzes Tun zielt darauf ab, Ihr Leitmuster zu erfüllen oder es wenigstens nicht zu tangieren. Dabei wird mindestens ein Stratege (Wie komme ich zum Ziel?) oder ein persönlicher Assistent (Wie wird mir dabei geholfen?) bemüht, oft auch beide Führungsebenen. Auch die Basismuster werden selten übergangen. Meist wird mindestens ein Basismuster erfüllt, das Sie zur konkreten Umsetzung führender Anweisungen drängt. Das ganze innere Geschehen zeigt sich nach außen oftmals in einem bewussten oder laut ausgesprochenen Glaubenssatz – und natürlich in Ihrem Verhalten. Da Ihr Verhalten Ihre innere Wirklichkeit widerspiegelt, lässt sich durchaus nachvollziehen, welche Muster wann und wie tätig waren, vorausgesetzt, Sie kennen weite Teile Ihrer Musterhierarchie. Der Versuch, eigenes Verhalten über Muster zu erklären, kann aber auch misslingen, wenn Sie zum Beispiel Ihr Leitmuster nicht exakt erkannt oder gerade ein neues Muster gebildet haben (**Ich schau nicht hin**).

Ihr Leitmuster reitet Sie. Dabei könnten Sie Ihr Leitmuster reiten. Ihre erwachsene Fähigkeit liegt darin, die Zügel selbst in die Hand zu nehmen und die Kraft Ihrer Muster zu nutzen, um Ihr Leben in

Ihr Leitmuster beeinflusst Ihr Leben. Wenn Sie dieses Muster kennen, können Sie mehr Einfluss nehmen.

die gewünschte Richtung zu lenken. Dann werden Sie immer fest im Sattel sitzen und Ihr Ziel sicher erreichen.

AA Aufgabe 7, Seite 330

Aus eins mach sechs: Muster vermehren sich

Dieses Kapitel verrät Ihnen eine Abkürzung bei der Entdeckungsreise zu Ihren eigenen Mustern: Aus einem einmal erkannten Grundmuster (Primärmuster) lassen sich problemlos bis zu fünf weitere Muster ableiten (Sekundärmuster). Das spart Ihnen Zeit, die Sie später gut brauchen können, um Ihre Muster zu bearbeiten.

Primärmuster

Am Anfang steht immer ein Primärmuster bzw. Grundmuster. Primärmuster haben eine gewisse Eigendynamik. Sie verselbstständigen sich und entwickeln sich kreativ weiter – in einer rasanten Geschwindigkeit. Das nenne ich Musterexplosion.

Die 34-jährige Franka berichtet von privaten und beruflichen Schwierigkeiten. Sie ist Managerin in der Pharmaindustrie und bekleidet dort seit über fünf Jahren eine verantwortungsvolle Position. Ihre Vorgesetzten sind sehr zufrieden, denn Franka macht ihren Job zuverlässig, ist nie krank und fällt nie unangenehm auf. Sie kommt früh und geht als eine der

Letzten. Auch ihre Mitarbeiter können nicht klagen: Franka ist gerecht und hat immer ein offenes Ohr. Aber seit es privat nicht mehr so gut läuft, wird sie immer mürrischer, vergisst viel, und ihre beruflichen Fehlleistungen häufen sich. Das ist kaum verwunderlich angesichts dessen, was passiert ist: Nach über acht Jahren Partnerschaft hat Franka sich von ihrem Lebensgefährten getrennt; vor einem Jahr hatte sie eine Abtreibung und seither war die Beziehung am Ende. Schon das belastete sie sehr. Als sie auch noch erfuhr, dass ihre Mutter schwer krank ist, brach vieles in ihr zusammen. Ein Autounfall vor einigen Wochen gab ihr den Rest. Ihr ist zwar nichts passiert, aber das Auto ist Schrott. In dieser komplexen Situation erscheinen all ihre Mühen vergeblich. Sie kann nicht mehr.

Ich kann nicht mehr ist ein Primärmuster. Diese Muster zeigen sich zwar als Resultat einer konkreten Situation, reichen in der Regel aber weit zurück. Franka hat besagtes Muster sicher nicht erst mit 34 Jahren gebildet, sondern schon viel früher. Aber wieder einmal hat es sich bestätigt. Primärmuster werden zum Credo, das viele nachfolgende Situationen bestimmt.

Sekundärmuster

Aus einem Muster lassen sich mehrere weitere ableiten.

Primärmuster bringen eine Vielzahl von Ablegern hervor, oft schon im Entstehungsmoment, aber auch im Wiederholungsfall. So bilden sich wie von Zauberhand die Sekundärmuster, ohne dass ihnen eine konkrete Lern- oder Lebenserfahrung vorausgehen muss oder ein spezieller Anlass nötig wäre. Jedes

Primärmuster erzeugt seine eigene Nachkommenschaft, seinen eigenen Muster-Stammbaum.

Grundsätzlich sind alle Muster, auch Sekundärmuster, dazu da, etwas zu erreichen oder etwas zu verhindern. Je nachdem, was sie bezwecken sollen, gibt es verschiedene Typen von Sekundärmustern, wie Frankas weitere Geschichte zeigen wird. Doch zunächst wollen wir sehen, wie sich anhand gezielter Fragen Sekundärmuster nicht nur relativ leicht erkennen, sondern die verschiedenen Typen auch gut unterscheiden lassen (⇨ Tabelle „Sekundärmuster-typen als Antwort auf zentrale Fragen").

Muster dienen Ihnen dazu, etwas zu erreichen oder zu verhindern.

Sekundärmuster-Typen als Antwort auf zentrale Fragen

Frage	Sekundärmuster-Typ
Wie erreiche ich, dass sich mein Primärmuster durchsetzt? Kurz: Wie mache ich's?	Strategiemuster
Was will ich mit dem Primärmuster erreichen? Kurz: Was will ich vorrangig?	Nutzenmuster (direktes Zielmuster)
Was will ich sonst noch erreichen, was das Primärmuster verhindern könnte/würde? Kurz: Was will ich noch?	Indirektes Zielmuster

| Was will ich durch das Primärmuster verhindern? Kurz: Was will ich nicht? | Schadenverhinderungsmuster |
| Was erreiche oder verhindere ich heute tatsächlich? Kurz: Wie sieht es im Moment aus? | Wirklichkeitsmuster |

Strategiemuster

Verfolgen wir Frankas Geschichte weiter:
Franka berichtet von der Zeit der Schwangerschaft und der Abtreibung. Zuerst war sie glücklich darüber, schwanger zu sein. Insgeheim freute sie sich auf ihr Kind. Dann kamen die ersten Zweifel, nicht zuletzt durch die Gespräche mit ihrem Freund: Kann ich mir ein Kind überhaupt leisten? Was wird aus meiner Stelle? Schaffe ich das alles? Werde ich dem Kind eine gute Mutter sein? Bleibe ich mit meinem Freund zusammen? Ist es heute nicht unverantwortlich, Kinder in die Welt zu setzen? Mehr und mehr nagten Zweifel und Ungewissheit an ihr. Schließlich entschied sie, abzutreiben. Schon damals war ihr alles zu viel: **Mir ist alles zu viel.** *Heute bedauert sie ihren Entschluss.*

Mir ist alles zu viel ist ein typisches Strategiemuster. Sobald Sie ein Primärmuster gebildet haben, werden Sie außerbewusst erkennen oder festlegen, wie Sie den Erfolg des Primärmusters sichern können. Die zentrale Frage lautet: *Wie erreiche ich, dass sich mein Primärmuster durchsetzt? Kurz: Wie mache ich's?* Auf diese Frage hätte Franka auch mit folgenden Strategiemustern antworten können:

- **Ich lasse mich nicht ein:** So entstehen erst gar keine Situationen, in denen sie nicht mehr kann.
- **Ich muss fliehen:** Auch dann hätte sich Franka vermutlich in eine Abtreibung geflüchtet oder den Wohnort gewechselt.
- **Die anderen sollen entscheiden:** Dies wäre der Fall, wenn ihr Freund sich vehement für eine Abtreibung ausgesprochen hätte, was jedoch nicht der Fall war.

Um Primärmuster erfüllen zu können, brauchen wir Strategiemuster. Sie sind die engsten Verbündeten des Primärmusters, seine bedingungslosen Helfer. Strategiemuster haben oftmals Wächterfunktion für ihr Primärmuster. Sie schützen es und sorgen dafür, dass das Primärmuster im Hintergrund bleiben kann – auf sicherem Boden. Auf nichts anderes kann sich das Primärmuster so gut verlassen. Und da sich Strategiemuster an der Praxis orientieren, sind sie oft leicht zu erkennen.

Nutzenmuster (direkte Zielmuster)

Mit dem Strategiemuster allein ist es aber noch nicht getan. Primärmuster, die in Ihrem Erwachsenenleben existieren, funktionieren, regieren und herrschen, sind Ihnen nützlich, sonst hätten Sie sie nicht, sonst hätten sie sich nicht festsetzen können. Damit sie Ihnen aber nützen können, brauchen Sie einen persönlichen Assistenten, das Nutzenmuster.

Franka berichtet von ihrer Trennung. Sie beide haben sich schon lange nicht mehr gut verstanden. Ihr Lebensgefährte hat ihr immer vorgehalten, sie würde sich nur im Beruf richtig engagieren. Schon seit

einigen Jahren hat er von eigenen Kindern gespro-
chen. Sie hat eben mehr an ihre Karriere gedacht,
schließlich war noch genug Zeit für Kinder. Irgend-
wann ist er ihr schließlich zu langweilig geworden
und zu anhänglich. Dann hat er etwas mit einer viel
jüngeren Frau angefangen, und Franka hatte das
Gefühl, ihn verloren zu haben. Da hat sie einfach
einen Schlussstrich gezogen. Gott sei Dank hatten sie
getrennte Wohnungen und alles ist einigermaßen
harmonisch abgelaufen. Aber irgendwie hat sie immer
das Gefühl: **Mich kriegt keiner.**

Mich kriegt keiner ist Frankas Nutzenmuster, ihr
direktes Zielmuster, einer ihrer persönlichen Assistenten. Es hätte ebenso sein können **Ich bin nicht
schuld** oder: **Ich halt mich da raus** oder: **Ich bin so
klein.** So viel zu Franka.

Abgeleitete Muster oder Sekundärmuster können größere Bedeutung erlangen als das ursprüngliche Primärmuster.

Nichts im Leben geschieht, ohne dass es für den
betroffenen Menschen einen Sinn ergäbe oder einen Nutzen brächte. Selbst ein belastender Todesfall
in der nahen Verwandtschaft, ein Autounfall oder
eine scheinbar ungerechte Kündigung – alles hat
seinen Sinn, auch wenn es oft schwer fällt, diesen
Sinn oder einen Nutzen zu erkennen. Nutzenmuster
nützen Ihnen – und von was oder wem sonst können
Sie das schon behaupten? Diese Muster sind die
Antwort auf Ihre Frage: *Was will ich mit dem Primärmuster erreichen? Kurz: Was will ich vorrangig?* Und weil
Ihnen Nutzenmuster genau das beschaffen, was Sie
haben wollen, können sie zu führenden Mustern
oder Leitmustern werden. Der Nutzen ist der entscheidende Erfolgsfaktor, der ein Muster in der
Hierarchie ganz nach oben klettern lässt.

Je mehr Sekundärmuster eingesetzt werden, umso mehr entwickeln auch sie eine Eigendynamik.

Muster können also im Laufe ihres Lebens einen Ebenenwechsel vollziehen und auf der Hierarchieleiter Stufe um Stufe erklimmen. Zuerst dienen sie einem Primärmuster, dem sie sich unterordnen. Irgendwann beschließen Sie bzw. Ihr Außerbewusstes: Dieses Muster ist so genial und funktioniert so gut, dass ich es sogleich anwende. In diesem Moment kriegt das Muster einen besseren Platz, seinen wirklichen, den richtigen.

Indirekte Zielmuster

Ich kann nicht mehr. Viele nennen dieses Muster ihr Eigen. Stellen Sie sich vor, es wäre Ihres. Was würde dieses Muster bei Ihnen verhindern oder behindern? Was könnte es Ihnen nehmen? Aber die eigentliche Frage ist noch etwas verzwickter, so dass selbst unsere Coachs sie erst nach einiger Übung flüssig über die Lippen bringen: *Was will ich sonst noch erreichen, was das Primärmuster verhindern könnte/ würde? Kurz: Was will ich noch?* Hier einige mögliche Antworten mit jeweils passenden Mustern.

Indirekte Zielmuster

Was wird vom Primärmuster verhindert?	Indirekte Zielmuster, die gegensteuern
Ihr Vorankommen	**Ich will weiter kommen als andere.**
Ihre Kraft	**Ich bin stark.**
Ihre Zuversicht	**Ich will mit Freude in meine Zukunft schauen.**
Ihre Fähigkeit, Lösungen zu finden	**Ich weiß, wie's geht.**
Ihre Potenz	**Ich kann mehr als andere.**
Ihr Optimismus	**Ich freue mich auf meine Zukunft.**
Ihre Fähigkeit, andere zu führen	**Ich weiß, wo es langgeht.**

Solche oder ähnliche Muster sind Ihre indirekten Zielmuster. Mit ihrer Hilfe kommen Sie auf jeden Fall weiter, wenn auch nicht immer dahin, wo Sie eigentlich hinwollten.

Schadenverhinderungsmuster

Oft geht es bei Mustern darum, Schaden abzuwenden, der offensichtlich oder versteckt auftreten könnte. Fast immer handelt es sich bei dem gefürchteten Schaden um eine Angst, ob sie Ihnen bewusst ist oder nicht. Deshalb sind Ängste sehr hilfreich dabei, Muster zu erkennen, sie lassen auf zugrunde liegende Muster schließen, auf Ihre Schadenverhinderungsmuster. Diese nämlich wollen einen gefürchteten Schaden einfach nur verhindern. Franka könnte zum Beispiel alles wollen, nur keine Schuld auf sich laden: **Ich will unter keinen Umständen Schuld haben.** Das wäre dann ihr Schadenverhinderungsmuster. Übrigens: Alle Muster-Rückschlüsse, die Sie aus Ihren Ängsten ziehen, sind äußerst effektiv und liefern Ihnen besonders wertvolle Energie. Die Frage, die zum Schadenverhinderungsmuster führt, lautet: *Was will ich durch das Primärmuster verhindern? Kurz: Was will ich nicht?*

Wirklichkeitsmuster

Sie können sich zu jedem einzelnen Primärmuster fragen: *Was erreiche oder verhindere ich aktuell tatsächlich? Kurz: Wie sieht es im Moment aus?* Nicht selten zeigt die Antwort darauf, dass sich manche Ihrer Muster in der Realität nicht bestätigen. Aus dieser ernüchternden Erkenntnis heraus bilden Sie Wirklichkeitsmuster, zum Beispiel: **Ich habe nicht immer Recht.** Dieses Muster bildet Ihren tatsächlichen Alltag ab. Bei Franka könnte das Wirklichkeitsmuster lauten: **Ich schaffe es dennoch.** Wirklichkeitsmuster sind allerdings von aktuellen Geschehnissen so überlagert, dass ihnen oft keine fundamentale Bedeutung zukommt, das heißt, wir realisieren sie kaum und setzen unsere ganze Kraft darauf, die anderen Muster durchzuziehen.

Übung: Sekundärmuster und Primärmuster
Überlegen Sie anhand folgender Beispiele, welche Sekundärmuster aus dem jeweiligen Primärmuster folgen könnten. Vergleichen Sie dann Ihr Ergebnis mit den nachstehenden Lösungen

Primärmuster A: **Ich will unbedingt geliebt werden.**
Primärmuster B: **Ich will meine Ruhe.**
Primärmuster C: **Ich habe das Sagen.**
Primärmuster D: **Ich muss vorankommen.**

Lösung zur Übung
Primärmuster A: **Ich will unbedingt geliebt werden.**
Strategiemuster: **Ich bin scheinheilig.**
Nutzenmuster: **Ich zeige mich nicht, oder: Ich sage nichts.**
Indirektes Zielmuster: **Ich brauche meine Freiheit.**
Schadenverhinderungsmuster: **Ich kann nicht allein sein.**
Wirklichkeitsmuster: **Ich fühle mich einsam.**

Primärmuster B: **Ich will meine Ruhe.**
Strategiemuster: **Ich entziehe mich fast allem.**
Nutzenmuster: **Ich kann tun, was ich will.**
Indirektes Zielmuster: **Ichwill geliebt werden.**
Schadenverhinderungsmuster: **Ich will mich nicht einlassen.**
Wirklichkeitsmuster: **Ich habe meine Ruhe.**

Primärmuster C: **Ich habe das Sagen.**
Strategiemuster: **Ich bin immer freundlich.**
Nutzenmuster: **Niemand kommt mir zu nahe.**
Indirektes Zielmuster: **Ich sehne mich nach Kontakt.**
Schadenverhinderungsmuster: **Ich muss Recht haben.**
Wirklichkeitsmuster: **Niemand mag mich.**

> **Primärmuster D: Ich muss vorankommen.**
> Strategiemuster: **Ich muss der Erste sein.**
> Nutzenmuster: **Ich will unangreifbar sein.**
> Indirektes Zielmuster: **Ich will geliebt werden.**
> Schadenverhinderungsmuster: **Ich mag mich nicht einlassen.**
> Wirklichkeitsmuster: **Ich schaffe es nur mit Mühe.**

AA Aufgabe 8, Seite 331
AA Aufgabe 9, Seite 331

Die Unbestechlichen: Muster lassen sich nicht blenden

Erfolg bedeutet, dass sich Ihr Innen und Ihr Außen und Ihr Tun miteinander in Einklang befinden. Wenn Sie nicht tun, was Ihre Muster wollen, kommt es zu Dissonanzen, die mit ziemlicher Sicherheit Ihren Erfolg blockieren. Auch wenn es Ihnen hie und da gelingen mag, erfolgreich gegen Ihre Muster zu agieren, wird das auf Dauer nicht klappen.

Dinge lassen sich nicht ändern, indem man das Pferd von hinten aufzäumt. Deshalb denken Sie erst einmal nicht daran, Ihr Verhalten, also das Äußere, Oberflächliche, zu ändern. Setzen Sie bei Ihrem inneren Kern an, denn mit ihm müssen Sie zurechtkommen. Egal, ob Sie Seminare besuchen oder alleine versuchen, ein Verhalten oder eine Einstellung zu ändern: Sie werden die Erfahrung machen, dass es ab und zu klappt, meistens aber nicht. Eine Verhaltensänderung ist sehr mühsam. Wenn Sie Ihre

Anwendungssoftware, also Ihr Verhalten, ändern wollen, funktioniert das auf Dauer nur unter einer wichtigen Bedingung: Ein neues Verhalten muss mit Ihren inneren Mustern in Einklang stehen.

Maximilian, 34, berichtet vom Aufbau seines IT-Unternehmens. Dieses bietet Software-Speziallösungen für Einkaufsmärkte an – ein lukratives Geschäft. In den Jahren des IT-Booms hat er mit seinem Freund Manfred das Unternehmen von null auf hundert gebracht und es geschafft, erfolgreich zu bleiben. Am Anfang hat ihm das Ganze richtig Spaß gemacht. Da waren sie ein kleines Team und haben gemeinsam am selben Strang gezogen. Aber die Firma ist schnell gewachsen, und schon bald kamen organisatorische Probleme und Unstimmigkeiten, mit denen Maximilian bislang nicht konfrontiert worden war. Er merkte schnell, dass es ihm in dieser neuen Struktur schwer fiel, die nötigen Führungsaufgaben gut zu lösen. Er fühlte sich viel mehr der fachlichen Seite verbunden, der Entwicklung neuer Programme. Zum Glück gab es ja noch Manfred, mit dem er rechtzeitig darüber sprach, sie vertrauten einander. Manfred fielen Aufgaben wie Umstrukturierung und Personalverwaltung nicht schwer. Er war sogar froh, aus dem kreativen Chaos, wie er die Entwicklungsabteilung nannte, rauszukommen. So teilte man sich die Aufgaben entsprechend seinen Neigungen und Fähigkeiten. Das funktionierte gut, bis Manfred aus der Firma ausschied. Er hatte schon lange geplant, mit dem erwirtschafteten Geld nach Spanien zu gehen. Nun fielen Maximilian wieder all die unliebsamen Aufgaben zu, denen er sich nicht stellen konnte oder mochte. Vor allem Entlassungsgespräche führten bei ihm zu Angstzuständen, Unwohlsein und Nervosi-

tät. Im Rahmen einiger Trainings hatte Maximilian bereits die Erfahrung gemacht, dass Verhaltensänderungen zwar eine Zeitlang funktionierten, dass er aber bald wieder ins alte Fahrwasser zurückkehrte.

Maximilians Erfahrung beschreibt den typischen Flitterwocheneffekt. Er tritt im direkten Anschluss an ein Training auf und zeigt sich in der Begeisterung, etwas geändert/getan zu haben bzw. etwas ändern/tun zu wollen. Die Begeisterung ebbt aber bekanntlich schnell ab, auch bei Maximilian. Denn ein hochrangiges Muster macht ihm das Leben schwer: **Ich will unbedingt geliebt werden.** Wenn Sie das wollen, unterlassen Sie es, den Zorn oder Unmut anderer auf Sie zu ziehen. Leider ist das aber nicht immer machbar. Und so werden Sie im privaten und beruflichen Leben immer wieder auf Probleme stoßen.

Wie auch Maximilian feststellen musste, funktionieren viele Persönlichkeitstrainings letztlich nicht. Sie empfehlen so etwas wie choreografiertes Verhalten. „Sie müssen es einfach nur so und so machen oder sich eine bestimmte Einstellung aneignen, und schon geht alles." Wenn das bei Ihnen hilft, dann passt zufällig das, was Sie beim Training gelernt haben, zu Ihren Mustern und Ihren Motivationen. Aber meistens geht nichts, denn Ihre Muster sind ausdauernd und werden sich am Ende durchsetzen. Dann taucht genau das Verhalten wieder auf, von dem Sie meinten, es schon längst los zu sein. Sich gegen Ihre Muster zu verhalten, ist grundsätzlich zwar möglich, erfordert aber einen starken Willen und verlangt meist extrem viel Kraft. Erschwerend bläst Ihnen auch noch ein starker Gegenwind ins Gesicht.

Wenn Sie gegen Ihre Muster handeln, kostet es (zu) viel an Willenskraft.

- Erst einmal glaubt Ihnen keiner, dass Sie sich wirklich ändern wollen, denn alle haben diesbezüglich schon eigene, frustrierende Erfahrungen gemacht.
- Ihr Wunsch, sich zu ändern, wird vertuscht oder weggeredet. Am besten versuchen Sie es erst gar nicht (denn es könnte Ihnen am Ende noch gelingen, was anderen nicht gelungen ist).
- Sie und Ihr Verhalten stehen fortwährend unter Beobachtung, werden strengen Prüfungen unterzogen und müssen unwiderlegbare Standhaftigkeit beweisen.
- Mit etwas Glück werden Ihre Änderungen letztlich akzeptiert, auch wenn Sie nicht mehr ganz der/die Alte sind.

Lernen Sie Ihre Muster kennen. Dann können Sie Ihr Verhalten effektiver ändern.

Wie machen Sie es besser? Lernen Sie als erstes Ihre inneren Strukturen kennen. So können Sie mögliche Verhaltensänderungen und Persönlichkeitsentwicklungen abschätzen und ansteuern. Dieser Weg mag zunächst mühsam erscheinen, auf Dauer ist er aber wesentlich effektiver, als sich vorgegebene Verhaltensformen überzustülpen oder das eigene Verhalten von außen zu ändern. Das Gleiche gilt für die inneren Strukturen selbst: Sie sind allenfalls langsam, bewusst und mühsam zu ändern, und nur vom Betroffenen selbst. Von außen sind sie definitiv nicht zu beeinflussen. Das ist kein Grund für Fatalismus oder Rückzieher, denn Sie können die Macht und die Kraft Ihrer Muster nutzen, wenn Sie auf sich hören statt auf angebliche Standardlösungen zu vertrauen. Wer seine wichtigsten Muster kennt, der weiß, wohin er will und wie weit er kommen kann. Er wird allen angeblichen Idealen abschwören, seine

Entwicklung bei sich selbst beginnen und erfolgreich vorantreiben.

Paul ist 29 Jahre alt und freier Versicherungsmakler. Er kommt zu uns, weil seine Umsätze trotz hohen Zeitaufwands und Engagements unter dem Durchschnitt liegen. Zunächst lassen wir uns schildern, nach welchen Kriterien er seine Versicherungspartner auswählt. Schnell stellt sich heraus, dass er ausschließlich Verträge von den Gesellschaften verkauft, die ihm die besten Margen bieten. Paul ist der Annahme, dass dieses Vorgehen ein unabdingbarer Teil seiner Gewinnoptimierungsstrategie sei. Dazu gehört für ihn auch die gezielte Kundensuche, denn mit dem alltäglichen Kleinkram will er sich nicht belasten. Das sei viel Arbeit und bringe wenig. Wir fragen Paul genauer nach seinen Kunden. Für die tue er schon sehr viel, meint er. Außerdem achte er immer darauf, dass sich die Vertragskonditionen in einem fairen Rahmen bewegen.

Während Paul im Seminar viele seiner Muster erarbeitet, zeigt sich eines seiner führenden Muster: **Ich tue nur, was Erfolg verspricht.** Dieses Erfolgsmuster ist in Pauls Fall alles andere als erfolgreich, denn es verhindert gute Umsätze und Gewinne. Warum? Weil Paul sein Muster falsch lebt. Bislang scheint es ihm Erfolg versprechend:

- nur Versicherungen mit hohen Margen zu verkaufen
- auf wenig lukrative Alltagsgeschäfte zu verzichten
- nicht in erster Linie an seine Kunden zu denken

Wir stellten dem entgegen, was tatsächlich Erfolg verspricht:

- Die Versicherungsgesellschaften mit den besten Leistungen wählen
- Zunächst jedes Geschäft mitnehmen, um sich nach und nach einen Kundenstamm aufzubauen, mit dem er wachsen und wohlhabend werden kann
- erkennen und verstehen, dass sein Erfolgspotenzial einzig und allein seine Kunden sind

Aufgrund dieser konkreten Änderungsmaßnahmen stellte Paul vieles um, was sich schon bald positiv bemerkbar machte.

Pauls Beispiel zeigt aber auch ganz deutlich: Geld ist letztlich nur bedingt ein Motivationsfaktor. Hinter Pauls Gewinnoptimierung wirkte eine materiell orientierte Motivation, die für seinen Erfolg aber letztlich hinderlich war. Materielle, äußere Motivationen wirken immer nur kurzfristig. Langfristig wirksame Motivation kommt von innen heraus und kann durch Äußerlichkeiten weder ersetzt noch aufrechterhalten werden, auch nicht durch Geld. Nicht umsonst verpufft die Wirkung jeder Gehaltserhöhung, wenn Sie mit Ihrem Arbeitsplatz grundsätzlich unzufrieden sind. Sie können weder sich noch Ihre Kinder oder Mitarbeiter auf Dauer gegen ihre Muster motivieren, weder durch materielle Anreize, noch durch Trainings. Solche Maßnahmen mindern nicht nur die Leistungsfähigkeit, sondern zeigen zum Teil sogar ungewollte, gegenteilige Effekte. Vor allem aber bleiben die wichtigsten menschlichen Ressourcen ungenutzt: das tatsächliche individuelle Leistungsvermögen. Zugunsten schneller Erfolge

Gehen Sie mit Ihren Mustern, nicht gegen sie. Das ist effektiv!

verzichten viele Unternehmen auf nachhaltige Maßnahmen. Dadurch gewinnen sie ebenso wenig, wie
sie einsparen, sondern zahlen letztlich drauf. Im
Privaten ist es nicht anders. Denken Sie um. Wählen
Sie den Königsweg, um Erfolge zu erzielen.

AA Aufgabe 10, Seite 331

TEIL II

MUSTER NUTZEN ZWÖLF STRATEGIEN

In diesem Teil werden Sie sehen, dass Ihre Muster geschickte Strategen sind. Lernen Sie von den Taktiken Ihrer Muster und machen Sie sich diese zunutze.

Strategie 1: Ich bin immer bei dir

> Es ist ein großer Vorteil im Leben,
> die Fehler, aus denen man lernen kann,
> möglichst früh zu begehen.
>
> *Winston Churchill*

Das menschliche Leben ist eindeutig so gestaltet, dass wir alle als kleine Kinder Situationen ausgesetzt sind, in denen wir das Gefühl haben, verlassen zu werden. Wie beruhigend ist es also, zu wissen, dass unsere Muster uns nie alleine lassen.

*Heribert ist eine dicke, fette Versuchsratte, die seit Jahren brav so tut, als hätte der Versuchsleiter Recht. Was soll sie auch anderes machen, um sich vor Essensentzug zu schützen? Wollen wir ihren Opportunismus also nicht verurteilen. Neulich hatte Heribert eine leichte Aufgabe zu lösen: Er sollte herausfinden, hinter welcher Tür sich ein Stück Käse verbarg. Da der Versuchsleiter den Käse immer hinter das dritte Türchen legte, hatte Heribert ziemlich schnell gelernt, genau dorthin zu gehen. Deshalb ist er auch so fett geworden. Eines Tages, es war Montag und der Versuchsleiter war schlecht gelaunt, weil er wieder arbeiten musste (**Ich mag mich nicht anstrengen**), legte er den Käse – anders als sonst – hinter die erste Türe. So eine Frechheit, sich auch noch daran zu delektieren (**Ich weiß es besser**). Was tat Heribert? Er ging natürlich an die dritte Tür, die sich immerhin bewährt hatte. Aber schon bald merkte er, dass der Käse dort einfach nicht zu holen war. Heribert suchte also woanders weiter und wurde schnell fündig: Der*

Käse lag hinter der ersten Tür – und das bis auf weiteres.

Solange Ihre Muster außerbewusst bleiben, kommen Sie nicht ans Ziel.

Kennen Sie den Unterschied zwischen Heribert und Ihnen? Sie wären wieder und wieder zur dritten Tür gegangen, denn Sie bleiben Ihren Mustern treu, auch wenn seit Jahrzehnten dort nichts mehr zu holen ist. Dafür gibt es einen einfachen Grund: Ratten sind nicht überzeugt, Menschen schon. Ratten erreichen ihr Ziel (den Käse) durch Ausprobieren. Menschen wollen zwar auch ein Ziel erreichen, aber noch lieber wollen sie Recht behalten. Menschen haben lieber Recht als Käse. Ihre Muster sorgen also dafür, dass Sie den Käse nicht kriegen. Oder anders ausgedrückt: Solange Ihre Muster außerbewusst bleiben, kommen Sie nur schwer ans Ziel.

AA Aufgabe 11, Seite 332

Nicht der Inhalt Ihrer Muster ist das Problem. Vielmehr ist es ihre Außerbewusstheit, die Tatsache, dass Sie Ihre Muster ausblenden, statt sie bewusst anzuwenden. Damit sich in Ihrem Leben etwas bewegt (zugunsten Ihrer Entwicklung und Erkenntnis), legt irgendeine höhere Instanz Ihren Käse immer woanders hin. Aber sobald Sie feste Vorstellungen davon haben, wo Ihr Käse liegt (also was Sie glücklich macht und für Sie richtig ist), reduzieren sich Ihre Erfolgschancen. So werden Ihr Erleben und vielfach auch Ihr Vorankommen von Ihren Mustern schon im Keim erstickt. Dazu nutzen sie die Strategie: Ich bin immer bei dir!

Einmal ist keinmal

Es gibt unzählige Lebenslagen, für deren Bewältigung der Mensch auf sich selbst angewiesen ist, auf seine Umsicht und seine Findigkeit. Das ist zum Beispiel in jeder unbekannten, neuartigen Situation der Fall, weil wir zur Lösung auf keinen oder nur unzureichenden Erfahrungsschatz zurückgreifen können. Neuartige Situationen verringern sich logischerweise im Laufe unseres Lebens, denn mit der Zeit haben wir vieles schon einmal erlebt.

Wenn wir eine Situation als neu oder neuartig empfinden, zeigt das ein inneres Informationsdefizit. Um diese Lücke zu schließen, finden wir eine passende Lösung (die objektiv gesehen nicht unbedingt gelungen sein muss) und bilden zeitgleich ein neues Muster. Die betreffende Ursprungssituation bleibt aber meist die einzige, in der das neue Muster wirklich sinnvoll zur Anwendung kommt, insbesondere dann, wenn es sich um eine gelungene Lösung handelt. Dass wir unser Muster trotzdem auch weiterhin unermüdlich und wiederholt einsetzen, liegt meist daran, dass wir es nicht auf Sinnhaftigkeit und Notwendigkeit prüfen. Das veranschaulicht ein weiterer Tierversuch:

Die Stute Herzeloyde steht in ihrer Box und wird von Verhaltensforschern untersucht. Diese haben im Boden eine Metallplatte versteckt, durch die sie elektrischen Strom leiten. Was täten Sie an Herzeloydes Stelle, wenn Strom fließt? Sie würden natürlich den schmerzenden Huf vom Boden heben. So macht das auch die Stute. Nun haben sich die wenig netten Verhaltensforscher etwas ausgedacht: Vor jedem Stromschlag lassen sie eine Glocke läuten. Was tut Herzeloyde? Gar nicht dumm, hebt sie bei jedem

Glockenläuten vorbeugend ihren Huf. Das nennt man dann einen konditionierten Reflex. Sobald dieser programmiert ist, sind Strom und Metallplatte überflüssig. Die Glocke reicht völlig. Was aber geht in Herzeloyde vor? Sie wird durch ihr Verhalten immerzu bestätigt. Wenn sie den Huf hebt, bleibt der Stromschlag aus, natürlich auch, nachdem die Stromleitung längst abgebaut ist. Das Fehlverhalten wirkt selbstverstärkend und selbstbestätigend – ein Teufelskreis. Das vermeintlich richtige Verhalten, längst überflüssig bis grenzwertig idiotisch, hemmt Herzeloydes weitere Entwicklung und verhindert zugleich die Lernerfahrung, dass dem Glockenläuten gar kein Stromschlag mehr folgt.

Muster haben beste Absichten. Beim ersten Einsatz bringen sie Ihnen Vorteile, sonst eher nicht.

Die Musterbildung und -anwendung läuft natürlich anders als die hier geschilderte Konditionierung. Wir lassen nur im Ausnahmefall beim Glockenläuten ein Muster ablaufen. Außerdem wiederholt sich in unserem Leben nie exakt die gleiche Situation, ebenso wenig gelingt es, alle Situationen (auf gleiche Art) zu lösen. Aber wissen Sie, wie oft am Tag Sie trotzdem den Huf unnötig heben? Dutzende Male. Das kostet viel Kraft, bringt aber letztlich nichts. Und so werden unnötig angewendete Muster, einstige Problemlösungen, oft selbst zum Problem.

Auf immer und ewig

Die meisten Muster, die unser Erwachsenenleben maßgeblich beeinflussen, werden zwischen Geburt und dem neunten Lebensjahr geprägt. Direkt mit dem Beginn unseres Erdenlebens bis einschließlich des dritten Lebensjahres steigt die Anzahl der Muster steil an. Der Anstieg verlangsamt sich dann etwas und verflacht ab dem zehnten Lebensjahr, um zwischen 14 und 21 noch flacher zu werden. Danach müssten innerlich oder äußerlich einschneidende Ereignisse ablaufen, um neue Muster zu prägen, erst recht führende Muster. Das können Todesfälle sehr nahe stehender Personen sein, eigene Nahtoderfahrungen, schwere Unfälle oder lebensbedrohliche Erkrankungen. Mit Glaubenssätzen verhält es sich übrigens anders. Sie werden vielfach noch in unserer Erwachsenenzeit gebildet, basieren allerdings auf unseren kindlichen Mustern. Wenn Sie kleine Kinder haben, achten Sie einmal genau auf das, was sie sagen, denn Kinder äußern ihre Muster. Als unser Sohn Nikolaus dreieinhalb Jahre alt war, sagte er einmal: „Ich will nicht mehr tun, was du willst. **Ich will tun, was ich will**.“

Muster werden also in einer vergleichsweise kurzen Zeitspanne unseres Lebens gebildet, obschon Lernerfahrungen ununterbrochen stattfinden. Zwar sinkt die Anzahl der neuen oder als neu akzeptierten Lernerfahrungen mit zunehmendem Alter ohnehin, aber nicht zuletzt auch deshalb, weil die vorhandenen Muster jede neue Erfahrung in das bestehende Muster-Korsett zwängen, wodurch sie an Neuigkeitscharakter einbüßt. Im Erwachsenenleben, ob beruflich oder privat, werden Sie also in erster Linie von Mustern geleitet, die Sie als (Klein-)Kind gebildet haben, denn Muster bleiben bestehen und wirken über ihren Entstehungsmoment hinaus. Das heißt aber letztlich: Die Muster, die Ihr Leben bestimmen, sind immer noch die eines Kindes und sie bleiben es, solange Sie sie nicht erwachsen werden lassen. Diese Tatsache macht es möglich, aus Situationen Ihrer Erwachsenenzeit alte Muster herauszulesen.

Muster spiegeln die Qualität eines persönlich gelebten, meist kindlichen Zeitabschnitts wider.

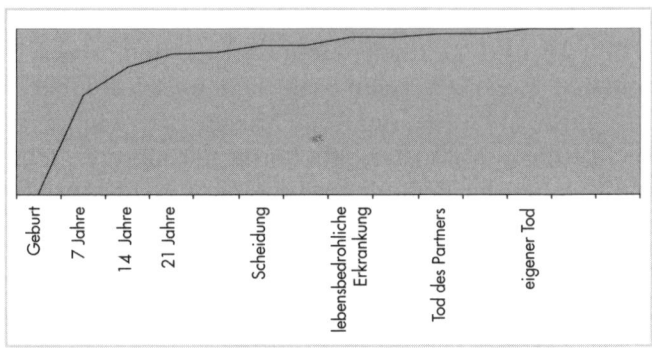

*Abbildung 3:　Musterzuwachs während eines Menschen-
lebens mit beispielhaften einschneidenden
Situationen im Erwachsenenalter*

Ein Muster bildet sich in Momenten höchster emotionaler Energie. Aber diese Momente muss kein anderer erkennen.

In welchem Moment aber wird ein Muster erstmals konkret und manifest? Vor, während oder nach einer Situation? Es verhält sich ähnlich wie beim Sprechen eines beliebigen, nicht auswendig gelernten Satzes. Kein Mensch weiß bereits am Anfang des Satzes, wie dieser enden wird bzw. wie er ihn beenden wird. Das heißt, Muster entstehen und formen sich, während Sie eine Situation (er-)leben. Bewusst werden sie Ihnen – wenn überhaupt – erst viel später. Muster sind nicht das Ergebnis eines Denkprozesses, der in einen Entschluss mündet. Muster sind das sprachliche Abbild dessen, was Sie während einer subjektiv markanten Situation empfinden und fühlen. Sie nehmen die gefühlte Energie auf und tragen sie fortan in sich.

Übung: Die Entstehung von Mustern nachvollziehen

Im Folgenden schildere ich Ihnen einige Situationen desselben Menschen, die zu Mustern führten. Überlegen Sie, wann mit großer Wahrscheinlichkeit ein wichtiges Muster gebildet wurde und wann nicht. Wie könnte das Muster jeweils lauten?

Situation 1: Michaela ist gerade mal drei Jahre alt. Es ist Nacht, sie hat geschlafen, geträumt und ist aufgewacht. Ihre Mutter hat sie ungewollt geweckt, als sie fürsorglich noch einmal nach ihr sieht. Sie sagt ihr etwas Liebes, und ihre Blicke treffen sich. Die Stimmung ist ruhig und von Vertrauen getragen. Dann verlässt die Mutter den Raum, und Michaela schläft nach kurzer Zeit wieder ein.

Situation 2: Inzwischen ist Michaela zwei Jahre älter. Die Familie wohnt mittlerweile in einem Haus mit einer Innentreppe, deren Geländer aus senkrecht verlaufenden, in sich gedrehten Metallstäben besteht. Das interessiert Michaela schon lange. Ab und zu steckt sie ihren kleinen Kopf zwischen die Geländerstäbe und zieht ihn wieder heraus. Eines Tages jedoch steckt der Kopf im Geländer fest. Michaela kriegt Panik. Sie schreit, als ginge es um ihr Leben. Sie fühlt Angst, Bedrohung und Enge. Es kommt ihr wie eine Ewigkeit vor, bis ihre Mutter erscheint und versucht, sie zu beruhigen. Es will nicht gelingen. Sie schreit immer lauter und wird immer panischer. Schließlich kommt der Mutter eine Idee: Wie bei einem festsitzenden Ring seift sie den Kopf des Mädchens ein, und so gelingt es schließlich, Michaela zu befreien. Danach beruhigt sich Michaela nur langsam.

Situation 3: Michaela ist sechs geworden. Ihr Großvater mütterlicherseits ist schwer krank. Die Stimmung im Haus ist seither ziemlich gedämpft, denn der Großvater ist ein wichtiger Mensch. An einem kühlen Herbsttag erfährt die Familie über die Nachbarn – sie selbst hat noch kein Telefon –, dass der Großvater gestorben ist. Michaela sieht ihre Mutter das erste Mal in ihrem Leben heftig weinen. Warum ist die Mutter nur so traurig? Michaela selbst kann mit dem Tod des Großvaters noch nichts anfangen, hatte sie doch kein besonders tiefes, ihr bewusstes Verhältnis zu diesem Menschen.

Situation 4: Michaela ist inzwischen achteinhalb. Ob es der Tod des Großvaters war oder etwas anderes, weiß sie nicht mehr – woran sie sich aber erinnert ist, das sie oftmals beim Einschlafen und Aufwachen an den Tod denkt, und zwar an den eigenen Tod. Den Gedanken, ihre Eltern, Geschwister und sie selbst müssten sterben, mag sie gar nicht. Sie will sich damit nicht wirklich befassen, obwohl das Thema eine gewisse Faszination ausstrahlt. Monatelang lässt es sie nicht mehr los. Immer wieder überlegt sie, ob auch sie sterben muss. Schließlich beschließt sie: Das ist noch ewig hin, bis dann wird es sicher ein Mittel gegen den Tod geben.

Heute ist Michaela Ende 20. Da die zweite Situation lebensbedrohlich erscheint, liegt der Gedanke nahe, es müsse ein führendes Muster gebildet worden sein. Tatsächlich aber wurde zwar ein markantes Muster gebildet (**Ich darf es nicht wagen**), letztlich spielte es in Michaelas weiterem Leben jedoch keine wesentliche Rolle, wenngleich sie keine Draufgängerin ist. Die Bedeutungslosigkeit dieses Musters ergab sich unter anderem dadurch, dass in der Situation, als ihr Kopf festhing, ein zweites Muster wirkte, und zwar ein führendes Muster, das in dieser Situation weitaus wichtiger war: **Ich will es nicht ertragen**. Dieses führende Muster hatte Michaela aber schon viel früher gebildet, möglicherweise bei ihrer Geburt. Es war bei der Fünfjährigen längst wirksam, auch deshalb bekam sie Panik. Und eben dieses Muster wirkte auch in der dritten Situation, die uns zunächst sehr bedeutsam erscheinen mag, da die Mutter erstmals vor der Tochter weint.

Daran sehen Sie schon, dass Sie auf den ersten Blick nichts erkennen – uns allen geht es zunächst so. Wir können nicht in einen Menschen hineinschauen. Situationen, die für Außenstehende dramatisch oder einschneidend wirken, müssen nicht zwangsläufig ein führendes Muster prägen. Und Situationen, die von außen scheinbar banal sind, können innerlich sehr bewegend sein und Muster bilden. Außerdem kann – wie bei Michaela – ein passendes führendes Muster längst da sein. Die ursprünglich auslösende, Muster prägende Situation kann unter Umständen unklar bleiben. Aber das ist gleichgültig; denn für das Arbeiten mit Mustern brauchen Sie nur das Muster selbst, nicht seinen Auslöser. Das ist der große Vorteil der Musteridentifikation gegenüber klassischen Psychotherapien. Hauptsache also, das Muster ist klar.

Die vierte Situation prägte bei Michaela tatsächlich ein markantes Muster. Das Muster lautet: **Ich will's nicht wissen**. Eltern, Geschwister und andere haben nichts von diesem führenden Muster mitbekommen. Das ist meistens so, denn die Musterbildung läuft in einem selbst ab, oft ohne sichtbaren

Anlass im Außen. Nun stellen Sie sich einmal vor, wie Ihr Leben abliefe, wenn Sie „es" nicht wissen wollten, wenn Sie also immer nichts wissen wollten. Ihre Fähigkeit zur Selbsterkenntnis würde stark beschnitten sein. Sie würden auch wichtige Informationen aus Ihrer Umgebung kaum aufnehmen oder korrekt verarbeiten. Zum Beispiel hat Michaela aufgrund ihres Musters im Erwachsenenleben immer wieder Probleme sozialer Art und im Umgang mit Geld. Sie will's ja nicht wissen, auch nicht, wie viel sie hat und ausgeben kann.

Aber da gibt es noch ein zweites Erlebnis, das zu einem wichtigen Muster führte und Michaelas Leben nachhaltig beeinflusst hat. Es war die erste Situation, als sie ruhig im Bett lag und fürsorglich und liebevoll von der Mutter betrachtet wurde. Kaum hatte die Mutter den Raum verlassen, wurde Michaela klar: **Ich bin allein.** Diese Musterbildung ist spontan kaum vorstellbar, denn man würde in einer scheinbar unwesentlichen und angenehmen Situation zunächst nicht unbedingt ein Muster, und vor allem kein solches erwarten. Aber die Arbeit mit Michaela förderte dieses Muster zu Tage. Im beschriebenen Moment kam ihr ins Bewusstsein, dass sie allein im Bett liegt, ihre Mutter wieder geht und sie alleine lässt. Michaelas Hauptgefühl war Einsamkeit. Sie sehen also, es kann ganz schön verzwickt sein.

Durch dick und dünn

Bei der wiederholten Musteranwendung können Probleme auftauchen. Zum einen ist das einmal gebildete Muster im Laufe Ihres Lebens nicht mehr das einzige und bestmögliche, denn:

- Die Umstände gleichen sich nie exakt.
- Sie werden älter und machen mit Ihrem Wissen und Ihren Erfahrungen Fortschritte.
- Die Dinge um sie herum entwickeln sich weiter und verändern sich.
- Sie leben mit der Zeit in einem ganz anderen Kontext.

Zum anderen hat es schon bei der Musterbildung eine Reihe weiterer Lösungen für Ihre Situation gegeben. Rückblickend kann Ihnen das klar werden.

Sascha berichtet von einer im wahrsten Sinne des Wortes brenzligen Situation: Er befand sich im ersten Stock eines Hauses, während es im Erdgeschoss anfing zu brennen. Er sah die Rauchschwaden durch das Treppenhaus aufsteigen. Sascha wurde immer unruhiger. Er war sich nicht sicher, was er tun sollte. Doch noch durch das Treppenhaus versuchen, ins Freie zu gelangen? Er wagte es nicht, denn der Rauch wurde immer beißender. Er war allein im Haus, musste also auch allein einen Ausweg finden. Da kam ihm die Idee, das Fenster zu öffnen. Und er sprang, obwohl ihm mulmig war und er bereits befürchtete, dass es nicht gut gehen würde. So war es auch: Sascha brach sich den rechten Fuß, musste operiert werden und danach mehrere Wochen einen Gips tragen. Dennoch war er froh über den Ausgang: **Es hätte schlimmer kommen können.**

Dieses Muster hat mit der eigentlichen Situation nichts zu tun, sondern kommentiert nachträglich den Ausgang. Aber mögliche Muster, die zu Saschas entschlossenem Sprung führten, hätten sein können: **Der kürzeste Weg ist der beste** (auch wenn es weh tut) oder: **Ich muss es tun** oder: **Ich mache es, egal, was es kostet** oder: **Ich habe keine andere Wahl** oder das, was bei Sascha letztlich zutraf: **Ich muss weg hier.**

Wenn Sie die Situation von außen betrachten, können Sie viel mehr Alternativen erkennen. Sascha hätte schlichtweg einen Feuerlöscher nehmen können, um das Feuer erfolgreich zu bekämpfen: **Ich schaff' es allein.** Er hätte per Handy die Feuerwehr rufen können. Zeit genug wäre gewesen, denn der Brand war noch nicht weit fortgeschritten: **Ich darf mir helfen lassen.** Auch der Ausweg über das Treppenhaus wäre möglich gewesen, hätte er nur 15 Sekunden lang den Atem angehalten: **Ich muss schnell sein, um es zu schaffen.** In einer bestimmten Situation sind also nicht nur völlig verschiedene Lösungen denkbar, sondern auch viele verschiedene Muster. Da aber meist schon vorhandene Muster wirken, bleibt Ihnen kaum etwas anderes übrig, als genau diese, für Sie charakteristischen Muster, zu leben. Muster überdauern so lange, weil Sie nicht akzeptieren wollen, dass Sie einst so blind waren, mit Ihren Mustern nicht *die* Patentlösung gefunden zu haben, sondern nur eine von vielen möglichen. Aber ist das wirklich ein Grund, blind zu bleiben? Ist das ein Grund, *nicht* nach Alternativen zu suchen?

Hinter der erstbesten Lösung steckt im Erwachsenenleben meistens ein sicher etabliertes Muster. Und da es außerbewusst ist, kann es zum Problem werden, denn Sie wenden es blind an statt überlegt oder angemessen. Dadurch verliert es an Kraft. Sein Erfolg lässt zusehends nach, und Ihre Lage wird immer bedenklicher. Wenn Sie merken, dass es nicht so recht klappt, kommen Sie zur außerbewussten Auffassung, nicht genug für Ihr Muster getan zu haben. Und so hätscheln und tätscheln Sie es weiter. Das Klammern am Muster und das Festhalten an dessen erstbester Lösung hemmen vieles und beschwören nicht selten große Probleme herauf.

Bis dass der Tod uns scheidet

Der Mensch hat ein äußerst rationelles Wesen. Wenn Muster einmal gesetzt sind, bleiben sie bestehen. Ich bleibe immer bei dir. Das ist der *Erhaltungssatz des menschlichen Betriebssystems* und zugleich ist es die erste Musterstrategie. Eine gute Nachricht, oder? Es gibt tatsächlich etwas Unsterbliches in Ihnen, nämlich Ihre Muster. Sie bewahren jedes Muster in Ihrem mentalen Portfolio. Dort kann es Jahrzehnte ruhen, bis Sie es wieder aus dem Hut zaubern. Führende Muster aber wirken ununterbrochen und werden stärker und lebendiger, je mehr sie angewendet und je älter sie werden. Von Altersschwäche keine Spur, denn wie ein Muskel kommen sie durch regelmäßiges Training immer besser in Form.

Muster sind ein Teil von Ihnen, Ihre innere Struktur. Und deren können Sie sich nicht so einfach entledigen. Ein Muster sterben zu lassen würde voraussetzen, dass ein neues Muster geprägt wird, das dem alten widerspricht. Eine solche innere Hundertachtzig-Grad-Drehung ist äußerst unwahrscheinlich und würde einen Konflikt zwischen Identitätsaufgabe und Authentizität verursachen. Und wer mag schon Konflikte oder will sich komplett umkrempeln?

Muster sind fast unsterblich.

Wenn Sie sich Ihre Muster bewusst machen, können Sie Ihr Leben noch effektiver gestalten.

Wenn Sie etwas bewegen wollen, heißt das, dass Sie neues Leben in Ihre inneren Strukturen bringen. Das können Sie und nur Sie allein. Voraussetzung ist jedoch, dass Sie Ihre Muster kennen. Dann können Sie diese modifizieren und verändern. Alte Zöpfe werden abgeschnitten, damit Neues kraftvoll nachwachsen kann und Ihre kindlichen Muster endlich erwachsen werden. Lassen Sie das Kind ruhen und den großen Menschen in sich wachsen.

Strategie 2: Ich nutze jede Chance

Wer abwesend ist, öffnet Mustern Tür und Tor.

In fast jedem Leben gibt es Momente und Zeiten, in denen das Bewusstsein abgeschaltet ist, zum Beispiel Ohnmachten, Vollräusche, Filmrisse, Vollnarkosen oder Schockzustände. Ihr Bewusstsein und damit Sie selbst sind dann abwesend, Sie können nicht mehr kontrolliert wahrnehmen oder eingreifen. Was auch immer in dieser Zeit passiert, dringt ungefiltert und tief in Sie ein. Das ist die beste Gelegenheit, besonders fest verwurzelte, schwer greifbare und tief greifende Muster zu bilden, denn: Wer weggetreten ist, macht Platz für Muster. Und Muster nutzen jede Chance.

Deine Ohnmacht kommt mir gerade recht

Die Erfahrung zeigt, dass Sie bei einer Operation in Vollnarkose mithören können und auch sonst alles mitbekommen. Später wissen Sie davon nichts mehr, obwohl es in Ihrem Außerbewussten nach wie vor existiert. Auf außerbewusste Wahrnehmungen dieser Art reagieren Sie, indem Sie neue Muster bilden oder vorhandene Muster verstärken. Dinge, die Sie so gar nicht mögen, zum Beispiel ein Geräusch, ein Geruch oder ein Geschmack, stehen oft mit einer erlebten Bewusstlosigkeit in Zusammenhang. Intensive Kurse können Ihnen das Geschehen aus Zeiten eigener Bewusstlosigkeit erschließen – zum Teil mit erstaunlichen Ergebnissen. Das kann ein Buch natürlich nicht.

*Der 37 Jahre alte Norbert berichtet von einem Familienurlaub in der Toskana. Die Familie genoss die letzten Tage. Das Wetter war gut, die Stimmung auch. Gemeinsam fuhren alle in den Ort, um ein wenig zu bummeln, bevor es wieder an den Strand ging. Norbert freute sich über die soeben erspähte Parklücke. Das nebenstehende parkende Auto wurde gerade bestiegen. Und weil der Parknachbar offenbar nicht realisierte, dass der gerade noch freie Parkplatz neben ihm schon wieder besetzt war, holte er beim Ausparken weiträumig aus und streifte Norberts Wagen. „Mist, musste das jetzt sein?" Was auch immer in Norberts Kopf vor sich ging, diese Situation war nicht Muster auslösend. Norbert spulte ein paar Glaubenssätze ab: „Man darf eben mit dem eigenen Auto nicht nach Italien fahren" (**Ich sollte es nicht wagen**) oder: „Den Schaden kriege ich hier nie geregelt" (**Mir hilft keiner**). Aber wider Erwarten war nur eine Minischramme zu sehen, die kaum auffiel. Die Kommunikation der beiden Fahrer gestaltete sich schwierig. Der Unfallverursacher verstand kein Wort Deutsch und Norbert kein Wort Italienisch. Heftig gestikulierend einigten sie sich schließlich, das Problem durch Barzahlung eines kleinen Betrages aus der Welt zu schaffen. Damit war die Sache für beide scheinbar erledigt.*

Am nächsten Tag meinte Norbert, das Auto stehe nicht ganz gerade. Er dachte sich aber erst einmal nichts dabei. Rückblickend vermutet er, dass der rechte Hinterreifen durch den Parkunfall Schaden genommen hatte.

Der Urlaub ging zu Ende. Die Familie packte den Wagen voll und fuhr gegen 4 Uhr morgens los, um nicht wieder Stunden im Stau zu stehen. Norbert fuhr auf der Autobahn, die gerade begann, sich die toskanischen Berge hochzuwälzen. Kaum Verkehr, freie Fahrt: Mit 130 Stundenkilometern ging es voran. Plötzlich nahm Norbert ein ungewohntes Geräusch wahr. Er konnte es nicht einordnen und dachte sich, die Straße könnte auch mal repariert werden (Glaubenssatz!). Sekunden später fing das Auto an zu schlittern. Am Lenkrad spürte er zunehmende Gegenkraft und er konnte das Auto schließlich nicht mehr halten. Er ließ einfach los. Das Auto schleuderte mehrfach um die eigene Achse, prallte auf die linke Leitplanke, dann nach rechts und wieder nach links und kam schließlich zum Stehen. In dieser Situation erlebte Norbert den Tunnelblick: Sein Gesichtsfeld verringerte sich und er sah alles wie durch eine schmale, dunkle Röhre.

Nicht zufällig tauchen solche Bilder auch bei Sterbenden immer wieder auf. Der Tunnelblick ist ein sicherer Anhalt für eine – hier kurzfristige – Trennung des Selbst vom Körper. Norbert war also einige Sekunden lang in einer Art Ohnmacht – nicht nur im Außen, indem er die Herrschaft über das Auto verlor, sondern auch in sich selbst. Die Insassen blieben körperlich unverletzt, aber das Auto hatte einen Totalschaden. Norberts Sohn sagt später nur, das sei toller gewesen als die „wilde Maus" auf dem

Münchner Oktoberfest. Aber wer weiß, welches Muster in dieser Situation tatsächlich entstanden ist? Jedenfalls wurde erst nach mehreren Jahren klar, welches Muster Norbert in dieser lebensbedrohlichen Lage gebildet hatte: **Ich kann es nicht halten.** „Es" verheißt bei Mustern nichts Gutes. „Es" meint immer alles, und so lautet das Muster tatsächlich: **Ich kann alles nicht mehr halten** bzw. **Ich kann nichts mehr halten.** „Es"-Muster sind so übergreifend, dass sie es in der Musterhierarchie weit bringen und den Gipfel schnell erstürmen. Was in einem Leben so alles geschieht, wenn man nichts mehr halten kann, werden wir in Kürze betrachten. Für den Moment soll uns die Erkenntnis genügen, dass Norbert sein Muster genau in dem Moment bildete, als er losließ, einem Moment von vielleicht weniger als einer Sekunde. Diesen Moment empfand Norbert subjektiv jedoch als unendlich lange Zeitspanne.

Gelegenheit macht Diebe

Das Muster **Ich kann es nicht halten** war in einer lebensbedrohlichen Situation entstanden, also mit aller Energie der Todesangst. So energiegeladen wollte es sich natürlich nicht lange im Sumpf der Basismuster aufhalten. Niemand steckt eine Nahtoderfahrung so einfach weg, selbst wenn das Leben ganz normal weitergeht. Dieses Muster hat Norberts Leben viele Jahre entscheidend und negativ beeinflusst.

Muster aus Ohnmacht-Situationen haben besonders großen Einfluss.

Neun Monate nach dem Unfall konnte Norbert sein Zweitgeschäft nicht mehr halten und gab es auf. Ein weiteres halbes Jahr später trennte er sich von seinem besten, langjährigen Freund. Wenige Monate danach schloss er seine gut gehende Kanzlei und musste schließlich sein Haus verkaufen.

Wenn es schon so weit gekommen ist, ist es höchste Zeit für eine bewusste Mustermodifikation (⇨ „Muster ändern", Seite 255ff.). Sonst ist das Unheil nicht mehr aufzuhalten. Ihr Leben entgleitet Ihnen, und Sie bringen sich unter Umständen sogar in Lebensgefahr.

Etwas Perfides hatte die Situation für Norbert deshalb, weil alles glimpflich ausgegangen war. Dadurch bekam das Muster eine besondere Verstärkung und den indirekten Anhang **Ich kann es nicht halten, und dann geht alles gut** *bzw.* **Ich lasse los, und alles wird gut.**

Dieser Aspekt, der sich nicht unmittelbar aus dem Muster ablesen ließ, war der eigentlich bedeutsame. Erst als Norbert dies erkannte, konnte das Muster korrekt modifiziert werden – was hier dringend notwendig war.

Strategie 3: Auf mich kannst du dich verlassen

Wie wichtig ist es für Sie, sich verlassen zu können – auf sich selbst, auf Freunde, auf Partner? Das Gefühl der Sicherheit, der Ruhe oder des Schutzes braucht jeder Mensch. Ihre Muster wissen das und nutzen es schamlos aus. Sie haben den leidenschaftlichen

Wunsch, gebraucht zu werden, deshalb machen sie Ihnen weis: Auf mich kannst du dich verlassen.

Henriette ist über 60, als sie das Seminar besucht. Sie erzählt zunächst von ihrer letzten Geburtstagsfeier. Schon bei der Einladung hatte sie ihre Gäste gebeten, keine Geschenke mitzubringen. Sie habe alles, brauche nichts, und in ihrer Wohnung stehe ohnehin schon zu viel herum. Aber was geschah? Ihre beste Freundin Clara brachte einen großen Strauß wunderschöner Frühlingsblumen. Henriette hat sich irgendwie schon gefreut, aber es fiel ihr nicht leicht, danke zu sagen. Dann kam Ernst mit einem Buch über alte, englische Rosengärten an. Er wusste nur zu gut, wie sehr Henriette Gärten mochte. Als dann auch noch Nichte Mia eine große Schachtel feinster Pralinen dabei hatte, wurde es Henriette einfach zu viel. Sie war drauf und dran, ihren Altersdiabetes vorzuschieben. Allerdings hätte das nicht so recht zu den Kuchen und Torten gepasst, die sie selbst aufgetischt hatte. Henriette erzählte uns dann von dem Verhältnis zu ihrer Mutter. Als sie ein kleines Mädchen war, sei ihre Mutter immer wieder zu ihr ins Zimmer gekommen und habe sie einfach so geküsst. Irgendwie sei ihr das unangenehm gewesen. Gut, es sei ihre Mutter gewesen, aber diese ununterbrochenen Annäherungen seien ihr schon damals gegen den Strich gegangen. Später habe sie glücklicherweise ein erwachsenes Verhältnis zur Mutter entwickelt. Damit meinte sie die Form der Begrüßung, die sich auf ein kurzes Umarmen oder auch nur auf einen Händedruck beschränkte. Dass ihr dabei etwas gefehlt hat, glaubt sie nicht.

Henriettes Muster lautet: **Ich nehme nichts an.** Ob Geschenke oder Liebe – von anderen will sie nichts (bekommen). Oft stecken hinter solch einem Muster tiefe Enttäuschungen aus frühester Kindheit sowie der Entschluss, ab sofort weder etwas zu nehmen noch zu erwarten. Das Muster bildet einen Schutzwall gegen befürchtete Enttäuschungen. Aber natürlich nimmt es einem Menschen auch viel, nämlich die Eigenliebe.

Nichts ist zuverlässiger als Muster.

Fast ihr ganzes Leben konnte sich Henriette schon auf ihr Muster verlassen. Es hatte sie noch nie im Stich gelassen.

*Henriette war früher Lehrerin und für ihre Gerechtigkeit und Neutralität bekannt. Viele Schüler mochten sie deshalb. Und obwohl die Lehrerin Henriette nicht gerade große Empathie ausstrahlte, wussten die Schüler, sie konnten sich voll und ganz auf sie verlassen. Gerade die älteren unter ihnen schätzten diese Eigenschaft sehr. Deshalb setzten sie sich stark dafür ein, dass Henriette zur Vertrauenslehrerin ernannt werden sollte. Als Henriette davon Wind bekam, wehrte sie sich vehement mit vielen klugen Argumenten: **Ich nehme nichts an.** Das funktionierte und dieses Ehrenamt ging an ihr vorüber. Mit dieser Einstellung, wie sie es nannte, sei sie immer gut gefahren und fühle sich alles in allem wohl in ihrer Haut.*

Strategie 4: Du kennst mich doch lang genug

> Ich bin eigentlich ganz anders,
> aber ich komme selten dazu.
>
> *Ödön von Horvath*

Als Kind entwickeln Sie Ihre ersten Muster spätestens bei Ihrer Geburt. Niemand und nichts außer den Eltern ist daher so lange bei Ihnen wie Ihre Muster. Das macht sie Ihnen sehr vertraut und darauf setzen die Muster, um am Ball zu bleiben: Du kennst mich doch lang genug.

Doris ist heute 48 Jahre alt. Sie ist Volljuristin, wollte aber nie als Anwältin tätig sein. Gleich nach dem Studium bewarb sie sich um einen Job im Bereich Personalwesen. Seitdem wechselte sie alle zwei bis vier Jahre die Stelle, blieb aber immer im Personalbereich. Anfangs stieg sie die Karriereleiter immer höher, bis hin zur Personalleiterin eines börsennotierten Unternehmens. Aber mit jedem Stellenwechsel trennte sie sich auch radikal vom betreffenden Unternehmen.

Je älter das Muster, umso sicherer kann es sich sein.

An einen geregelten, langsamen Ausstieg oder gar eine Abschiedsfeier erinnert sie sich nicht. Doris wundert sich schon länger, warum das immer so schematisch abläuft: Letztlich passiert es immer mit einem Knall und sie muss fluchtartig ihren Arbeitsplatz verlassen – aus verschiedensten Gründen. Auf diesem Weg hat sie bisher neun Unternehmen in ganz Deutschland verschlissen. Nun endlich hat sie das Gefühl, diesen Teufelkreis durchbrechen zu wollen. Gleichzeitig trägt sie sich mit dem Gedanken, Deutschland ganz zu verlassen.

Dass ihr Auswanderungswunsch verblüffende Parallelen zu ihren Stellenwechseln zeigt, fällt ihr zunächst nicht auf. Doris folgt treu ihrem Muster: **Ich will es nicht ertragen.** Das zugehörige Strategiemuster heißt: **Ich fliehe.** Dieses Muster ist so alt wie Doris selbst und entstammt ihrer Geburtssituation. Es ist zu ihrem Leitmuster geworden.

Ich habe dich zur Welt gebracht

Jede natürliche Geburt ist ein Vorgang, bei dem vorrangig das Kind aktiv wird, weniger die Mutter. Die moderne Forschung belegt: Die Geburt geht vom Kind aus. Das Kind trifft also eine Geburtsentscheidung, dabei begleitet es ein Muster. Hier einige Geburtsentscheidungen bzw. Geburtsmuster:

- **Ich will raus hier.**
- **Ich muss es tun.**
- **Da muss ich durch.**
- **Ich will es nicht spüren.**
- **Ich ertrag' die Enge nicht.**
- **Ich will das da draußen nicht.**
- **Ich will es hinter mich bringen.**
- **Ich will weg hier.**
- **Ich kann es kaum ertragen.**

Diese Liste ließe sich zwar endlos fortführen, das könnte aber Depressionen verursachen. Also belassen wir's dabei.

Je länger ein Muster besteht, umso stabiler wirkt es.

Auch Kaiserschnittgeburten führen zu Mustern. Dabei trennen wir zwischen Kaiserschnitten, die aufgrund einer Verweigerungshaltung (also einer Fehllage) des Kindes notwendig sind, und solchen, die andere Gründe haben (meist seitens der Mutter). Die Erfahrungen mit der Musteridentifikation zeigen, dass Fehllagen des Kindes im Mutterleib nicht selten mit einer Entscheidung einhergehen, die schon vor dem Kaiserschnitt getroffen wird, zum Beispiel:

- **Ich mag hier bleiben. Ich mach' mein Ding.**
- **Ich will nicht raus.**
- **Jetzt nicht** (was so viel heißt wie: nie).

Liegen die Gründe für den Eingriff aber bei der Mutter, dann verweigert sie dem Kind seine eigene Leistung und eine Erfahrung, die fundamental wichtig sind. Dieses Verweigern ist in der Regel weder ein bewusster Akt, noch macht die Mutter sich dadurch schuldig. Ob das auch dann gilt, wenn Müttern der Termin einfach nicht passt oder sie keine Lust haben, die enorme Anstrengung einer normalen Geburt zu ertragen, bleibt dahingestellt.

Der erste Eindruck zählt

Im Mutterleib fühlen Sie sich als Kind üblicherweise wohl. Und dann kommt die böse Überraschung. Sie finden sich und Ihre Mutter in einer vollkommen fremden Umgebung wieder. Sie hören eine Klinge direkt über sich schneiden. Und plötzlich wird alles ganz hell. Die Klinge kommt immer näher, sie zerstört Ihre Höhle, Ihren Unterschlupf. Hände greifen nach Ihnen und zerren Sie raus. Soll das wirklich besser sein als eine normale Geburt? Einige mögliche Muster, die das Kind beim muttergesteuerten Kaiserschnitt bilden könnte, sind:

- **Ich habe solche Angst.**
- **Mit mir nicht!**
- **Mir ist alles zu viel.**
- **Ich mag kein Licht sehen.**
- **Ich will das jetzt nicht.**
- **Ich verstehe nichts mehr.**
- **Ich will nicht.**
- **Niemand hilft mir.**
- **Ich kann nichts beeinflussen.**
- **Ich muss es geschehen lassen.**

Menschsein ohne Muster gibt es nicht.

Der Kaiserschnitt ist ein heftiger Vorgang, der das Kind seiner aktiven Rolle beraubt. Daraus kann ein Trauma resultieren, das viel schlimmer ist als die Erfahrung einer normalen Geburt. Wenn ein Kind auf natürlichem Wege zur Welt kommt, können sich Mutter und Kind immerhin sagen: Ich habe es geschafft. Ein Kaiserschnitt lässt allenfalls den Kommentar zu: Es wurde geschafft. Das Kind könnte stinksauer sein, weil ihm der Weg abgeschnitten wurde. Das macht zuweilen aggressiv. Oder es spielt die ihm aufgedrängte passive Rolle einfach weiter. Das macht untätig und lahm. Aber vielleicht fühlt es sich wohl dabei, wenn ihm im Leben alles abgenommen wird, wie schon seine Niederkunft auf die Erde. Allein schon diese wenigen Beispiele legen die These nahe, dass die aus Geburtssituationen gebildeten Muster aufgrund der stetig steigenden Zahl an Kaiserschnitten fatale Folgen für die Gesellschaft haben können.

AA Aufgabe 12, Seite 332

Strategie 5: Ich hänge an deinen Werten

Wenn Sie spontan Ihre höchsten Werte aufschreiben müssten, würden Ihnen auf Anhieb vermutlich nur zwei bis sechs einfallen. Werte aktiv zu rekrutieren, kann nämlich schwer fallen. Deshalb arbeiten wir in unseren Seminaren mit einer Vorschlagsliste, die hunderte von Werten umfasst. Einen Auszug finden Sie im Anhang, auf den Seiten 343ff. Die Werte eines Menschen sind – wie auch seine Muster – hierarchisch aufgebaut, sie bilden eine Wertepyramide.

Werte sind Ihre Wegbegleiter und daher ganz eng mit Ihren Mustern verknüpft. Aus dieser Tatsache entwickeln Muster die Strategie: Ich bin „Wert-voll", auch wenn die Werte selbst letztlich über die Bedeutung vieler Muster weit hinausgehen. Eine europäische Wertestudie ermittelte übrigens vor wenigen Jahren folgende in Deutschland wichtigen Werte:

> Sind Muster und Werte im Einklang, stärkt das beide.

- Verantwortung
- Toleranz
- Mitmenschlichkeit
- Unabhängigkeit
- Selbstständigkeit

Muster entstehen und überdauern zumeist, weil sie sich in Ihre Wertvorstellungen einfügen. Dann spiegeln sie Ihre Werte wider und stützen sie zugleich. Manchmal ist ein Wert auch ausschließlicher Inhalt eines Musters (**Ich brauche Freiheit**). Muster, insbesondere führende, die Ihren Werten widersprechen, verursachen innere Konflikte. Diese können von Unwohlsein bis zum Rande der Verzweiflung rei-

> Muster, die Ihre Werte missachten, bringen innere Konflikte.

chen. Wenn vieles in Ihrem Leben nicht klappt, liegt es nicht selten daran, dass Ihr bewusster Wunsch, Ihr Ziel, Ihren wesentlichen Werten zuwiderläuft. Und zum Glück sorgen Ihre inneren Instanzen dafür, dass Sie kaum ein Ziel erreichen, das Ihnen widerspricht.

Irene ist 56 und Führungskraft in der Automobil-Zulieferindustrie. Sie leitet die Öffentlichkeitsarbeit stetig und zuverlässig, plant aber, mit 60 aus dem Beruf auszuscheiden. Sie lässt sich dabei begleiten, schon jetzt Schritt für Schritt ihr zukünftiges Rentnerdasein zu formen. Irene ist eine ruhige Frau, die sich immer alles erst anschaut, bevor sie ein Urteil fällt. Ihre Berichte sind immer solide, sie muss sich sicher sein, dass alles stimmt, was veröffentlicht wird. Sie baut meistens vor und bleibt immer auf der sicheren Seite. Ihre Karriere war so gewöhnlich, dass sie sich dessen fast schämt. Zunächst hatte sie Germanistik studiert, dann ging sie für einige Jahre in die Redaktion einer großen süddeutschen Zeitung. Danach wurde sie Assistentin der Geschäftsleitung in der Automobil-Zulieferindustrie. Schließlich übernahm sie in einem Konkurrenzunternehmen die Leitung der Öffentlichkeitsarbeit. Eine geradlinige Berufslaufbahn ohne Hochs und Tiefs. Sie sagt heute, auf die meisten wirke das langweilig, aber für sie war das genau der richtige Weg. Auslandsaufenthalte hat sie immer gemieden; sie wollte nicht riskieren, nach einem Auslandsaufenthalt im Unternehmen entbehrlich zu sein.
Irene folgt ihren Werten. Sicherheit ist einer ihrer wichtigsten Werte, und ihn beachtet sie immer, wenn sie ihr Leben lebt. Ein Muster unterstützt sie dabei:
Ich mag kein Risiko eingehen.

AA Aufgabe 13 Teil A, Seite 332f.

Werte sind für jeden Menschen von fundamentaler Bedeutung. Sie sind eng mit dem Selbst- und dem Welt-Verständnis jedes Menschen verknüpft sowie mit seinem Verständnis von anderen Menschen. Erst ein intaktes und in sich stimmiges Wertebild schafft im Inneren eine Struktur der Sicherheit, die sich im Außen widerspiegelt und den Menschen im Außen bestätigt und stützt.

Werte sind immer zielgerichtet, weshalb sie als Leitlinien für das Verhalten dienen: Sie wollen Ihre Werte leben, erleben, haben, anwenden, empfinden. Diese Ziele bestimmen Ihr menschliches Miteinander. Sie unterlassen alles, was andere schädigt. Sie respektieren anderer Menschen Eigenständigkeit, fördern ihr Wohlergehen und handeln gerecht.

Ihre Werte sind die Leitlinien Ihres Handelns.

AA Aufgabe 13 Teil B, Seite 333

Freiheit ist für sehr viele der höchste Wert. Es gibt innere und äußere Freiheit, wobei letztlich die innere von größerer Bedeutung ist. Vieles spricht dafür, dass ein Großteil der heutigen (Schul-)Erziehung von inneren Werten und innerer Freiheit ablenkt, um materielle Werte als Leitlinie unseres Handelns zu etablieren. Böse Zungen behaupten sogar, das sei Absicht. Mögliche Folgen sind fehlende Selbstfindung, mangelnde Selbstständigkeit, zu geringe Unabhängigkeit oder auch Suchtverhalten. Mangels innerer, auf Werte gestützter Sicherheit und Freiheit suchen wir Halt im Materiellen, doch dies kann uns niemals inneren Halt geben. Das wird spätestens dann klar, wenn uns der materielle Wohlstand abhanden kommt. Bleibt zu hoffen, dass die Größe einer Nation sich eines Tages nicht mehr am Wirtschaftswachstum misst, sondern an zunehmender Menschlichkeit.

Wenn Muster und Werte in eine Richtung zielen, sind Sie stark und authentisch.

Weil Ihre Werte für Ihre Muster und Ihr Handeln so entscheidend sind, reicht es nicht, die eigenen Werte zu kennen und die eigene Wertepyramide aufzubauen. Sie müssen definieren, was Sie unter jedem Wert verstehen. Freiheit mag für den einen bedeuten, Single auf Lebenszeit zu bleiben. Für den anderen heißt es, in einem 500-Quadratmeter-Haus zu leben. Was bedeutet Freiheit für Sie? Was bedeuten Ihre höchsten Werte für Sie? Wenn Sie die Bedeutung Ihrer Werte kennen, haben Sie eine gute Basis geschaffen, um Ihre Muster und sich selbst anzunehmen und zu verstehen. Musterarbeit ohne Wertarbeit wäre unvollständig. Aber das Wichtigste ist: Gelebte Werte können sich zu persönlichen Stärken entwickeln.

AA Aufgabe 13 Teil C, Seite 333f.

Strategie 6: Als innerer Schweinehund lass ich dir deine Ruhe

Nachfolgend ein Dialog, der dem einen oder anderen von Ihnen bekannt vorkommen mag:

Mutter: Andreas, mach deine Hausaufgaben. Andreas?!
Kind: Ja, Mama?
Mutter: Hast du deine Aufgaben endlich gemacht?
Kind: Welche Aufgaben?

Mutter: Die Hausaufgaben.
Kind: Hmm.
Mutter: Was heißt hmm?
Kind: Ja, also, ich weiß nicht.
Mutter: Also nein?!
Kind: Hmm.
Mutter: Setz dich sofort hin und fang mit den Aufgaben an.
Kind: Ich hab' aber noch Durst.
Mutter: Dann hol dir was zu trinken. Andreas?!
Kind: Ja?
Mutter: Warum schaust du dauernd in den Himmel statt in dein Aufgabenheft?
Kind: Ja, also ...

Und so weiter und so fort. Wenn wir Andreas eine Denkblase zeichneten, würde mit ziemlicher Sicherheit so etwas Ähnliches drinstehen wie: „Kann die mir nicht meine Ruhe lassen?" Leider kann Andreas' Mutter das nicht, aber es gibt einen, der das besonders gut kann. Wer kennt ihn nicht, den inneren Schweinehund? Den haben schon Kinder, und wir Erwachsene begegnen ihm mehrmals täglich. Nicht aufräumen wollen. Alles auf die lange Bank schieben. Notwendige Gespräche im Beruf nicht führen. Die Zeitschriften nicht lesen, die sich stapeln. Zeitschriften nicht abbestellen, obwohl sie längst nicht mehr gelesen werden. Versicherungen nicht umstellen oder kündigen, obwohl sie keiner mehr braucht. Die Liste könnte das ganze Buch füllen, braucht sie aber nicht, denn es gibt bereits nette Bücher über den inneren Schweinehund. Dort können Sie detailliert nachlesen, wie Sie sich mit ihm anfreunden. Meistens wird Ihnen aber nicht verraten, wer dieser Schweinehund tatsächlich ist. Das mag daran liegen, dass es sich nicht nur um einen einzigen handelt, sondern gleich um ein ganzes Rudel. Innere Schweinehunde sind eine Gruppe von Mustern, die in Worte gekleidet fast ausnahmslos so beginnen: Ich will (mich) nicht ... Für die Pünktchen können Sie einsetzen, was immer Ihnen beliebt. Dann lautet das Ganze vielleicht:

- **Ich will mich nicht anstrengen.**
- **Ich will mich nicht ändern.**
- **Ich will mich nicht zeigen.**
- **Ich will nichts Neues lernen.**
- **Ich will mich nicht einlassen.**
- **Ich will mich nicht entscheiden.**
- **Ich schaffe es nicht (und fange deshalb gar nicht erst an).**
- **Ich will es nicht wissen.**

Auch wenn Sie andere Formulierungen wählen – bei genauerer Betrachtung lassen sich fast alle Ihre Schweinehunde auf die eben genannten neun Muster zurückführen.

AA Aufgabe 14, Seite 334

Innere Schweinehunde basieren auf dem Metamuster **Ich will meine Ruhe.**

Wollten wir Schweinehunde nach den üblichen Kategorien einstufen (Promenadenmischung und Rassehund), so sind sie allesamt reinrassig. Aber nicht nur das, sie gehören auch alle zur selben Rasse. Das wird ersichtlich, sobald wir die obigen Muster positiv (bejahend) statt negativ (verneinend) formulieren. Dann lauten sie jeweils:

- **Ich will meine Ruhe.**
- **Ich will meine Ruhe.**

- **Ich will meine Ruhe.**
- usw.

Hinter den meisten Schweinehunden steckt also ein einziger Satz: **Ich will meine Ruhe.** Und weil wir schon von Kategorien sprechen: Dieser Satz ist ein Metamuster, und das nicht ohne Grund. Er wahrt Ihre Individualität und Integrität.

Wie Sie grundsätzlich mit Ihren inneren Schweinehunden umgehen können, erfahren Sie im Kapitel „Muster ändern" (⇨ Seite 255ff.). Hier nur so viel: Mit den inneren Schweinehunden mogeln Sie sich aus Ihrer Eigenverantwortung, dazu sind sie schließlich da. Auch weit reichende Entscheidungen, die das nicht sogleich vermuten lassen, treffen wir oft gemeinsam mit unseren Schweinehunden, wie das folgende Beispiel zeigt.

Marion ist 47 und niedergelassene Ärztin mit eigener Praxis. Auch wenn sie, wie alle anderen Kollegen, über Standesvertretung und Gesundheitspolitik schimpft, tut sie doch nichts dagegen. Marion ist sehr gestresst: Sie hat viele Patienten, sich muss sich um den Verwaltungskram kümmern und die Vorschriften werden immer rigider. Aber tatsächlich macht ihr etwas ganz anderes viel mehr zu schaffen: Ihr Beruf füllt sie zwar zeitlich völlig aus, aber nicht inhaltlich.

Vor ihrer Praxiszeit war Marion eine begeisterte Forscherin und hat gerne Studenten unterrichtet. An der Universitätsklinik fühlte sie sich als Ärztin richtig wohl. Das war für sie die perfekte Mischung aus Patientenkontakt und geistiger Herausforderung. Noch heute ärgert sie sich insgeheim, zwei Angebote ausgeschlagen zu haben, als Oberärztin an andere Universitätskliniken zu wechseln. Beide Male war ihr

vom Chefarzt zugesichert worden, ihre Habilitation in jeder Hinsicht zu fördern. Damals schon hatte sie jedoch überhaupt keine Lust, den Wohnort zu wechseln. Sie wollte nicht woanders neu anfangen.
Heute fragt sie sich, ob das richtig war. Denn sie wusste ja, dass es bei ihrer damaligen Stelle an der Universitätsklinik keine langfristige Perspektive für sie gab. Schließlich musste Marion sich niederlassen. Noch heute ist sie am selben Ort, wo sie angefangen hat. Und sie ist unzufrieden. Schon einige Male hat sie überlegt, eine Privatpraxis zu gründen, um sich mehr Raum zu schaffen. Letztlich hat sie sich dagegen entschieden, weil sie nicht noch einmal ganz von vorn beginnen möchte.

Eines ihrer führenden Muster hindert Marion fortwährend daran, für ihr Leben wichtige Schritte zu gehen: **Ich will nichts Neues beginnen.** Das ist ein typischer Schweinehund, der leider nur vorübergehend Ruhe verspricht. Und deshalb ist Marion heute höchst unzufrieden mit ihrem Leben.

Jedem von uns begegnen im ganz normalen Alltag immer wieder Schweinehunde, wie nachfolgende Kurzbeispiele zeigen:

Über 90 Prozent der Kunden beschweren sich nicht, wenn ihnen eine Verkäuferin etwas einpackt, das sie so nicht wollen. Sie mögen beispielsweise eine besonders dunkel gebratene Wurst auf ihrer Semmel, bekommen aber die halb rohe. Oder sie haben nach 100 Gramm Käse verlangt und dann doch zu 145 Gramm zustimmend genickt. Der Schweinehund, der am Werk war, lautet: **Ich mag mich nicht streiten,** *oder:* **Ich will meine Ruhe.**

Oma kommt zum Geburtstag ihrer kleinen Enkelin von weit her einige Tage zu Besuch. Statt sich dem Mädchen zu widmen, verbringt sie die meiste Zeit mit Schaufensterbummeln und Museumsbesuchen. Die Schweinehunde meinen: **Ich will mich nicht einlassen** *oder:* **Lasst mir meine Ruhe.**

Ein Steuerberater besitzt eine große Kanzlei mit vielen Mitarbeitern. Diese klagen immer wieder über schlechten Führungsstil und mangelnde Führung, sie wissen oft nicht, woran sie sind. Was sie auch nicht wissen ist, dass ihr Chef seinen inneren Schweinehunden erliegt, die da lauten: **Ich mag mich nicht kümmern** *oder:* **Lasst mir meine Ruhe.**

Strategie 7: Ich verstecke mich

Gehören Sie auch zu denen, die immer ein passendes Zitat bei der Hand haben? Hinter Zitaten, Sprichwörtern, geflügelten Worten, Witzen und sogar hinter Einträgen im Poesiealbum stecken Muster wie in einem trojanischen Pferd. Das Verstecken und das Maskieren sind ihre siebte Strategie, um sich in Ihrem Leben zu behaupten.

Maskenball der Zitate

Zitate beispielsweise sind eine wunderbare Tarnkappe. Wer sie nutzt, ist doppelt aus dem Schneider: Erstens stammt das Zitat ja nicht von einem selbst. Zweitens kann jeder die dahinter verborgene Botschaft verstehen, wie er will. Mit Zitaten stehlen wir uns manchmal aus der Eigenverantwortung, denn wir bringen unser Denken zum Ausdruck, indem wir

Muster verstecken sich gerne, auch hinter Zitaten und Sprichwörtern.

andere für uns sprechen lassen. Genauso gut ist es aber auch möglich, dass wir uns einfach nur an guten Ideen und intelligenten Sätzen erfreuen.

AA Aufgabe 15 Teil A, Seite 334

Muster in Zitaten und Sprichwörtern

Zitate und Sprichwörter	Versteckte Muster
Gleich und gleich gesellt sich gern.	**Mir san mir.** **Ich will, dass sich nichts ändert.**
Gegensätze ziehen sich an.	**Ich brauche Distanz.** **Mein Ding ist unwichtig.**
Wer anderen eine Grube gräbt, fällt selbst hinein.	**Ich darf nichts wagen.**
Aus einer Mücke einen Elefanten machen.	**Nur das Große zählt.** **Ich bin es nicht wert, Großes zu leisten.** **Ich muss mich bescheiden.**
Die Kunst ist lang, und kurz ist unser Leben. (Goethe)	**Ich kann nicht genug kriegen.** **Ich kann nur das Schöne ertragen.**
Den Nagel auf den Kopf treffen.	**Ich will es ganz genau wissen.** **Niemand entkommt mir. Ich krieg' jeden.**
Das war wie ein Schlag in die Magengrube.	**Ich will nichts spüren.** **Ich kann es nicht ertragen.**

Der Esel nennt sich selbst zuerst.	**Ich bin nichts wert.**
Da bin ich vor Freude an die Decke gesprungen.	**Ich mag nichts fühlen.** **Ich bin stark.**
Wenn dich einer auf die rechte Wange schlägt, halte ihm auch noch die linke hin.	**Ich bin nicht schuld.**
Schuster, bleib bei deinen Leisten.	**Neues macht mir Angst.** **Ich darf es nicht wagen.**
Was Hänschen nicht lernt, lernt Hans nimmermehr.	**Ich will nicht vorangehen.** **Es ist alles zu spät.**
Wo viel Licht, da ist viel Schatten. (Goethe)	**Ich kann niemandem vertrauen.**
Gutes und Böses sind eins. (Heraklit)	**Mir ist alles gleich.**
Wer es in den kleinen Dingen mit der Wahrheit nicht ernst nimmt, dem kann man auch in großen Dingen nicht vertrauen. (Albert Einstein)	**Ich vertraue niemandem.** **Wer mich will, der muss sich anstrengen.**
Änderung ist ein ständiger Prozess, Stabilität ist eine Illusion. (Steve de Shazer)	**Ich habe keinen Halt.** **Ich brauche Halt.**

Denken ist das Vermögen, die Dinge einfacher zu nehmen, als sie sind. (Friedrich Nietzsche)	**Für mich soll's leicht gehen.** **Ich habe es schwer.**
Wer uns den Weg verlegt, bringt uns voran. (Albert Camus)	**Mich hält niemand auf.**
Leben ist Probleme lösen. (Karl Popper)	**Ich muss es schwer haben.** **Ich brauche Herausforderungen.**
Lerne, spare, leiste was, dann biste, kannste, haste was.	**Nur Leistung zählt.** **Ich muss dranbleiben.**
Da steh ich nun, ich armer Thor, und bin so klug als wie zuvor. (Goethe)	**Ich will's nicht wissen.**
In Schnäbel, die weit aufgerissen, wird am meisten reingeschmissen.	**Ich will alles.** **Ich bin so klein.**
Wer den Pfennig nicht ehrt, ist des Talers nicht wert.	**Mich kriegt keiner.** **Ich muss klein bleiben.**
Der Lauscher an der Wand hört seine eigene Schand.	**Ich will es nicht hören.** **Ich darf es nicht wissen.**
Der Teufel scheißt immer auf den größten Haufen.	**Ich will alles.**

Vertrauen ist gut, Kontrolle ist besser.	**Ich muss alles kontrollieren.** **Ich beherrsche alles.** **Ich will alles beherrschen.** **Ich habe alles im Griff.**
Wenn du zum Weibe gehst, vergiss die Peitsche nicht. (Friedrich Nietzsche)	**Ich zeig mich nicht.** **Ich misstraue allem Fremden.**
Verantwortung ist der Preis der Größe. (Winston Churchill)	**Ich will weiterkommen, auch wenn es (mich) viel kostet.**
Es ist Lebenskunst, die schönen Dinge nicht aufhören, sondern ausklingen zu lassen. (Elisabeth Bergner)	**Ich brauche Harmonie.** **Ich will kein Ende sehen.**
Klug ist nicht, wer keine Fehler macht. Klug ist der, der es versteht, sie zu korrigieren. (Lenin)	**Ich kann mir alles erlauben.** **Ich nutze jede Chance.**
Aufrecht muss man sein, nicht aufgerichtet! (Mark Aurel)	**Ich muss alles alleine machen.** **Mir hilft niemand.**
Ich würde nie einem Club beitreten, der mich als Mitglied aufnehmen würde. (Groucho Marx)	**Ich bin nichts wert.** **Die anderen können mir gestohlen bleiben.**
Ich versuche immer da zu sein, wo ich gerade bin. (W. Bogner)	**Ich schaffe es kaum.** **Ich will alles mitkriegen.** **Ich will dabei sein.**

Was immer wir tun, enthüllt uns. (M. de Montaigne)	**Ich brauche (mehr) Schutz.** **Ich durchschaue alles.**
Was wir wissen, ist ein Tropfen. Was wir nicht wissen, ein Ozean. (Isaac Newton)	**Ich will es schwer haben.** **Ich will's wissen.**
Wer allen Komplikationen aus dem Weg zu gehen versucht, steht am Ende mit leeren Händen da. (Susan Vahabzadeh)	**Wenn ich was erreichen will, hält mich nichts (niemand) auf.** **Niemand kann mich aufhalten.**
Die Freiheit umschließt auch das Recht zu ertrinken, obwohl Rettungsringe vorhanden sind. (Carlo Sforza)	**Ich halte mich an Normen.** **Mir kann nichts (niemand) helfen.**
Mut ist nichts anderes als Angst, die man nicht zeigt. (Sergio Leone)	**Ich tu' nur so.** **Mir schaut niemand in die Karten.**
Unglücklich ist nicht, wer etwas auf Befehl tut, sonders wer es widerwillig tut. Wir sollten daher die innere Einstellung gewinnen, dass wir wollen, was die Umstände von uns verlangen. (Seneca)	**Ich mag mich nicht anpassen.**
Ein bisschen Naivität steht einer Frau gut, auch wenn sie bloß vorgetäuscht ist. (Vicki Baum)	**Ich komme weiter, wenn ich mich verstelle.** **Ich zeig' mich nicht.**

Schmerz scheint vom Leben und vom Wandel der Dinge untrennbar zu sein. (Theodore Dreiser)	**Was mir nicht wehtut, bringt mich nicht weiter. Nur mit Schmerz ertrage ich mein Leben. Alles ist schwer.**
Nur die Sache ist verloren, die man aufgibt. (Ernst Freiherr von Feuchtersleben)	**Ich halte immer durch. Ich halte durch, auch wenn es (zu) viel kostet.**
Die Realität ist eine Krücke. Es gibt keine Realität, es gibt nur individuelle Wahrnehmungen. (Samuel Shem)	**Ich mach' mein Ding. Ich weiß es besser. Die anderen interessieren mich nicht.**
Ein Geheimnis des Erfolgs ist, den Standpunkt des anderen zu verstehen (Henry Ford I.)	**Um weiterzukommen, verstelle ich mich. Ich will ganz nach oben; dafür ist mir jedes Mittel recht.**
Wer sich zu wichtig ist für kleine Arbeiten, ist meist zu klein für wichtige Arbeiten. (Jacques Tati)	**Ich darf keine Größe zeigen. Ich bleibe auf meinem Sockel.**
Vertrauen ist eine Tugend. Misstrauen geht immer aus Schwäche hervor. (Mahatma Gandhi)	**Ich will mich nicht einlassen.**
Wer möchte nicht lieber durch Glück dümmer als durch Schaden klug werden. (Salvador Dali)	**Ich will es leicht haben.**

Image ist eine maßgeschneiderte Zwangsjacke. (Robert Lembke)	**Ich will mich nicht anpassen. Ich lass' mir nichts sagen.**
Freunde sind gut, vorausgesetzt, dass man sie nicht nötig hat. (Alexander Roda Roda)	**Ich kann keinem trauen. Komm mir nicht zu nah.**
Alles, was man im Leben braucht, sind Ignoranz und Selbstvertrauen. (Mark Twain)	**Ich setze mich durch, koste es, was es wolle.**
Moral ist, wenn man so lebt, dass es gar keinen Spaß macht, so zu leben. (Edith Piaf)	**Ich will Spaß. Was können mich die anderen?**
Merkwürdigerweise ist es für den Beleidigten leichter, dem Beleidiger zu verzeihen, als umgekehrt. (Charles Tschopp)	**Ich teile gerne aus. Lieber ziehe ich den Schwanz ein, als zu mir zu stehen.**
Die Klugheit gibt nur Rat, die Tat entscheidet. (Franz Grillparzer)	**Besser was tun, als was denken. Ich muss was tun.**
Im Unglück lernt man sich selbst am besten kennen, weil man nicht mehr durch Freunde abgelenkt wird. (Samuel Johnson)	**Es muss schwer sein. Ich vertraue niemandem.**

Wenn ein Amerikaner zufrieden ist, fragt er sich unwillkürlich, was er falsch gemacht hat. (Tony Curtis)	**Ich komme nie an. Ich sehne mich nach Ruhe.**
Ich bewundere Frauen, aber sie sind mir nicht ebenbürtig. (Anthony Quinn)	**Ich hab' den Größten. Ich bin der Größte.**
Die Hälfte dessen, was man schreibt, ist schädlich, die andere Hälfte unnütz. (Friedrich Dürrenmatt)	**Ohne Lob (Anerkennung, Streicheleinheiten) geht bei mir nichts. Ich weiß nicht, was ich tue (tun soll).**
Die Maske verrät mehr über den Menschen als sein Gesicht. (Jean-Louis Barrault)	**Dich durchschaue ich. Mir macht niemand was vor. Ich schaue es nicht an.**
Wie wir von manchen Menschen verkannt werden, beweisen uns nicht selten ihre Geschenke. (Sigmund Graff)	**Ich kann nichts annehmen. Ich will nicht erkannt sein.**
Ohne Unterschied macht Gleichheit keinen Spaß. (Dieter Hildebrandt)	**Ich will anders sein. Ich bin anders.**
Um sanft, tolerant, weise und vernünftig zu sein, muss man über eine gehörige Portion Härte verfügen. (Peter Ustinov)	**Niemand versteht mich. Lieber schlage ich zu, als mich zu öffnen. Ich zeig' mich nicht.**

Je mehr Leute es sind, die eine Sache glauben, desto größer ist die Wahrscheinlichkeit, dass die Ansicht falsch ist. Menschen, die Recht haben, stehen meistens allein. (Søren Kierkegaard)	**Niemand hilft mir. Ich sehe es anders. Ich habe Recht – und das kostet mich viel.**
Gegensätze ziehen sich an – zum Beispiel arme Mädchen und reiche Männer. (Jayne Mansfield)	**Ich stehe über den Dingen.**
Vermutlich hat Gott die Frau erschaffen, um den Mann kleinzukriegen. (Voltaire)	**Ich will mich nicht einlassen. Ich will größer sein, als ich bin.**
Nichts macht uns feiger und gewissenloser als der Wunsch, von allen Menschen geliebt zu werden. (Marie von Ebner-Eschenbach)	**Ich tu' alles, um geliebt zu werden. Ich will unbedingt geliebt werden.**
Die Wissenschaft, richtig verstanden, heilt den Menschen von seinem Stolz; denn sie zeigt ihm seine Grenzen. (Albert Schweitzer)	**Du kommst mir nicht zu nahe. Ich mag nicht groß werden (sein).**

Die Gesellschaft ist ein Maskenball, bei dem jeder seinen wirklichen Charakter verbirgt und ihn durchs Verbergen bloßlegt. (Ralph Waldo Emerson)	**Ich habe Angst, erkannt zu werden.**
Das Große findet man nicht am Wegesrand. (Axel C. Springer)	**Um weiterzukommen, gehe ich andere Wege. Das Offensichtliche interessiert mich nicht.**
Lügen haben kurze Beine.	**Ich muss die Wahrheit sagen. Mir kann man nichts vormachen.**
In der Not frisst der Teufel Fliegen.	**Ich muss mich bescheiden.**
Die Axt im Haus erspart den Zimmermann.	**Ich will alles selbst tun.**
Eine Schwalbe macht noch keinen Sommer.	**Ich will's nicht glauben. Ich will nicht vorangehen.**
Lieber den Spatz in der Hand als die Taube auf dem Dach	**Ich muss mich bescheiden.**

Das alles sind Lehrsätze. Auch Vorurteile sind Lehrsätze, auf die habe ich hier jedoch verzichtet. Lehrsätze selbst sind selten direkte Muster, aber sie verstecken fast immer ein oder mehrere Muster. Und so kann man in ihnen oft das Muster nebst Strategen und direktem sowie ausgeschlossenem Nutzen erkennen. Mit der „gekonnten" Verwendung entsprechender Sätze können Sie sich outen, was

Ihre eigenen Muster angeht – je nachdem, welche
Sätze Sie kennen und in welcher Situation nutzen.

AA Aufgabe 15 Teil B, Seite 334f.

Muster – kein Witz

Auch hinter Witzen verbergen sich Muster, sie kari-
kieren diese oftmals. Besonders in Kinderwitzen
kommen Muster sehr klar zum Ausdruck. Die Muster und ihre Resonanz in uns sind mit dafür verantwortlich, ob wir einen Witz gut finden oder nicht.

Muster in Witzen

Witz	Muster
Was macht eine Blondine morgens mit ihrem Arsch? Sie schmiert ihm ein Butterbrot und schickt ihn in die Arbeit.	**Ich verachte die Männer.**
Sagt der kleine Karl: „Mein Vater hat die Gruben für alle Weltmeere ausgehoben." Daraufhin meint der kleine Dieter: „Das ist noch gar nichts, meiner hat das Tote Meer erstochen."	**Ich hab' den Größten.**

Sitzen zwei Männer in der Sauna. Der eine hat eine Hasenscharte, der andere einen Wasserkopf. Sagt der mit der Hasenscharte: „Ischt abe heisch heute!" Daraufhin der mit dem Wasserkopf: „Huiiiiiiiiiiiiiiiii".	**Ich bin o. k.** **Anders ist schlecht.**
Nasrudin kriecht auf dem Boden und sucht offenkundig etwas. Jemand kommt dazu und fragt ihn: „Was hast du verloren?" „Meinen Schlüssel", sagt Nasrudin. Beide liegen nun auf dem Boden und suchen. Nach einer Weile fragt der andere: „Wo hast du ihn eigentlich verloren?" „In meinem Haus." „Aber warum suchst du ihn dann hier draußen?" „Weil es hier heller ist."	**Ich mag mich nicht anstrengen.** **Ich will es nicht sehen.** **Ich muss was tun.**

Ein Missionar in Schwarzafrika wird vom Stammeshäuptling zu sich zitiert. Grund ist das neu geborene vierte Kind der Häuptlingsfrau: Es ist von auffallend heller Hautfarbe. Der Häuptling sagt: „Schau meine drei ersten Kinder an. Sie sind alle völlig schwarz. Der einzige Weiße hier bist du. Das vierte Kind meiner Frau ist irgendwie weiß. Was sagst du dazu?" Der Missionar beginnt zu schwitzen. In innerem Aufruhr sucht er nach einem Gleichnis. „Häuptling", beginnt er. „Siehst du am Hang dort die Schafherde? Es sind hunderte weiße Schafe. Und doch – ein einziges Lamm ist schwarz." Der Häuptling wird unruhig und hat wie der Missionar nun Schweißperlen auf der Stirn: „O.k., o.k. Ich sage nichts. Und du sagst nichts."

Ich will nicht schuld sein.
Ich zeig' mich nicht.

Trojaner im Poesiealbum

Welches Mädchen hat kein Poesiealbum? Meine Frau hat mir ihre beiden gezeigt. Was darin zum Vorschein kam, möchte ich Ihnen nicht vorenthalten. Die gut gemeinten Verse wurden von Kindern ab etwa acht Jahren ausgewählt und aufgeschrieben und lassen erkennen, wie selbstverständlich bereits kleine Erdenbürger ihre Muster präsentieren.

Muster aus dem Poesiealbum

Poesiealbum-Verse	Versteckte Muster
Mach es wie die Sonnenuhr, zähl die schönen Stunden nur.	**Ich will nicht hinschauen.** **Ich ertrag' es nicht.**
Rede wenig, aber wahr, vieles Reden bringt Gefahr.	**Ich darf es nicht.** **Ich will mich nicht zeigen.**
Strebe vorwärts, nie zurück, mit dem Fleiß kommt auch das Glück.	**Ich (es) muss vorangehen.**
Lebe glücklich, lebe froh, wie der König Salomo, der auf seinem Throne saß und einen Korb voll Äpfel aß.	**Ich will nach oben.**
Lache und mache auch andere heiter, zagen und klagen hilft niemals weiter.	**Ich muss fröhlich sein.**

Die Liebe bringt Freude, die Tugend bringt Ruh, drum wähle sie beide und glücklich bist du.	**Ich will geliebt werden. Ich brauche meine Ruhe.**
Liebe Ina, bleib gesund und halte in der Schule immer brav den Mund.	**Ich darf nichts sagen. Ich will wahrgenommen werden.**
Ohne Ernst ist in der Welt nichts möglich. (Goethe; von einem Elfjährigen ausgewählt)	**Das Leben ist schwer.**
Die Eltern ewig lieben, sie im Leben nicht betrügen; das ist des Kindes Dank und Pflicht. Liebe Ina: Vergiss das nicht.	**Ich muss klein bleiben.**
Sei du nur getreu im Kleinen, musst es immer ehrlich meinen.	**Ich will nicht groß werden.**
Drei Rosen hab' ich dir gebracht, die Dornen hab' ich abgemacht, denn in deinem Leben soll es keine Dornen geben.	**Ich kann es kaum ertragen. Ich will's leicht haben.**
Wer sich an andere hält, dem wankt die Welt. Wer auf sich selbst ruht, steht gut.	**Ich kann mich auf nichts verlassen.**

Das flücht'ge Lob, des Tages Ruhm, magst du dem Eitlen gönnen. Das aber sei dein Heiligtum: vor dir bestehen können!	**Ich muss unbedingt auf mich stolz sein können.**
Sei brav wie ein Engel, dann hat man dich lieb. Denk oft an den Bengel, der dieses hier schrieb.	**Ich will geliebt werden, so wie ich bin.**
Sei immer bescheiden, verlang nie zu viel, dann kommst du zwar langsam, aber sicher ans Ziel.	**Ich will es unbedingt schaffen.** **Ich bin nichts wert.**

Strategie 8: Ich bin mit deiner Angst im Bunde

> Unsere Ängste vor dem Unbewussten
> sind letztlich nichts als Ängste vor uns selbst.
>
> *Ken Wilber*

> Angst kann man immer in sich finden.
> Man muss nur tief genug suchen.
>
> *André Malraux*

Jeder Mensch, der Ihnen jemals nahe war, sei es ein Mitreisender im Zug oder in der U-Bahn, sei es ein Lehrer oder Ihre Eltern, jeder Mensch hat Ängste. Auch Angst vor Ihnen. Jeder, vor dem Sie Angst haben, hat auch Angst vor Ihnen. Wenn Sie diesen Gedanken weiter verfolgen, kommen Sie zu dem Ergebnis, dass jeder Mensch auf der Erde Angst vor Ihnen hat. Ziemlich erstaunlich, oder? Ob es der Mensch war, der Sie im Fahrstuhl nicht anschauen konnte, Ihr Kollege, der Ihnen irgendetwas mitzuteilen hatte, die Kellnerin, die Ihnen nicht ins Gesicht schauen mochte, als sie „danke" für das Trinkgeld murmelte. Das ist wie ein Gefängnis, das sich jeder Mensch baut. Und Ihre Muster begleiten Sie in das Gefängnis hinein. Offenbar sollen alle Menschen Angst haben. Also wehren Sie sich nicht mehr gegen sie. Gehen Sie einfach mit und schauen Sie, wohin Ihre Ängste Sie führen. Ihre Ängste können Sie wesentlich durch Ihr Leben leiten. Sie geben Ihnen die Richtung vor. In ihnen stecken besondere Entwicklungsmöglichkeiten und die Chance, sich selbst anzunehmen. Ohne Wenn und Aber.

Angstvollen Situationen entspringen oft stark wirkende Muster. Sie tragen die Energie Ihrer Angst in sich und machen sie sich zunutze: Das ist ihre achte Strategie:

Bert, ein Kursteilnehmer, ist heute 37 Jahre alt. Er berichtet von einem Vorfall aus seinem neunten Lebensjahr.
Er geht zum Spielen nach draußen. Er sieht, wie andere sich einen Spaß machen. Sie werfen mit zusammengeknülltem Toilettenpapier auf die Fenster eines Nachbarhauses. Er will mitmachen und hat das Gefühl, auch werfen zu müssen. Schließlich geben sie ihm einige kleine Papierkügelchen ab. Voller Begeisterung zielt er damit auf die Fensterfront. Anfangs machen die anderen noch mit, aber auf einmal rennen sie alle weg. Er versteht zunächst nicht,

warum. Er bleibt allein zurück und sieht einen dunkel wirkenden Mann aus dem Haus kommen und auf ihn zugehen. Dieser packt ihn fest am linken Ohr und dreht es um, was furchtbar weh tut. Der Mann hat eine sehr aggressive Ausstrahlung und Bert kriegt es mit der Angst zu tun. Der Mann zieht ihn am Ohr ins Haus und die Treppe hinauf bis in das Zimmer, auf dessen Fenster Bert gezielt hatte. Der Mann brüllt: „Du gehst jetzt da raus!" Berts Angst wird immer größer. Seine Hauptangst ist, dass der Mann ihn aus dem Fenster schmeißt. Er denkt: „Jetzt sterbe ich. Ich kann mich nicht wehren. Da kann ich jetzt nichts machen. Er wird mich umbringen." Der Mann hält ihn mit dem Kopf nach unten aus dem Fenster. Jetzt erst sieht Bert den Fenstervorsprung, er kann also nicht stürzen. Er muss nun alle Knöllchen einsammeln, auch die seiner Mitwerfer, und fühlt sich gedemütigt. Dann lässt ihn der Mann gehen. Das linke Ohr schmerzt noch mehrere Tage.

Das führende Muster in Berts Leben lautet: **Ich kann nichts (mehr) tun.** Sein Verhalten im Erwachsenenleben war davon gekennzeichnet, immer schnell aufzugeben. Fatalistisch ließ er fast alles auf sich zukommen. Sich für eine Leistung anzustrengen, war nicht sein Ding. Als seine Einmannfirma in Schwierigkeiten geriet, engagierte er sich auch nicht mehr als sonst. Er konnte halt nichts mehr tun.

> Muster, die sich in Angstsituationen bilden, wirken oft besonders nachhaltig, sie haben besondere Kraft.

Angst bedeutet eine generelle Stimmung verminderter Sicherheit. Furcht ist immer an ein Objekt gebunden, Angst ist es zumindest in ihren Anfängen nicht. Sie kann zur Kraft werden, da sie sich frei wählbar und objektunabhängig für beliebige Ziele einsetzen lässt. Deshalb sind Ängste – wenn Sie sie verstehen – so etwas wie das Tor zu Ihrer Freiheit.

Leonhard ist heute 53 Jahre alt. Als er neun war, hatte er seine erste Uhr geschenkt bekommen und war richtig stolz darauf. Er war damals einer der Ersten in der Klasse, die eine Uhr hatten. Er weiß noch heute, wie sie aussah.

Es ist Sommer. Leonhard spielt und schaukelt auf einem öffentlichen Spielplatz. Damit der Uhr nichts passiert, legt er sie ab. Das Spielen macht Spaß, doch nach einiger Zeit denkt er an seine Hausaufgaben und geht nach Hause. Stunden später, gegen Abend, vermisst er seine Uhr. Er erschrickt gerade deshalb besonders, weil er so auf sie aufgepasst hatte. Sofort zieht er sich an und rennt zum Spielplatz: Die Uhr ist weg. Leonhard plagen große Angst und Selbstvorwürfe. Was werden die Eltern bloß dazu sagen? Wie werden sie ihn bestrafen? Wie konnte er nur so schlecht auf die Uhr aufpassen? Seine Stimmung auf dem Nachhauseweg ist voller Angst. Da trifft er die Entscheidung, es einfach zu verheimlichen. Das gelingt zunächst auch ganz gut, keiner fragt ihn nach seiner Uhr. Tage und Wochen vergehen. Leonhard hat das Ganze schon fast vergessen, dann aber merkt es seine Mutter doch. Voller Furcht vor ihrer Reaktion, muss er den Verlust zugeben. Die Mutter schimpft zwar, aber bei weitem nicht so, wie er befürchtet hat. Am nächsten Tag geht sie mit ihm zum Fundbüro der Gemeinde, aber die Uhr bleibt verschwunden. Erst einige Jahre später bekommt er eine neue Uhr.

Als Leonhard den Verlust seiner Uhr bemerkte, hatte er die klare Erkenntnis, dass dies allein in seiner Verantwortung gelegen hat. Und das wollte er auf keinen Fall: **Ich bin schuld (und will es nicht sein)**. Das zugehörige Strategiemuster lautet: **Ich will es nicht wissen.**

Leonhard kommt über 40 Jahre später zu unserem Seminar. Er berichtete von einer typischen, aktuellen Situation zu Hause, die ihm jetzt erst aufgefallen ist: Er schaut sich abends gerne die Nachrichten an. Neulich kam sein zehnjähriger Sohn wenige Minuten vor Beginn der Nachrichten und wollte einen Zeichentrickfilm sehen. Obgleich Leonhard die Nachrichten wirklich sehen wollte, überließ er die Fernbedienung seinem Sohn, der zum Kinderkanal umschaltete. Für einen Moment spürte Leonhard, dass er weniger aus Verständnis oder Wohlwollen auf die Nachrichten verzichtet hatte. Vielmehr nahm er ein Gefühl von Schuld und sogar von ein wenig Angst wahr. Das machte ihn aufmerksam. Er nahm sich vor, die nächste für ihn merkwürdige berufliche Situation ebenso zu hinterfragen. Und die ließ nicht lange auf sich warten:

Leonhard ist im Vertrieb tätig. Seine Umsatzzahlen sind makellos im Gegensatz zu den Zahlen des Gesamtunternehmens. Leonhard arbeitet dafür weit mehr als vereinbart. Als sein Vertriebsleiter auf ihn zukommt und ihm aufträgt, mehr als die Hälfte eines benachbarten Vertriebsgebietes zusätzlich zu übernehmen, stimmt er sofort zu. Danach aber fragt er sich, ob er noch alle Tassen im Schrank habe. Wieder fühlt er sich schuldig, nicht alles für das Unternehmen getan zu haben, und zugleich spürt er eine unbestimmte Angst. Es ist aber nicht die Angst, entlassen zu werden.

Muster, die von Ängsten ablenken oder wegführen sollen, sind meist Strategiemuster oder innere Schweinehunde.

Bei Leonhard blieb unklar, ob der Uhrverlust das wichtige Muster **Ich bin schuld** ausgelöst hat oder ob es schon längst bestand und erneut zur Anwendung kam. Letztlich spielt das keine Rolle: Wichtig ist uns, was *heute* damit geschieht. Dieses Muster hat viel

Wenn Sie Muster anwenden, die unter Angst entstanden sind oder von Ängsten verstärkt werden, wirkt die Angst außerbewusst immer mit.

Energie, es ist eng mit ursprünglichen Ängsten verknüpft.

Wie Henning Köhler sagt, sind Ängste etwas Gesundes oder etwas, das die spätere Gesundheit sichert. Das Gefühl der Angst hält uns von einem falschen Entschluss ab oder es übt eine Haltung ein, die uns – ins Postitive gewendet – eines Tages bei unserer Aufgabe im Leben zugute kommt.

Angst wird heutzutage als Makel dargestellt. Dabei wird eine wesentliche Seite von Angst völlig übersehen: Sie ist Ausdruck einer kostbaren Seelenfähigkeit. Das hat gesellschaftliche Auswirkungen, da gerade die sensitiven Persönlichkeiten und die Menschen, die sich weiterentwickeln, als mutmaßliche „Neurotiker" ins Abseits geraten.

So sehr Angst auch missachtet wird, gehört sie doch unvermeidlich zum menschlichen Leben. Sie begleitet uns alle von der Geburt bis zum Tod. Es ist unmöglich, sie einfach zu tilgen. Auch sie zu ignorieren, gelingt nicht. Angst ist ein natürlicher Zustand. Sie ist eine selbstverständliche Reaktion auf Eindrücke, Begegnungen und Anforderungen, denen wir nicht gewachsen sind oder meinen, nicht gewachsen zu sein. Angst gehört zur menschlichen Grundausstattung, auch wenn viele sie unbedingt vermeiden wollen. In ihr liegen immense positive Entwicklungskräfte, sie liefert grundsätzlich Impulse. Angst wird erst dann problematisch, wenn Sie vor ihr selbst Angst bekommen. Es ist banal und nachvollziehbar, dass Angst zur Vorsicht führt. Das ist ein offensichtlicher Sinn der Angst. Deshalb bildet sie die Basis für reife Handlungskompetenz. Wenn die Angst aber zu stark wird, schlägt sie in Handlungsunfähigkeit um. Das Ausmaß der Angst ist also entscheidend.

Angst verursacht ein negatives Gefühl; das ist ihr „Fehler". Dadurch wird sie reflexartig negativ bewertet und diese Bewertung wird üblicherweise noch rational abgesichert. Angst muss nicht überwunden werden, damit Sie sich entwickeln können. Sie muss adäquat beachtet und genutzt werden, darin liegen positive Entwicklungskräfte. Damit Sie an diese herankommen, müssen Sie zunächst Ihrer Angst zuhören. Denn Bewältigung im seelischen Bereich bedeutet „Einfügen" und nicht „Ausmerzen": Gehen Sie in einem erträglichen Tempo auf Ihre Angst vor der Angst zu, um sich weitestgehend von ihr zu befreien. Es ist nicht leicht, ein freundschaftliches Verhältnis zu seinen Ängsten aufzubauen – aber es ist machbar.

Angst warnt und verhindert

Angst hat Wächterfunktionen. Sie ist Ihre Lebenslehrmeisterin. Sie weist Sie darauf hin, Ihren Willen auf Ihre Ziele zu richten. Sie ermahnt Sie, Ihre Handlungen im Voraus zu bedenken. Wenn Angst auftritt, hat der Mensch im Allgemeinen das Gefühl, sich zu verlieren. Die Angst wirkt immer gegen Ihren Tatendrang, sie hindert Sie, sie verhindert. Selbst wenn Ihnen Beispiele einfallen, wo Sie etwas aus Angst getan haben, so war Ihr Tun doch stets eine Handlung, die andere Handlungen verhindern sollte. Somit halten Ängste Sie meistens vor etwas ab. Wovon Sie abgehalten werden, ist selten das, worum es im Offensichtlichen geht. Jede Angst verhindert etwas, das wegen ihr nicht eintritt, erscheint oder stattfindet. Dafür ist die Angst gut, das ist ihr Nutzen. Angst weist also auf etwas hin und hindert Sie erst einmal, dorthin zu gehen: „Ich will hinschauen, aber

Angstmuster haben oftmals erkennenden oder kommentierenden Charakter.

ich will (noch) nicht hingehen". Mit diesem Satz können Sie die meisten Ängste beschreiben.

Die Angst vor dem Fliegen

Viele leiden an Flugangst. Es ist aber keine Angst vor dem Fliegen selbst, sondern es stecken verschiedene andere Ängste dahinter.

- Angst davor, sich in die Hände eines anderen zu geben **(Ich muss alle Fäden in der Hand halten** oder: **Ich muss alles kontrollieren)**
- Angst vor dem Tod **(Ich will nicht sterben** oder: **Ich will nicht dahin** oder: **Alles soll so bleiben, wie es ist)**
- Angst davor, ausgeliefert zu sein **(Ich vertraue niemandem)**
- Es ist zu eng im Flugzeug **(Ich brauche Platz** oder: **Niemand kommt mir zu nahe)**
- usw.

Muster und Ängste hängen sehr eng zusammen. Das ist ja auch logisch: Muster entstehen oft in brenzligen Situationen, in denen Sie Ängste verspüren. Natürlich stammt ein Muster wie **Ich muss alles kontrollieren (können)** nicht von Ihrer ersten Flugreise, das wäre eine Rarität. Es stammt von einer Begebenheit in Ihrer Kindheit, in der Sie diese Angst entwickelt und dieses Muster manifestiert haben.

Die Angst, vor anderen zu sprechen

Praktisch jeder hat Angst davor, eine Rede zu halten. Diese Angst ist berechtigt! Sie könnten ja währenddessen oder danach schief angeredet werden. Zuhörer könnten Ihren Vortrag demonstrativ verlassen. Ihr Hosentürchen könnte die ganze Zeit offen stehen oder was auch immer. Setzen Sie sich vor Ihrer nächsten Rede einmal in Ruhe hin, und beantworten Sie sich folgende Fragen:

- Beherrsche ich das Thema?
- Ist es mir wichtig, darüber zu sprechen?
- Ist es ein authentisches Anliegen? Also: Glaube ich das, was ich erzähle?
- Habe ich das mir Mögliche getan, die Rede gut zu halten?

Die meisten von Ihnen werden alle vier Fragen mit einem klaren Ja beantworten, das heißt, Sie müssten Ihren Vortrag eigentlich ruhig und konzentriert halten können. Trotzdem bleibt die Angst bestehen. Das weist darauf hin, dass es gar nicht um die Angst vor dem Vortrag selbst geht, die sich mit den oben genannten Fragen und ihrer korrekten Beantwortung nehmen ließe. Die verbleibende Angst ist etwas Grundsätzliches und überhaupt nichts Schlimmes. Positiv verstanden ist sie nichts anderes als ein Hinweis zur Vorsicht. Bezähmte Angst (hier vor dem Vortrag), die in die Tat mitgenommen wird, bewahrt Ihnen eine gewisse Bodenhaftung, baut Bescheidenheit und Behutsamkeit auf. Sie leitet und gibt Ihnen gute Impulse und Esprit beim Reden. Bei dieser originären Angst sollten Sie sich aber ein kontrolliertes Mitspracherecht zugestehen. Das stärkt Ihre Tatkraft und ermöglicht Ihnen größere Feinfühligkeit.

Hier bin ich – da ist die Angst

Solange Sie Herrscher im eigenen Haus bleiben, nehmen Sie jeder Angst ihre entmündigende Gewalt. Wenn jedoch Ihre innere Grenze zum eigenen Außerbewussten verschwimmt, herrschen Sie nicht mehr über sich selbst. Das ist, als ob Sie überrumpelt werden, und es ist ein schlechtes Gefühl, das Gefühl von Haltlosigkeit. Beim unmittelbaren Gewahrwerden, sein Inneres nicht mehr abgrenzen zu können, lösen sich die Grenzen auf und Sie fühlen sich (der Angst) ausgeliefert. Sie verspüren Auflösungsangst, Angst vor dem Verlust Ihrer Identität, weshalb die meisten Angstforscher berechtigterweise davon ausgehen, jede Angst sei letztlich Todesangst. Da der Tod unausweichlich ist, ist es erst einmal wenig sinnvoll, davor Angst zu haben. Eine richtige Konsequenz aus diesem Wissen ist, den Tod als Tatsache zu akzeptieren und sich am Leben zu erfreuen.

Wenn Ihr Sinn dafür, ein in sich geschlossenes Wesen zu sein (hier bin ich, da bist du), versagt, haben Sie Angst. Sie kann fast alles mit Ihnen machen. Nach dem Angstausbruch, der sich an einem konkreten Äußeren oder Inneren aufbaut, folgt die zweite Stufe, auf der sich die Angst ausbreitet. Es entsteht die Angst vor der Angst – diese Angst-Angst ist ein unangemessen starker Außenweltkontakt, sie basiert auf zu großer Offenheit für die Umwelt, Diskontinuität, Erregung, Grenzaufgabe, Sensibilität und Schmerz. Aus innerer Sammlung, Kontinuität, Distanz, innerem Behagen und rhythmischem Gleichmaß resultiert keine Angst.

Angst schützt und hilft

Angst hat eine Indikatorfunktion und wirkt deshalb ansteckend. Wenn Sie neben einem Menschen stehen, der eine Panikattacke hat, und Sie lassen sich darauf ein, kommen Sie in eine ähnliche Panikstimmung. Diese hat mit Ihnen nichts zu tun. Angst bedeutet, etwas bedroht mich und ich bin ihm unterlegen. Wenn Sie vor etwas Angst haben, dann ist das immer zugleich ein Schutz vor etwas oder eine Hilfe für etwas. Panik hingegen bedeutet eine Konfrontation mit einer existentiellen Bedrohung.

Wenn Angst wohl dosiert auftritt, verwandelt sie sich in menschlich sehr wertvolle Eigenschaften: soziales Vermögen, verfeinertes Empfinden, Behutsamkeit des Handelns, höhere Sensitivität für eigene Bedürfnisse, Hoffnungen, Abhängigkeiten und Verantwortlichkeiten, Feinfühligkeit, Empfindsamkeit, Vorsicht, Scheu und Zärtlichkeit.

Angst anzunehmen bedeutet Entwicklung, weil Sie bereit sind, sich mit den Grenzen Ihres Handlungsspielraums auseinander zu setzen und sich dem damit verbundenen Risiko zu stellen. Mut zur Angst bedeutet auch Mut zur Niederlage. Angst vor der Angst bedeutet hingegen Ihr Scheitern, noch bevor Sie etwas in Angriff genommen haben. Jede Entwicklung und jeder Reifungsschritt ist mit Angst und Angstüberwindung verbunden. Wachstum und Selbstverwirklichung sind ohne Schmerz, Leid, Einsamkeit, Versagen, Zweifel, Kummer und Trauer nicht möglich. Wer Ihnen etwas anderes erzählt, spricht die Unwahrheit. Machen Sie Ihre Angst zu Ihrer Wegbegleiterin und Verbündeten. Angst anzunehmen heißt, sich für das in Kauf genommene Wagnis loben zu können, statt sich der Feigheit schämen zu müssen. „Man muss mutig sein und die Angst ertragen" (Rudolf Steiner).

Angst liefert wertvolle Energie

Wann haben Sie keine Angst mehr? Die Frage ist nur scheinbar simpel. Angstfrei sind Sie, wenn Sie schlafen (von Alpträumen einmal abgesehen). Dann sind Sie im Urvertrauen Ihrer selbst. Angst reißt Sie immer nach draußen, aus der Sicherheit des „Schlafes". Keine Angst vor der Angst haben Menschen, die ihr inneres Gleichgewicht gefunden haben in der Balance zwischen

- Ruhe und Aktivität
- Wahrnehmungsoffenheit und Distanz
- Struktur und Lebendigkeit
- Schwere und Leichtigkeit
- Innenschau und Weltoffenheit

Kommt ein gefestigtes Körpervertrauen hinzu, reift Ihr Selbstvertrauen und Sie können sich an Ihren Zielen orientieren. Das heißt, Sie nutzen Ihre Angst und lassen die zweite Stufe, die Angst vor der Angst, nicht zu.

Jede Angst ist Ihr Eigentum. Sie gehen doch mit Ihrem Eigentum immer gut um, warum nicht mit Ihren Ängsten? Etwas, das Ihnen und zu Ihnen gehört, meint es meistens auch gut mit Ihnen. Wenn Sie die Angst, Ihr Eigenes, aber missachten, ablehnen, nicht haben wollen, wird die Angst zu Recht beleidigt sein und sich zurückgesetzt fühlen. Und dann ist es normal, dass sie glaubt, stärker werden zu müssen, denn sie will beachtet und angenommen sein. Schließlich bricht sie an gleicher oder ganz anderer Stelle wieder aus. Es ist viel besser, sie genau anzuschauen, ohne sie zu be- oder verurteilen. Spüren Sie sie in sich. Wozu dient sie Ihnen? Wofür sollten Sie ihr dankbar sein?

Wenn Sie eine Angst bekämpfen, geben Sie ihr Energie und verlieren im gleichem Maß Ihre eigene. Ängste sind wie kleine eigenständige Wesen in uns. Jeder Kampf gegen sie ist aussichtslos. Selbst wenn Sie sie einmal besiegt zu haben glauben, verschwinden sie nicht wirklich, sie werden sich nur anders äußern. Viele Ihrer Muster entstanden in Situationen, in denen Angst eine wichtige Rolle spielte. Deshalb haben Sie sich die Energie dieser Situation, die Kraft Ihrer eigenen Angst, in diesem Muster bewahrt. Diese Energie können Sie sich zunutze machen. Wie Robert B. Dilts schreibt: „Wahre Tiefe bedeutet, dass man alles einbezieht. Sie bedeutet, dass man alles umarmt, worum es im Leben geht. Die Tiefe der Angst verleiht dem Erfolg Tiefe."

ᴬᴬ Aufgabe 16 Teil A, Seite 335
ᴬᴬ Aufgabe 16 Teil B, Seite 335f.

Strategie 9: Ich bin ganz nah und doch so fern

Was ein Mann ist, wissen wir. Aber was ist „man"?

- Man macht das nicht.
- Man macht das so.
- Man bohrt nicht in der Nase.
- Man weiß schließlich, dass man da nichts tun kann.
- Man muss alles können.
- Man kann da nichts tun.
- Man merkt sowieso nichts.
- Man kann das nicht verstehen.

Unwörter als Freibrief

„Man" ist das wichtigste aller Unwörter, wenn es das „Ich" verleugnet. Achten Sie einmal auf Fernsehinterviews mit Laien, Sportlern und weniger geschulten Politikern. Sie werden erstaunt bis entsetzt sein, wie oft „man" verwendet wird, um sich vor dem eigenverantwortlichen „Ich" zu drücken. Wenn „man" allerdings eine zutreffende Verallgemeinerung meint, dann ist es kein Unwort. Ein Beispiel: Wenn man Auto fahren will, muss man Treibstoff im Tank haben.

Die Grenzen zwischen Ich-Verleugnung und Verallgemeinerung sind nicht klar gezogen. Beispielsweise sollte man nachts schlafen. Grundsätzlich stimmt das. Aber was, wenn Sie Nachtschicht haben? Dann sollten Sie nachts natürlich wach sein.

Das zweite wichtige Unwort neben „man" ist „eigentlich". Und nicht weniger beliebt ist: „ja, aber". Letzteres bedeutet schlichtweg nein. Warum können wir das nicht klar und deutlich sagen? Unwörter verfolgen uns auf Schritt und Tritt, bestimmt auch in diesem Buch. Keiner ist frei davon. Sie zu benutzen, hat den scheinbaren Vorteil, aus der Eigenverantwortung zu kommen. Sie sind ein Freibrief, um sich persönlich nicht einlassen und nicht exakt Stellung beziehen zu müssen. Dem liegt oftmals die irrige Meinung zugrunde, Verantwortung übernehmen heißt, sich selbst eine Blöße geben zu müssen, persönliche Schwächen zu riskieren und angreifbar zu werden. Wir haben Verantwortung. Ja, aber eigentlich ist man für nichts verantwortlich …

Nachfolgend die bisher schon genannten sowie weitere Unwortbeispiele:

* bald
* eigentlich

- eventuell
- im Allgemeinen
- in Zukunft
- irgendwann
- ja, aber
- Konjunktive: müsste, sollte, dürfte, wäre, könnte, würde
- mal
- man
- möglicherweise
- schon
- sollte
- ungefähr
- versuchen
- vielleicht
- wahrscheinlich
- will
- wollte

Dabei ist wichtig zu wissen: Unwörter werden auch verwendet, um unauffällig Macht auszuüben.

Vom Unwort zum Muster

Ersetzen Sie einmal in einem Ihrer Man-Sätze „man" durch „ich". So erhalten Sie ganz nebenbei eine schöne Sammlung Ihrer Mustersätze. Unwörter hervorzubringen ist die neunte Strategie Ihrer Muster, um immerwährend zu wirken. Sie verbergen sich hinter Unwörtern und sind dadurch ganz nah und (scheinbar) doch so fern, denn „man" ist ja noch lange nicht „ich". Wenn Sie in Ihren Man-Sätzen das jeweilige Muster erkennen wollen, müssen Sie oft um einige Ecken herum denken. Dann ist die Adaptation des Man-Satzes Ihr Mustersatz.

- Man macht das nicht. Ich mache das nicht – das ist meist noch kein Muster. Hier können Sie sich fragen, was genau mache ich denn nicht? Wie wäre es mit: **Ich darf mich nicht zeigen.** Führt das nicht weiter, dann könnte Ihr Muster lauten: **Ich will alles bestimmen.**
- Man bohrt nicht in der Nase. Ich bohre nicht in der Nase – das ehrt Sie, ist aber wohl nicht Ihr Muster. Wie wäre es mit: **Ich will nicht auffallen** oder: **Alle sollen nur das Beste von mir denken.**
- Man weiß schließlich, dass man da nichts tun kann. **Ich weiß, dass ich nichts tun kann** – das wäre schon ein passendes Muster. Es könnte aber auch lauten **Niemand hört auf mich** oder: **Ich bin hilflos** oder: **Ich schaffe es nicht.**
- Man muss alles können. **Ich muss alles können** – das ist ein Muster. Ich danke dem Bauleiter eines großen Kreuzfahrtschiffes, dass er in einem Fernsehinterview diesen Satz aussprach, der mir die Bedeutung von „man" im Zusammenhang mit Mustern offenbarte.

Tizia ist jetzt 26 Jahre alt. Sie hat mit 23 ein kleines vegetarisches Restaurant eröffnet. Nun ist sie fertig, fix und fertig. Ihr Tagesablauf von Montag bis Samstag: Sie steht um kurz nach 3 Uhr morgens auf, damit sie rechtzeitig am Großmarkt ist, um frische Lebensmittel einzukaufen. Vom Großmarkt fährt sie fast eine Stunde bis zum Lokal zurück, stellt die Zutaten bereit und schreibt die Tageskarte. Dann macht sie die Salate und bereitet schließlich die warmen Gerichte vor. Um 11 Uhr öffnet sie und bedient bereits die ersten Kunden. Man muss eben alles selbst tun.

Einmal hatte Tizia eine Aushilfskraft, die aber dau-
ernd krankfeierte. Seit ihre Freundin Brigitte wenigs-
tens von 12 bis 15 Uhr beim Verkauf und Abwasch
hilft, ist das Allergröbste überstanden. Trotzdem: Ab
15 Uhr ist Tizia wieder allein im Lokal, bis sie um 19
Uhr schließt. Dann putzt sie den Laden, richtet die
Theke her und sperrt gegen 21 Uhr endlich die Tür
hinter sich zu. Die Finanzen stimmen zwar, aber:
Man muss halt alles selbst tun.

Tizias Muster ist klar: **Ich muss alles selbst tun,** und
das strengt richtig an.

AA Aufgabe 17, Seite 336

Strategie 10: Ich bin der Choreograf deines Verhaltens

Was treibt Sie eigentlich an? Was gibt Ihnen die
Energie, irgendwas zu tun oder zu lassen? Es sind
Ihre Motivationen. Deshalb ist es wichtig, auch etwas
über Ihre Motivationen zu wissen, wenn Sie sich mit
Ihren Mustern befassen. Spontan fallen einem viele
verschiedene Motivationen ein, wie Selbstdarstellung, Leidvermeidung, Unabhängigkeit, Einsicht,
Verstehen, Sexualität. Die wissenschaftliche Psychologie nennt solche Beispiele konkrete Motive und
ordnet sie den drei Grundmotivationen zu: Liebe,
Leistung, Macht.

Motive und Motivationen

Im Gegensatz zu Zielen, also Zukunftsideen, die außerhalb von Ihnen liegen und dadurch stärker beeinflussbar sind, liegen Motive in Ihnen. Die Wissenschaft geht davon aus, dass einmal bestehende Motive langfristig wirken und nur äußerst schwer zu verändern sind. Sie sind eine sehr tiefe und damit sehr unbewegliche innere Struktur. Sie sind ein fester Bestandteil von Ihnen. Motive werden als überdauernde Veranlagungen verstanden, die das Erleben und Verhalten des Menschen beeinflussen. Erfolgreiche Motivationstrainings werden nie Ihre Motive ändern können. Allenfalls zeigen sie Ihnen Techniken, wie Sie besser mit Ihren eigenen Motiven umgehen können.

Um Ihre Motive zu verwirklichen, entwickelten Sie innere Muster. Mithilfe der Muster *drücken* Motive von innen, während Ziele von außen *ziehen*. Ein bestimmtes Motiv kann verschiedene Muster und somit unterschiedliches Verhalten auslösen, wie auch dasselbe Verhalten aus unterschiedlichen Motiven hervorgehen kann. Sie können im Alltag das Verhalten anderer zwar wahrnehmen, aber praktisch nie die dahinter stehenden Muster und Motive.

Motive hängen eng mit Ihren Bedürfnissen zusammen. Ein Bedürfnis entsteht, wenn Sie einen Mangel empfinden und zugleich den Wunsch, ihn zu beheben. Angeregt werden Ihre Motive durch Motivationen, die durch Anreize aktiviert werden. Folglich steuern Motive, angetrieben von Motivationen, über Muster Ihr Verhalten. Grundsätzlich unterscheiden wir heute drei Grundmotivationen, die auf McClellands Motivklassen zurückgehen:

- **Anschluss oder Zugehörigkeit** (wir nennen das ehrlicherweise **Liebe**). Sie wollen andere Menschen kennen lernen und mit ihnen ein freundschaftliches Verhältnis aufbauen. Es geht um das Kennenlernen an sich, aus sozialen Gründen, nicht um damit etwas zu erreichen.
- **Macht.** Sie wollen andere beeinflussen, die Kontrolle – primär über andere – erlangen und behalten.
- **Leistung.** Sie stellen selbst möglichst hohe Anforderungen an sich und wollen diesen dann auch gerecht werden.

Es gibt auch Motive, wie beispielsweise Sparsamkeit, die keiner der drei Grundmotivationen zuzuordnen sind. Zudem kommt es vielfach zu Überschneidungen. Dennoch sind die Grundmotivationen ein praktikabler Ausgangspunkt für die Mustererkennung.

Sie können jede Grundmotivation anstreben (Hoffnung) oder ablehnen (Furcht):

Muster aus Hoffnung und Furcht heraus

Hoffnung und Furcht	Entsprechende Muster
Die Hoffnung auf Kontakt	**Ich sehne mich nach Liebe.**
Die Furcht, zurückgewiesen zu werden	**Mir kommt niemand zu nahe.**
Die Hoffnung auf Kontrolle	**Ich will Macht haben.**
Die Furcht, die Kontrolle zu verlieren	**Ich muss alles im Griff haben, sonst ...**
Die Hoffnung auf Erfolg	**Ich muss es schaffen.**
Die Furcht, zu versagen	**Ich schaff's nicht.**

Motivationen und Muster

Sie haben nicht nur Antriebsfunktion, sondern Motivationen sind auch das Abbild Ihrer Persönlichkeit, das Ihrem Wesen am nächsten kommt. Auch Ihre Muster kommen Ihrem Wesen sehr nahe. Wie Sie Ihre Muster, auch übernommene Muster, in einer konkreten Situation formulieren, hat nur mit Ihnen zu tun. Andere hätten es in der gleichen Situation nicht so getan.

Psychologen, die sich mit Motivationen befassen, scheinen davon auszugehen, diese würden sich sofort in konkretem Verhalten äußern. Das würde jedoch wichtige menschliche Ressourcen gänzlich ungenutzt lassen. Wozu haben wir dann die Fähigkeit, zu lernen, uns zu erinnern und Gelerntes wieder einzusetzen? Die Natur des Lebens ist nun einmal so, dass viele Situationen sich in ähnlicher Weise wiederholen, auch wenn es im Leben niemals wirklich identische Situationen gibt. Stattdessen gibt es viele ganz neue Situationen, auf die sich ein Mensch in kürzester Zeit einstellen muss. Um diese Transferleistung zu vollbringen, bildet er abstrakte Muster.

Muster sind das sprachliche Abbild Ihrer Motivationen und zugleich die sprachliche Verallgemeinerung Ihrer Erfahrungen.

Wie schon die Motivationen lassen sich auch Muster klassifizieren. Muster orientieren sich ebenfalls an Macht, Leistung oder Liebe. Auf Basis der drei Grundmotivationen bilden Sie Ihre Muster. Deshalb ordnen wir Muster analog zu den Grundmotivationen zunächst drei Klassen zu. Muster, die sich nicht klar einordnen lassen, gehören der zusätzlichen Klasse „Sonstiges" oder „Gewöhnliches" an. Darüber hinaus gibt es auch Muster, die eindeutig zielorientiert sind, wie: **Ich will ganz oben stehen, Ich will Klarheit, Ich will meine Bestimmung leben, Ich will mich sicher fühlen, Ich will frei sein, Ich will stolz auf mich sein.** Für solche Muster haben wir

eine fünfte Klasse namens „Ziele" gebildet. Hier alle
Muster und ihre Klassen aufzuzählen, würde den
Rahmen sprengen aber in der folgenden Übung
können Sie ausprobieren, wie Muster den verschiedenen Grundmotivationen zugeordnet werden.

Übung: Muster und ihre Grundmotivationen
Nachfolgend finden Sie zwölf Muster und die dazu
gehörende Grundmotivation. Alle genannten Muster sind eindeutig einer Grundmotivation zuzuordnen. Decken Sie zunächst die rechte Spalte ab und
lesen Sie nur die Muster durch. Überlegen Sie,
welche Grundmotivation – Liebe, Leistung oder
Macht – dahinter stecken könnte.

Muster	Grundmotivation
Ich habe Angst, mich ein-zulassen.	Liebe
Ich muss weitermachen.	Leistung
Ich will perfekt erscheinen	Leistung
Ich will angenommen werden.	Liebe
Ich will Abstand haben.	Macht
Lass mich in Ruhe.	Macht
Ich will alles unter Kon-trolle haben.	Macht
Ich will berührt werden, habe aber Angst davor.	Liebe
Ich will meine Ruhe ha-ben.	Macht
Ich hasse Aggressionen.	Macht
Ich will mich fühlen.	Liebe
Ich sehne mich nach Er-füllung.	Liebe

Sprachlich sehr ähnliche Muster können unterschiedliche Grundmotivation repräsentieren, wie nachfolgendes Beispiel zeigt:

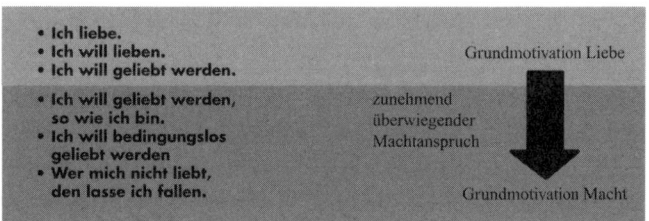

Muster – das Bindeglied zwischen Motivation und Verhalten

Wie gut glauben Sie Ihre eigenen Motive zu kennen? Sind Sie eher machtorientiert, leistungsbetont oder streben Sie nach sozialen Kontakten? Wider Erwarten kennen die meisten Menschen weder ihre Motive noch ihre Motivation besonders gut. Meistens richtet sich die Selbsteinschätzung eher an den Zielen aus als an den außerbewussten Motiven, denn Ziele sind fast immer konkreter als Motive und deshalb leichter greifbar. Ihre Motivationen und Ihre Muster liegen größtenteils im Verborgenen, einem Eisberg gleich, dessen Spitze sich in Ihrem Verhalten zeigt. Wenn Sie Ihr Verhalten erforschen und Ihre Muster kennen lernen, können Sie durch Zuordnung zu den Grundmotivationen viel über sich erfahren. Die Motivationen sind über die Motive Ihr innerer Antrieb, und die Muster zeigen Ihnen, wie und mit welchen Inhalten Sie diese Antriebskraft in Taten umsetzen.

Muster sind ein zentraler Bestandteil des menschlichen Wesens. Sie sind die bisher nicht beschriebene Verbindung zwischen Ihren Motivationen und Ihrem

Verhalten. Das ist ihre zehnte Strategie; ohne sie geht es nicht, und ohne sie geht nichts. Sie sind der Choreograf Ihres Verhaltens, über Glaubenssätze geben sie Ihnen Regieanweisungen. Abbildung 4 veranschaulicht die Zusammenhänge. Das klassische Dreier-Schema (Motivationen, Ziele, Verhalten) wird um das bislang fehlende Bindeglied, nämlich die Muster, erweitert. Wenn Sie das Schema für ein paar beliebige Situationen Ihres Lebens einmal durchspielen, werden Sie ihm in weiten Teilen zustimmen.

Muster sind der Mittler zwischen Ihren Motivationen und Ihrem alltagstauglichen Verhalten. Dabei wirken sie mal über Glaubenssätze, mal nicht.

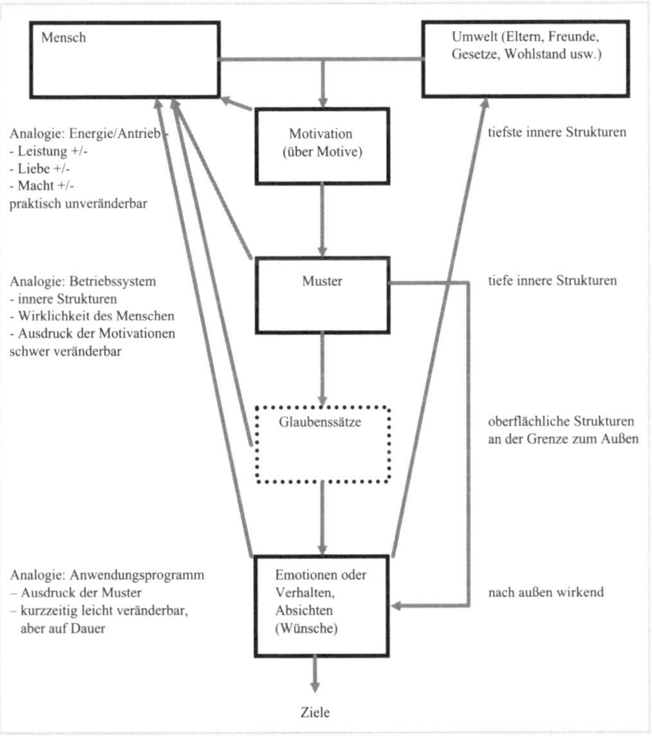

Abbildung 4:   *Motivationen, Muster und Verhalten im Zusammenhang*

Die perfekte Motivkonstellation existiert nicht. Es hängt immer davon ab, auf welche Umweltgegebenheiten die Motive treffen. Viele Ihrer persönlichen Ziele, viele Unternehmensziele und viele angebotene Trainings verfolgen somit eine absurde Grundidee, nämlich eine bestimmte Motivation (etwa Leistung) zu steigern. Nicht genug, dass es ohnehin kaum funktioniert, de facto verlangen die von außen gesetzten Ziele auch noch eine Art Selbstaufgabe, eine Aufgabe Ihrer eigenen Grundstrukturen.

Muster sind Ihren Motivationen eng verbunden. Das gibt ihnen Kraft.

Ihren Motiven wie auch Ihren eigenen Mustern stehen Sie jedoch weder hilflos gegenüber noch sind Sie ihnen ausgeliefert. Eine sinnvolle Lösung ist es, Ihre Ziele und Handlungspläne an Ihren eigenen Motiven, Mustern und Bedürfnissen auszurichten. Erfolgreiches Selbstmanagement bedeutet, in dem Bestreben nach einer Harmonie von Zielen und tiefen Bedürfnissen seine Persönlichkeit nach eigenem Vermögen voll zu entfalten. Muster sind dann besonders erfolgreich, wenn sie genau das für Sie richtige Maß treffen. Überforderung und Unterforderung sind die größten Motivationskiller.

Motive, Ziele, Willenskraft

Zwischen Motiven und Zielen können erhebliche Diskrepanzen bestehen. Ebenso können sich zwischen Mustern und Motivationen sowie Mustern und Verhalten Diskrepanzen entwickeln. In allen Fällen kann das zu seelischen Konflikten führen. Wenn Ihr Bauch (Motive) und Ihr Kopf (Ziele) nicht in Harmonie sind, wenn Sie etwas tun oder tun müssen, mit dem Sie nicht völlig eins sind, brauchen Sie Willen. Mit Hilfe etablierter Verfahren lässt sich die Kraft unseres Willens messen. Dabei wird oftmals deutlich, dass wir im Durchschnitt nur wenig Willenskraft besitzen, auch wenn wir uns selbst als willensstark einstufen. Für diesen Fall gibt es zwei intelligente Lösungen: Entweder wir entwickeln und stärken unseren Willen oder wir sorgen dafür, das zu tun, was uns entspricht; denn wenn Bauch und Kopf gleichermaßen zu etwas Ja sagen, brauchen wir nur wenig Willenskraft.

Mit zunehmender Willensstärke der Mitarbeiter eines Unternehmens steigen zunächst auch die Umsätze. Das ist logisch; denn wenn ein Mensch etwas wirklich will, kann er es durchsetzen. Aber allein durch Willen Dinge durchzusetzen, birgt zwei Gefahren:

- Die Willenskraft verbraucht sich. Deshalb müssen Führungskräfte dafür sorgen, dass ihre Mitarbeiter (und auch sie selbst) wieder Willenskraft tanken; sonst droht Burnout.
- Willenskraft aufwenden bedeutet, gegen den eigenen Bauch zu handeln. Darunter leidet die emotionale Kompetenz. Das können sich kleine wie große Unternehmen auf Dauer nicht leisten.

Wenn Sie Ihre Willenskraft verbrauchen, beeinträchtigt das Ihr Wohlbefinden. Dann meldet sich eine Instanz in Ihnen, die nicht will, dass sich der Wille abnutzt. Wille ist eine wichtige Ressource, die sich aufbraucht, aber auch nachfüllbar ist. Er dient dazu, störende Impulse zu unterdrücken oder fehlende Impulse aufzubauen, er hilft, Handlungsabsichten gegen innere Widerstände durchzusetzen. Wille hilft jedoch nicht gegen äußere Widerstände, dafür setzen Sie Ihre Fähigkeiten der Problemlösung ein. Wie sich Ihr Wille verbraucht, wird an folgendem Beispiel deutlich:

Stellen Sie sich vor, es ist ein üblicher Morgen. Der Wecker klingelt und Sie stehen auf. An einem Tag geht das etwas besser, an einem anderen Tag vielleicht nicht so gut. Aber Sie wissen, im Normalfall haben Sie genug Willen, um aufzustehen. Nun klingelt der Wecker wieder. Heute aber sind Sie krank, Sie haben in der Nacht fast 40 Grad Fieber bekommen. Stellen Sie sich vor, Sie wollen nun aufstehen wie immer. Das wird Ihnen nicht so einfach gelingen. Es ist gut möglich, dass Sie es überhaupt nicht schaffen.

Vielleicht denken Sie bei dem Beispiel zuerst, Sie schaffen es nicht oder sehr viel schwerer, weil Ihr Körper einfach nicht kann. Der könnte schon, aber er will nicht mehr. Genau das ist es: Ihr Wille sitzt in Ihrem Körper, Sie schöpfen ihn gleichsam daraus. Während Sie geistige Tätigkeiten mit Fieber oder anderweitig geschwächtem Körper noch in bestimmtem Umfang vollziehen können, geht das mit körperlichen Aktivitäten nicht mehr. Der Körper kann in diesem geschwächten Zustand keinen ausreichenden Willen mehr aufbauen. Umgekehrt gilt genauso: Je ausgeruhter und trainierter Ihr Körper ist, umso besseren Willen für geistige Tätigkeit haben Sie.

Wenn Sie sagen: Auch mit Fieber bin ich voll einsatzfähig, dann haben Sie vielleicht das Muster **Ich halte durch** verinnerlicht. Mithilfe von **Ich will es nicht spüren** legen Sie sich entweder sehr schnell ins Bett, oder halten besonders lange durch, da Sie es ja nicht spüren *wollen*. Wie auch immer, Sie bräuchten in der Regel mehr Willenskraft, als Ihr Körper in solch einem Fall geben kann. Bei Tätigkeiten, die den Willen verbrauchen, unterstützt Sie ein starker, trainierter Körper. Das ist der Hauptgrund, warum viele moderne Manager auf Sport achten.

Manuela ist 35 Jahre alt und wiegt bei 165 Zentimeter Körpergröße weit über 70 Kilo. Sie ist zu dick, fühlt sich jedenfalls so. Sie fand folgendes wichtige Muster: **Ich kann nichts hergeben.** *Das ist eine denkbar schlechte Basis, um Gewicht „herzugeben". Das bestätigt sich seit ihrem 16. Lebensjahr durch viele gescheiterte Abnehmversuche. Manuela weiß nach ihrer Seminarteilnahme aber auch, wie schwer es ist, gegen eigene Motive (hier aus der Motivklasse Macht; Abnehmen kann also Machtverlust bedeuten) und Muster vorzugehen. Ebenso weiß sie um die Mühe, ein Muster zu modifizieren. Sie geht den scheinbar schweren, aber letztlich leichteren Weg, bei jedem Anfalls von Esslust, in jedem Fast-Food-Restaurant, jeder Konditorei und jedem Süßwarengeschäft laut Nein zu sagen. Das kostet sie viel Willenskraft, die sich allmählich verbraucht – es ist dennoch eine probate Methode, wieder einmal abzunehmen. Und das, obwohl Manuela inzwischen weiß, weshalb ihr Abnehmen von keinem dauerhaften Erfolg gekrönt sein wird:* **Ich nehme, was ich kriegen kann.**

Wann immer Sie trotz fehlender Motivation bzw. gegen Ihre Motivation oder gegen Ihre Muster handeln, müssen Sie Willenskraft einsetzen, um die inneren Handlungsbarrieren zu überwinden. Keine Willenskraft brauchen Sie, wenn innere oder eigene (intrinsische) Motivation derart vorhanden ist, dass Ihre Ziele und Motive übereinstimmen oder gar verschmelzen. Innere Motivation fördert Ihre Leistung und Ihre Zufriedenheit. Äußere (extrinsische) Motivation, zum Beispiel eine Gehaltserhöhung, hat einen erheblich geringeren Einfluss darauf (⇨ „Die Unbestechlichen: Muster lassen sich nicht blenden", Seite 89ff.); sie kann sogar Ihre intrinsische Motiva-

Gegen eigene Muster zu handeln, verbraucht Ihre Willenskraft. Umso mehr, je höher ein Muster in der Hierarchie steht.

tion beeinträchtigen. Das nennt man den Korrumpierungseffekt.

Wenn Ihr Bauch etwas anderes will, wird Ihr Wille die störenden Impulse zu unterdrücken versuchen. Will Ihr Kopf etwas anderes, müssen Sie Ihre Ziele, die dem Bedürfnis entgegenstehen, stärken, damit Ihr Wille nicht nach und nach zur Neige geht. Die meisten Menschen bemerken und beklagen die Auswirkungen eines zu schwachen Willens. Daher stellt sich die Frage, ob der Wille nicht zu stärken ist. Das ist tatsächlich möglich, und am besten durch die eben angesprochene körperliche Aktivität. Andere Möglichkeiten sind Willensstrategien, mit denen Sie Ihre Ziele trotz Unlust oder anderer Widerstände erreichen können:

- **Emotionskontrolle** ist der Versuch, willkürlich einen Stimmungswechsel herbeizuführen. Sie ist nötig, wenn Sie Ihren Emotionen nicht freien Lauf lassen können oder sich in „Stimmung" bringen wollen.
- **Aufmerksamkeitskontrolle** ist der Versuch, seine Aufmerksamkeit von störenden Aspekten abzuwenden und auf zielförderliche Aspekte zu richten. Oft müssen störende Reize ausgeblendet werden, auch Langeweile.
- **Motivationskontrolle** ist der Versuch, durch einen Bewusstseinsvorgang die für eine Situation sinnvollen Motive anzuregen, einer Sache also etwas Positives abgewinnen zu können.
- **Entscheidungskontrolle** bringt Sie dazu, im Falle einer Zielannäherung oder eines Dilemmas schneller zur Entscheidung zu kommen.
- **Aktivationskontrolle** ist die Fähigkeit, sich selbst beruhigen zu können, meist mit Entspannungs-

techniken wie Meditation, Yoga, autogenem Training oder progressiver Muskelentspannung.

- **Impulskontrolle** befähigt Sie, Ablenkungen oder Verlockungen zu widerstehen.
- **Selbstdiagnose** ist die Suche nach den Ursachen für Motivationsdefizite oder Handlungsblockaden.

Eine andere Möglichkeit ist, die drei grundsätzlichen Kraftquellen zu nutzen, aus denen jeder Mensch schöpfen kann:

- **Die Erkenntnis:** Das meint die Einsicht, das Wissen, die Klarheit, das Wahre, die Logik und die Vision.
- **Die Liebe:** Das meint das Mitgefühl, das Hingezogensein, das Vertrauen, die Einfühlung, das Schöne und die Ästhetik.
- **Die Ordnung:** Das meint die Struktur, den Ausgleich, die Verantwortung, das Geben und Nehmen, das Licht, die Tat und die Handlung, die Ehrfurcht, das Gute und die Ethik.

Sie haben also eine große Auswahl, wie und wo Sie wieder Kraft schöpfen, Energie tanken und Ihren Willen stärken können.

Wille kann aber auch zu stark werden; das nennt sich Überkontrolle. Sie entsteht, wenn Sie Ihre Bedürfnissignale ständig missachten. Dann nämlich bezieht sich Ihre Selbstkontrolle nur noch auf Ihren Willensanteil.

AA Aufgabe 18, Seite 337

Strategie 11: Ich kontrolliere, was rein- und rausgeht

> Das Bewusstsein des Menschen
> hat als ein Gefühl begonnen.
>
> *Antonio R. Damasio*

Psyche ist ein vager Ausdruck. Es gibt eine Reihe von unterschiedlichen Definitionen für Psychologie, aber die meisten Fachleute würden der Definition „Wissenschaft vom Verhalten der Lebewesen (nicht nur des Menschen!)" zustimmen. Es geht also um Verhalten. Was haben dann Gefühle mit Psychologie zu tun? Nichts! Wenn Sie führende Psychologielehrbücher aufschlagen, werden Sie das Stichwort „Gefühl" im Inhaltsverzeichnis nicht antreffen, allenfalls ein oder zwei Hinweise unter Tausenden. Da ist es nicht weiter verwunderlich, dass sich fast kein Psychologe um Gefühle schert. Und es erstaunt ebenso wenig, dass sich die Psychologie auch nicht weiter um Muster kümmert. Denn Muster induzieren über die Glaubenssätze zwar Verhalten, sind selbst aber keines. Doch auch wenn Gefühle und Muster scheinbar nichts mit Psychologie zu tun haben, so haben sie doch etwas mit Verhalten zu tun.

Viel Wirbel um Gefühle

Gefühle sind keine Emotionen, sind keine Muster. Bei diesen Begrifflichkeiten herrscht größte Vielfalt bis Konfusion und jeder hat eigene Erklärungen parat. So gibt es inzwischen mehr als 80 Definitionen allein für den Begriff „Emotion". Das Wort stammt aus dem Lateinischen (*emovere* = herausbewegen), dabei heißt *movere* bewegen und die Vorsilbe *e* deutet die Richtung der Bewegung an. Emotion bedeutet also eine nach außen gerichtete Bewegung. So gesehen sind Emotionen tatsächlich „nur" Ihr Verhalten, und zwar jedes. Das Verhalten kann zur Tat führen, also umgesetzt werden, oder zunächst nicht. Letzteres nennen wir Wünsche oder Absichten.

Emotionen können wir als Belohnung oder als Bestrafung empfinden, erfahrungsgemäß werden sie in der Mehrzahl als unangenehm empfunden. Sie sind das Ergebnis einer ablaufenden Kaskade, in der Ihre Muster Türsteher, Schnüffler und Grenzkontrolleure zugleich sind. Sie haben alles fest im Griff. Damit umfasst ihre elfte Strategie drei Ebenen, die in der Abbildung 5 (siehe Seite 178) dargestellt sind.

Muster wirken an allen entscheidenden menschlichen Schaltstellen.

- Als Teil der Filterebene 1 kontrollieren Muster alles, was Sie wahrnehmen und in sich hineinlassen.
- Als Teil der Filterebene 2 kontrollieren sie, was Sie wie in sich bewegen.
- Als Teil der Filterebene 3 beeinflussen sie maßgeblich, was davon nach außen dringt.

Mit dieser Strategie wirken Ihre Muster von außen nach innen, im Innen selbst und von innen nach außen. Und so schließt sich der Kreis immer wieder.

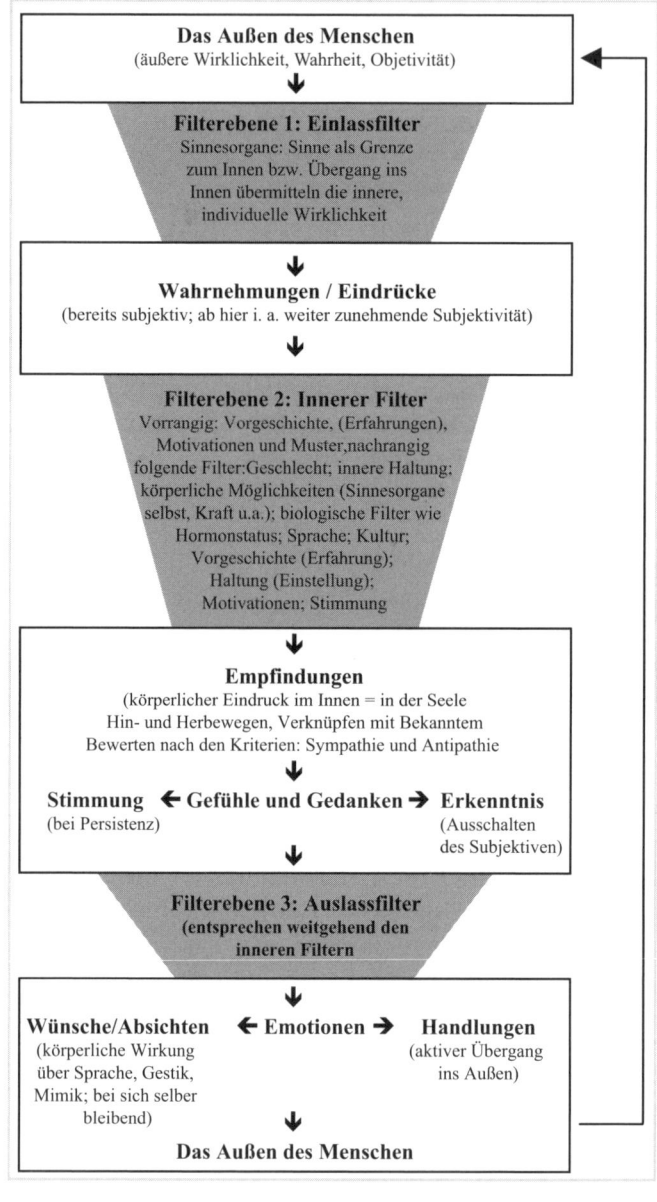

Abbildung 5: Die emotionale Kaskade des Menschen

Mit allen zwölf Sinnen von außen nach innen

Die Kaskade beginnt bei Ihren Sinnen. Muster sind als Einlassfilter (Input-Filter) eine Ebene, die den Sinnen untergeordnet ist. Damit Sie Emotionen entwickeln können, müssen Sie etwas wahrnehmen. Um wahrnehmen zu können, brauchen Sie Ihre Sinne. Die Sinne des Menschen nehmen wahr, was im Außen ist. Sie kennen wahrscheinlich nur fünf Sinne (Riechen, Schmecken, Hören, Sehen, Tasten), und weit verbreitete Systeme begnügen sich sogar nur mit dreien (Sehen/visueller Typ, Hören/auditiver Typ, Fühlen/kinästhetischer Typ). Diese Vereinfachung geht zielsicher am Menschen vorbei. Jeder Sinn ist eine Fähigkeit, und deren gibt es mehr als die geläufigen fünf. Rudolf Steiner erkannte zwölf Sinne und gliederte sie in drei Gruppen.

Willens-Sinne

Willens-Sinne sind außerbewusst. Es sind die körperlichen Sinne, die uns mithilfe unseres Körpers eine Orientierung ermöglichen. Denn der Wille sitzt im Körper. Und deshalb sagen moderne Motivationspsychologen zu Recht, Wille sei eine Energie, die sich erschöpft und die auch wieder aufgebaut werden kann (⇨ „Strategie 10: Ich bin der Choreograf deines Verhaltens", Seite 163ff.), wie ein Muskel oder der Körper selbst. Die Gruppe der Willens-Sinne umfasst:

- **Tastsinn:** Tasten wird nicht nur durch das Fühlen mit Händen, Fingern und Füßen ermöglicht, sondern auch durch die Augen (mit den Augen abtasten) und die Zunge. Der Tastsinn macht uns unser Selbst bewusst, macht uns also *selbstbewusst*. Zudem begrenzt er uns, was gut ist. Denn wie würde wohl ein Mensch ohne Grenzen aussehen? Zwar gibt es jede Menge grenzenloser Menschen, aber die machen nur sich und anderen das Leben schwer.

- **Lebenssinn:** Lebenssinn ist Ihr Körpergefühl, unter anderem Hunger, Durst, Schmerz und Wohlgefühl. Die organische Entsprechung zu Ihrem Lebenssinn ist Ihr vegetatives Nervensystem. Der Lebenssinn zeigt Ihnen bestenfalls: Ich und mein Leib sind eins. Er erhält unser Selbst, ist also unser *Selbsterhaltungssinn*.

- **Eigenbewegungssinn:** Sie können Ihre Bewegungen wahrnehmen und bis zu einem gewissen Grad auch Ihre Gelenkstellungen. Der Eigenbewegungssinn sitzt über Rezeptoren in der Muskulatur und den Gelenken; er befreit unser Selbst, ist also *selbstbefreiend*.

- **Gleichgewichtssinn:** Der Gleichgewichtssinn (mit dem Innenohr als organischer Entsprechung) erschließt Ihnen die wichtige dritte Dimension der Räumlichkeit und ermöglicht Ihnen den aufrechten Gang (etwas spezifisch Menschliches). Durch ihn können Sie sich als Person, als geistiger Mensch fühlen. Die sprachliche Assoziation der Aufrichtigkeit ist nicht zufällig. Daher rührt Ihr Standpunkt, Ihre Ich-Kraft, eine wesentliche geistige Quelle: die *Selbstaufrichtung*.

Gefühls-Sinne

Gefühls-Sinne sind etwas bewusster als Willens-Sinne. Es sind die Sinne der Seele, über die wir uns mit der Welt austauschen und die uns mit der Welt verbinden.

- **Geruchssinn:** Der Geruchssinn wird durch die Riechschleimhaut repräsentiert. Wir sind gezwungen, zu riechen, da wir atmen müssen. Geruch ist assoziiert mit Instinkt. Der ist beim Menschen fast verloren gegangen und wurde durch das Gehirn kompensiert. So zeigen neueste Forschungen: Das Riechvermögen des Menschen nimmt kontinuierlich ab und wird in einigen hundert Generationen fast ganz verloren sein. Die sprachliche Metapher, jemanden nicht riechen zu können, oder Sätze wie „das riecht mir nach Verschwörung" zeigen die enge Verwandtschaft des Geruchssinns mit Trieb und Moral.

- **Geschmackssinn:** Geschmackssinn haben Sie durch Ihre Zunge, die – wie Sie sehen – mit mehr als einem Sinn verbunden ist (Tastsinn). Der Geschmackssinn ist eine Art Wächter zwischen außen und innen, wir selbst bestimmen, was wir reinlassen. Geschmack gibt es in vielen Bereichen: Mode, Einrichtung, Kultur usw. Und so wie sich der Geschmack ändert, verändert sich auch die Welt.

- **Sehsinn:** Das Auge hat sich aus dem Gehirn entwickelt. Auch deshalb wollen wir immer verstehen, was wir sehen. Der Sehsinn bedeutet höchste Beweglichkeit. Wenn wir sehen (im Gegensatz zu Blinden), wissen wir zum Beispiel, wohin wir treten können. Wir bewegen uns sicherer. Im Sehsinn sind weitere Sinne eingebunden, so der Wärmesinn. Deshalb spricht man auch von warmen oder kalten Farben, Farben drücken Stimmungen aus. Auch der Gleichgewichtssinn und der Sprachsinn sind im Sehsinn eingebunden, was sich in Begriffen wie Rücksicht, Vorsicht, Weitsicht, Nachsicht äußert. Solche Wörter nutzen den Seh-Begriff nur im übertragenen Sinne, meinen also letztlich etwas völlig anderes. Augen sind Ausdruck der Seele und dienen der Begegnung von Seele zu Seele. Nicht umsonst schauen sich Menschen in bestimmten Situationen tief in die Augen, was in einem der berühmtesten Sätze der Filmgeschichte dokumentiert wird: „Ich seh' dir in die Augen, Kleines."

- **Wärmesinn:** Der Wärmesinn ist in den Sehsinn eingebunden und in den Nervenenden lokalisiert. Wärme bedeutet Energie, Ausdehnung und Durchdringung.

Erkenntnis-Sinne

Erkenntnis-Sinne sind die Sinne des Geistes und am ehesten bewusst.

Muster sind Ihren Sinnen nachgeordnet. Sie filtern die von Ihren Sinnen bereits gefilterten Wahrnehmungen.

- **Gehörsinn:** Nichts ist der Seele, Ihrem Innen, so nah wie Musik und Geräusche. Das Gehör ist Ihr soziales Organ, das Innenohr die organische Entsprechung Ihres Gehörsinns. Unser Gehör – und nichts sonst – bringt uns mit anderen in Kontakt, auch wenn das erstaunen mag. Deshalb führt Taubheit im allgemeinen zu deutlich auffälligeren Verhaltensänderungen als Blindheit.
- **Wortsinn:** Der Wortsinn meint das Sprechen mittels Kehlkopf, Muskeln und Mundraum. Sprechen ist ein Schöpfungsakt aus den inneren Gedanken und Gefühlen in das Außen. Oft verstehen wir den Sinn eines Wortes, ohne das Wort zu kennen, erst recht im Kindesalter. Sätzen können wir einen Sinn entnehmen, obgleich sie zunächst nur eine Aneinanderreihung von Wörtern sind. Sprache formt und bildet, auch den Menschen selbst. Der Geist drückt sich darüber aus. Leider

reicht unsere Sprache nicht aus, um die Komple-
xität der Gefühlswelt in allen Facetten auszudrücken, sie ist letztlich nur ein dünner Aufguss
unserer Gefühle. Gefühle sind viel differenzierter,
als wir sie sprachlich ausdrücken können. Zudem
kennen wir längst nicht alle, wie also sollten wir
die passenden Worte finden?

- **Gedankensinn:** Gedankensinn ist Denken über
das körperliche Reflexionsorgan Gehirn. Dieser
Sinn bedeutet, den Gedanken anderer folgen zu
können, den Sinn und Inhalt der Gedanken
erfassen können. Er schafft Verbindung zu anderen Menschen. Aber Denken strengt auch an. Es
verbraucht körperliche Energie – wie der Wille.

- **Ich-Sinn:** Soweit wir wissen, hat der Ich-Sinn keine
organische Entsprechung. Er dient der Wahrnehmung des anderen Ich, des anderen Individuums,
des Du. Somit braucht Begegnung die Aktivität
eines Ich und dessen Wahrnehmung. Das funktioniert mit den zwei grundsätzlichen Gefühlen Sympathie und Antipathie. Antipathie ist wichtig: Sie
hilft uns, zu uns selbst zurückzukommen. Nur
wenn die beiden Kräfte, Sympathie und Antipathie, in einem ausgewogenen, der Situation angemessenen Verhältnis stehen, ist der Mensch authentisch, ganz im eigenen Ich. Das bedeutet aber
auch, wir brauchen in jeder Situation sowohl
Sympathie als auch Antipathie.

Mit Ihren Sinnen verschaffen Sie sich Ihre ganz
persönliche Vorstellung von der Welt. Sie bevorzugen dabei bestimmte Sinne, die sich selten auch
über Muster zeigen wie beispielsweise:

- **Ich will es nicht sehen.**
- **Mir sagt keiner was.**
- **Ich mag nichts fühlen.**

Genau das, was Sie laut Muster nicht wollen oder mögen, ist Ihr bevorzugter Sinn.

Muster sind eine Brille, durch die Sie die Wahrheit erblicken.

Die beschriebenen Sinne sind die äußersten und wichtigsten Input-Filter unserer eigenen Wirklichkeit. Sie definieren die Grenze des Menschen und arbeiten an ihr – für uns. Sinne bilden zu einem guten Teil Ihr Leben ab, wie Sie es wahrnehmen. Je besser die Sinne ausgeprägt sind, umso bessere *Wahrnehmungen* sind möglich. Wenn ein Mensch beispielsweise schlecht sieht, wird er keine korrekte Wahrnehmung mehr haben. Waren Sie schon einmal verliebt? Dann kennen Sie die rosarote Brille. Unsere Filter sind eine solche Brille, jeder Mensch läuft ununterbrochen mit ihr herum. Mal ist sie grau und düster, mal schärft sie den Blick, und manchmal ist sie auch rosarot. Besonders dann merken wir: Ohne die menschlichen Sinne gäbe es keine Gefühle.

Was im Außen ist, wird über die Sinne ins Innen geholt. Je nach Einsatz und Fähigkeit Ihrer Sinne verändern Sie bereits das Außen, wenn es in Ihr Innen kommt. Sobald das Außen in Ihr Innen gelangt, werden Ihre Muster – neben einer Reihe weiterer Filter (⇨ Abbildung 4, Seite 169) – zum wichtigen Wächter, zum Input-Filter Ihrer Wahrnehmung.

Die Wahrnehmung hinterlässt einen *Ein-Druck*, der weit über den physikalischen Eindruck hinausgeht. Diesen Eindruck spüren Sie als *Empfindung*. Empfindungen sind körperliche Wahrnehmungen und keine Gefühle. Sie können vom Außen und auch vom Innen ausgelöst werden. Wahrnehmung kommt der Wahrheit noch am nächsten, nicht nur sprachlich. Danach folgen immer subjektivere Wirklichkeiten.

Gefühle und Gedanken – Bewegung im Innen

Das Innen des Menschen nennen wir Seele, und sie ist weit mehr als Ihre Gefühle. Ihre Seele sind auch Ihre Gedanken oder: Der Mensch denkt mit seiner Seele, mit und in seinem Innen. Die Seele braucht den Körper wie ein Gefäß, in dem sie sich ausbreiten kann. Auf Erden existiert keine aktive Seele ohne Körper. Was der Mensch über seine Input-Filter ins Innen aufnimmt, wandelt oder arbeitet er zu seinen *Gefühlen und Gedanken* um. Die Instanz, die nach der Wahrnehmung und nach dem Eindruck schließlich das Gefühl erzeugt, ist also Ihre Seele.

Gefühle und Gedanken sind eine untrennbare Ebene in Ihrem Innen. Es existiert kein Gedanke ohne Gefühle, umgekehrt allerdings schon. Gedanken können ins Bewusstsein gebrachte Gefühle sein, so funktionieren auch Ihre Muster. Im Innen sind Muster eine wirkende Kraft, die in der zweiten Filterebene den Übergang von innen nach außen vorbereitet. Seine eigenen Gefühle kann der Mensch nicht ändern, auch wenn Bücher Ihnen Derartiges versprechen. Aber natürlich können Sie Ihre Gefühle ignorieren, unterdrücken, verleugnen, nicht zeigen, überdecken oder was auch immer.

Ein Gefühl hat immer mit einer Bewertung zu tun. Es gibt zwei grundsätzliche Bewertungskriterien: Sympathie und Antipathie. Zwischen diesen schwanken in unzähligen Nuancen all unsere Gefühle hin und her. So wird die Seele zur Bewertungsinstanz und jedes Gefühl subjektiv. Objektive Gefühle gibt es nicht. Sie können allenfalls klar beurteilen, dass ein bestimmtes Gefühl in Ihnen ist. Die Seele, Ihre Bewertungsinstanz, ist immer da. Ohne sie können Sie nichts tun. Deshalb ist es unmöglich, ohne Bewertung durchs Leben zu gehen.

Übung: Wahrnehmung und Empfindung
Bevor Sie weiterlesen, schauen Sie kurz auf den Umschlag dieses Buches. Dafür nutzen Sie Ihren Seh-Sinn. Sie nehmen als erstes beispielsweise die Farben wahr oder das Format, den Titel, die Form der Buchstaben. Das alles hinterlässt (über Ihre Augen) einen Eindruck in Ihrem Innen, den Sie als Empfindung spüren können, wenn Sie sich darauf einlassen. Was empfinden Sie gerade? Was auch immer es ist, es ist gut so.
Diese Empfindung ist, wie jede andere auch, ein körperliches Erleben, das Ihnen meistens nicht bewusst ist und das Sie auch meist nur sehr schwer in Ihr Bewusstsein holen können. Es wäre also normal, wenn Sie während dieser Übung nichts oder wenig gespürt haben. Andererseits können Sie sich darin üben. Dann merken Sie zunehmend, wie jede Wahrnehmung eine Empfindung und nachfolgend ein Gefühl in Ihnen auslöst.

Ihr Innen bewegt Ihren Eindruck hin und her, zwischen Sympathie und Antipathie, zwischen alten, bekannten Bildern, Wertungen, Perspektiven usw. Dieses Hin- und Herbewegen ist ein höchst individueller Vorgang, der mit Ihrer Persönlichkeit und Ihrer Vorgeschichte eng verknüpft ist, also auch mit Ihren individuellen Mustern. Er ist von außen sehr schwer nachvollziehbar. Daraus kreiert Ihre Seele nun ein Gefühl, das Sie meistens auch aussprechen können, indem Sie zum Beispiel sagen: „Der Bucheinband gefällt mir" (Sympathie, Wohlgefühl) oder: „Ich mag seine Farben nicht" (Antipathie, Abwehr). Ihr Gefühl ist bereits eine Wertung. Das ist keineswegs schlimm, nur sollte es Ihnen klar sein. Denn eine Bewertung bedeutet auch, dass Sie etwas in Beziehung zu sich gesetzt haben. Ihrem Gefühl können ein Wunsch oder eine Handlung folgen. Der Wunsch kann sein: „Den Umschlag schaue ich mir noch mal an" oder: „Ich will da nicht mehr hinschauen" – was auch immer. Somit sind jeder Wunsch und jede Handlung subjektiv und basieren auf einer inneren Wertung.

Emotional das Innere nach außen kehren

Vieles spricht dafür, Gefühle zu den Grundelementen des Bewusstseins zu erklären. Das menschliche Bewusstsein kann sich offenbar nur entwickeln, wenn Gefühle vorhanden sind. Unser Weg zur Selbsterkenntnis ist der Weg zu mehr Bewusstsein und scheint somit nur über und mittels Gefühlen gangbar. Das Gefühl, einmal gebildet, führt praktisch immer zu einer Antwort, einer Re-Aktion. Jede Re-Aktion kann auf zweierlei Art enden, als Wunsch oder als Handlung. Wunsch und Handlung gehen durch den dritten Filter ins Außen. Das Außen kann auch Ihr Körper sein, da er außerhalb der Seele liegt. Was dort bleibt, also nicht in die Tat umgesetzt wird, sind Ihre Wünsche. Wenn die Reaktion immer wieder fehlschlägt oder ungeliebte Inhalte hat, werden Sie krank, und oft entwickeln sich weit mehr als psychosomatische Erkrankungen.

Die beiden Reaktionsalternativen haben einen gemeinsamen Namen: Sie heißen *Emotionen*. Emotionen sind der letzte Ausdruck der emotionalen

Kaskade. Sie sind nur über Ihre Handlungen (direkt) und über Mimik oder Gestik (indirekt) wahrnehmbar. Indirekt wahrnehmbare Emotionen bringen Ihre Wünsche zum Ausdruck. Nur bei Freude entspricht der Ausdruck (Mimik) sicher dem Innen, sonst nicht. Somit spiegelt die gezeigte Mimik nicht offensichtlich das Innen wider.

Emotionen lassen sich nicht unterdrücken.

Dass wir keine Sprache für unsere innere Welt entwickelt haben, ist ein Problem. Etymologisch gesehen kennen wir etwa 500 Wörter, die unsere Emotionen beschreiben, und alle diese Wörter haben etwas mit Bewegung zu tun, so zum Beispiel der Ausdruck: Etwas ist bewegend. Bewegung spielt sich immer im Außen ab, unsere Emotionen sind nach außen gerichtet. Und da der Mensch gewöhnlich Zeit braucht, bis er sich bewegt, brauchen auch Emotionen Zeit. Das macht sie anhänglich und geradezu zäh. Darin unterscheiden sie sich stark von Gefühlen, die nach innen gerichtet sind, im Innen ablaufen und allenfalls Sekunden dauern – denn wenn Gefühle andauern, werden sie zur Stimmung.

Als eine bekannte schwedische Politikerin einem Mordanschlag zum Opfer fiel, musste der mit ihr befreundete deutsche Außenpolitiker vor der Presse eine Stellungnahme abgeben. Obwohl er nicht weinte, konnten Sie an seiner Stimme hören, dass er traurig war. Selbst ein solcher Routinier kann sich nicht gänzlich verstecken. Aber natürlich kann sich ein Volk zu Recht fragen, warum ein führender Politiker offensichtlich meint, nicht weinen zu dürfen, obwohl ihm danach ist. Schade, dass er es nicht getan hat. Welche Authentizität hätte er demonstrieren können!

Die Wahrheit liegt im Außen

Wahr-Nehmung bedeutet, das Wahre in sich aufnehmen. Sie können nur nehmen, was außerhalb von Ihnen ist. Das, was innen ist, haben Sie ja bereits. Das heißt, wenn Sie Ihr Innen spüren, ist das keine Wahrnehmung. Und außerdem bedeutet das: Die Wahrheit ist nicht im Menschen, sondern im Außen. Wahr ist das, was im Außen gegenwärtig ist. Während der Vorgang des Wahrnehmens selbst noch annähernd objektiv ist, wird die äußere Wahrheit beim Durchlaufen der emotionalen Kaskade zu Ihrer inneren, subjektiven Wirklichkeit. Würden Sie das Außen wahrhaftig wahrnehmen und in sich bewahren, letztlich also dem Einfluss der Seele entziehen, hätten Sie eine *Erkenntnis*. Und dann lebten Sie ganz im Hier und Jetzt. Das können die wenigsten Menschen dauerhaft. Die, die es beherrschen, sind sehr besondere Menschen.

> Muster sind ein wesentlicher Bestandteil Ihrer individuellen Wirklichkeit.

Da jeder Mensch anders wahrnimmt und mittels höchst individueller und subjektiver Filtersysteme anders wertet, existieren neben der einen einzigen Wahrheit so viele Wirklichkeiten, wie es Menschen gibt. Wollten Sie die individuelle Wirklichkeit hinter einer nach außen sichtbaren menschlichen Handlung erkennen, müsste das schon ein ausgesprochener Zufallstreffer sein. Denn dann müssten Sie alle Bestandteile jeder individuellen emotionalen Kaskade kennen – und das ist nicht möglich.

> Außerbewusste Muster verhindern Erkenntnis.

Musterkurzschluss – mehr als getrübte Wahrnehmung

Ines, eine 58-jährige Seminarteilnehmerin, berichtet, wie sie als kleines Kind von einem Schäferhund gebissen wurde. Die Narbe am Unterschenkel ist heute noch zu sehen. Damals war sie sehr erschrocken, hatte Schmerzen und rannte weg. Noch heute hat Ines Angst vor jedem Hund, der ihr begegnet, obwohl sie nie wieder eine entsprechende Erfahrung hat machen müssen. Grundsätzlich kann jeder nachvollziehen, dass sie Angst vor Hunden hat. Aber warum eigentlich? Zwar rennt sie nicht mehr weg, aber sie versucht sich abzulenken, verlangsamt ihren Schritt oder geht einen Umweg. Sie könnte als Kind den Glaubenssatz (kein Muster) gebildet haben: Hunde sind gefährlich. Das zugrunde liegende Muster, das bereits zuvor gebildet worden war, lautet: **Ich will den Schmerz nicht spüren.**

Ihr Körper ist ein Hauptschauplatz Ihrer Muster.

Was aber haben alle Hunde dieser Welt mit dem Schäferhund von damals zu tun? Nichts, absolut gar nichts. Es sind andere Tiere. Außerdem unterscheidet sich die Umgebungssituation, und auch Ines tritt heute ganz anders auf. Einfach alles ist anders. Dennoch rennt sie innerlich weg. Weder Ines Sehkraft noch ihre übrigen Sinne haben sich wesentlich verschlechtert. Ihre Wahrnehmung ist also in beiden Situationen die gleiche. Und so bleibt letztlich nur eine logische Erklärung: Es kommt zu einer Art Kurzschluss zwischen der korrekten Wahrnehmung und dem, was Ines in ihrer Seele dadurch bewegt. Solche Kurzschlüsse sind überaus häufig. Sie werden über das jeweils zugrunde liegende Muster verursacht. Zack, peng, und schon rennen Sie.

Weder ein Buch noch das eigene Vergessen und Verdrängen oder ein freundlicher Hund können **Musterkurzschlüsse** durchbrechen. Aber Sie selbst können das, und zwar durch die Instanz, die Ihrer Seele übergeordnet sein sollte. Diese Instanz nennen wir das Ich. Nur Ihr Ich, und nichts sonst auf der Welt, kann Ihre Gefühle, Ihre Wahrnehmungen, Ihre Wertungen, Ihre Muster und Ihre Handlungen steuern. Und wenn das nicht oder nur unzureichend klappt, müssen Sie an Ihrem Ich arbeiten. Auch das können nur Sie allein vollbringen. Es ist eine geistige Leistung, die nötig ist, damit Sie mit Ihren Gefühlen und Emotionen weiterkommen. Und so ist Musterarbeit ganz hauptsächlich eine geistige Tätigkeit und hat nichts mit Gefühlswallungen zu tun, wie auch immer diese geartet sein mögen.

Was aber ist dieses ominöse Ich? Es ist weder Ihr Körper noch Ihr Geist noch Ihre Seele. Körper, Seele und Geist haben Sie, aber es sind nicht Sie. Ihr Ich *ist* – es ist die Form des Seins und somit ist Ihr Ich ganz nah an der Wahrheit, lässt sich aber nicht wirklich erklären. Das Ich hat die wesentliche Aufgabe, in Ihren Körper und Ihre Seele einzugreifen und Sie zu einem Menschen zu formen. Wir können nur dankbar sein, dass unser Körper so komplex ist, dass wir ihm seine Abläufe zwangsläufig selbst überlassen müssen. Ich jedenfalls weiß nicht, wie ich es anstelle, mich hinzusetzen, also welche Sehnen wann mit welchen Muskeln in welcher Abfolge handeln. Wissen Sie es? Auf die noch weitaus komplexeren Vorgänge der Verdauung und des Hormonhaushalts will ich gar nicht erst eingehen. Das macht Ihr Körper selbst. Ihr Ich hat allenfalls gelegentlich und auch nur bei bestimmten Abläufen die Chance, einzugreifen. Ich bin mir sicher, der Körper als höchst intelligente und selbstständige Instanz macht das mit links und alles andere als außerbewusst. Danken wir ihm für diese Entlastung.

Nur die Instanz des Ich kann Ihre Muster beeinflussen.

Das Ich hat offenbar die Aufgabe, höchst eingeschränkt in den Körper, dafür aber stärker in das Innen, die Seele, einzugreifen. Das Werkzeug Ihres Ich nennen wir Gedanken. Gedanken, von Ihrem Innen gebildet, können Ihrer Seele dienen. Gedanken und Gefühle sind gleichwertig. Vieles spricht dafür, dass die höchsten Gefühle durch Denken erreicht werden. Oder ist gar Denken das höchste der Gefühle? Die Seele ist so etwas wie der Spielplatz Ihres Ich. Hier übt es sich, hier lebt es sich aus.

Hat ein Mensch, der gleich wegrennt, sobald sich ein Schäferhund nähert, kein Ich? Doch, das hat er, aber sein Ich hat offensichtlich seiner Seele die Steuerung überlassen – was oftmals wenig sinnvoll ist. Der Mensch strebt danach, sich zu erkennen, das ist der Sinn seines Lebenswegs. Aber der Mensch irrt, solange er strebt. Und das zeigt deutlich: Selbsterkenntnis nährt sich durch Fehler. Selbsterkenntnis ist das Einzige, was Sie zur Erkenntnis der Welt führen kann – und umgekehrt: Die Erkenntnis der Welt kann Sie zur Selbsterkenntnis führen. Beides ist das Gleiche. Erkenntnis erfordert unbedingt Sympathie, das meint Freude am Weg, und Freiwilligkeit. Wo im Menschen kann ausschließlich Erkenntnis stattfinden? Im Herzen, in der Liebe und mit dem Ich. Das ist die so unendlich oft zitierte Aussage vom kleinen Prinzen: „Man sieht nur mit dem Herzen gut."

Erkenntnis ist ein geistiger Vorgang im Seelenraum. Sie bedeutet: Das *Wesen*liche oder das *Wesen*hafte zu erkennen. Erkenntnis braucht kein Drama, keine Theatralik, sondern Herzensarbeit. Die Seele hat vermittelnde Funktionen: Sie vermittelt zwischen Geist und Körper. Wollen, Fühlen und Denken finden in der Seele statt und kommen aus ihr. Denn Gedanken haben mit dem Geistigen erst einmal nicht unbedingt etwas zu tun.

Immer strengere Filterverfahren

Die Filterebenen beim Kleinkind sind noch erheblich schwächer als beim Erwachsenen. Zum einen sind die Sinne noch nicht voll entwickelt und die Muster werden ja im Laufe der ersten Lebensjahre erst mehr und mehr gebildet. Das ist der Grund für die faszinierende Fähigkeit kleiner Kinder, abrupt die Emotionen zu wechseln – sie können ihre Emotionen noch weitgehend ungefiltert direkt aus ihren Gefühlen nach außen bringen. Auch Gefühle wie Hunger machen sich sofort stark bemerkbar und werden umgehend kundgetan. Die „Rationalisierung", das meint vorrangig die Verknüpfung zwischen Gefühlen und Mustern, fehlt.

Als Erwachsener durchlaufen Ihre Wahrnehmungen die drei Filterebenen: ins Innen, im Innen und aus dem Innen hinaus. Das kann dauern, und deshalb entsteht meist Verwunderung und es wirkt unglaubwürdig, wenn Erwachsene ihre Emotionen schnell wechseln.

Strategie 12: Ich mache dich glauben

> Die Wirklichkeit wird nicht von uns entdeckt,
> sie wird von uns erschaffen.
>
> *Antoine de Saint-Exupéry*

Übung: Wie Worte wirken

Das Leben ist schwer. Wie fühlt sich dieser Satz für Sie an? Welches Gefühl haben Sie dabei? Ist es ein Druck oder ein dumpfes Gefühl, ist es ein Schmerz oder etwas anderes? Wo in Ihrem Körper spüren Sie es? Wohin wandert das Gefühl oder bleibt es an einer Stelle? Können Sie ihm eine Farbe zuordnen oder eine Form? Verändert es die Farbe oder die Form? Wie konkret können Sie das Gefühl wahrnehmen, das durch diesen Satz ausgelöst wird? Vielleicht kennen Sie den Satz aus Ihrem Leben. Es ist ein Glaubenssatz, kein Muster. Achten Sie beim nächsten Satz genauso detailliert auf Ihre Gefühle wie beim ersten. Der neue Satz lautet: *Das Leben ist leicht.* Wie anders fühlt sich dieser Satz an? Sicher werden Sie fühlen können, wie viel angenehmer dieser Satz ist. Wenn er doch nur wahr wäre, denken wahrscheinlich einige von Ihnen. Andere stimmen vielleicht diesem Satz zu, weil sie das Leben für einen angenehmen Sonntagsspaziergang halten.

Mit der Übung haben Sie wahrnehmen können, wie Sätze auf Sie wirken. Jeder Satz, jedes Wort wirkt auf Sie. Das verwundert nicht weiter, denn auch Sie setzen Ihre Sprache ein, um eine bestimmte Wirkung zu erzielen. Auch jeder Mustersatz wirkt auf Sie und erzeugt immer die gleichen, zumindest sehr ähnliche Gefühle in Ihnen.

Der Hauptsinn und Nutzen jeder Sprache ist es, sich auszudrücken bzw. – um es noch klarer zu machen – etwas aus sich herauszudrücken (aus seinem Innen etwas nach außen bringen). Deshalb können Sie immer nur für sich sprechen, nie für andere. Auch wenn Sie sich in andere hineinversetzen können, so werden Sie doch immer nur Ihre eigenen Gefühle und Ihren eigenen Körper spüren. Dennoch sind die verbale und die Körpersprache Ihre wichtigsten Kommunikationsinstrumente, um mit anderen Seelen und Körpern in Kontakt zu treten.

Sie haben eben zwei Glaubenssätze kennen gelernt. Der eine besagt, das Leben sei leicht, der andere, es sei schwer. Welcher Satz stimmt denn nun? Keiner? Einer? Beide? Beide! Jeder Glaubenssatz stimmt nämlich, wenn Sie ihn so nutzen oder haben wollen. Der eigene Glaube kann für den Gläubigen nicht falsch oder richtig sein; Glaube lässt sich nicht in solchen Kategorien unterbringen. Da kein Glaubenssatz zu jeder Situation passt, bekommen Sie im Leben immer wieder demonstriert, dass die Wirklichkeit Ihrem Glaubenssatz widerspricht. Das kann für Sie zum Problem werden, das Ihnen zwei Möglichkeiten lässt: Entweder Sie ändern den Glaubenssatz bzw. geben ihn auf. Oder Sie ignorieren die Wahrheit und glauben Ihren Satz weiter (denn das Leben ist ja schließlich leicht bzw. schwer). Die zweite Lösungsvariante nennt sich auch Selbstbetrug. Wenn auf Selbstbetrug die gleiche Strafe stünde wie auf Betrug, säßen wir alle Zeit unseres Lebens hinter Gittern. Wenn ein Finanzminister auf die Idee käme, Selbstbetrug zu besteuern, hätte er eine sichere und lukrative Einnahmequelle.

Glaubenssätze und ihre wenig glaubhafte Änderung

Muster sind ein Gutteil Ihrer inneren Wirklichkeit.

C. G. Jung sagte: „Es gibt keine isolierten psychischen Vorgänge." Deshalb ist es zwar im Alltag vorübergehend hilfreich, Glaubenssätze umzuprogrammieren, letztlich aber ist es nicht das vorrangige Thema des Menschen/Menschseins. Immer wieder wird behauptet, Sie bräuchten nur Ihre wichtigen Glaubenssätze zu ändern, und schon ginge es Ihnen gut. Eine ganze Positive-Thinking-Industrie lebt davon. Haben Sie es schon versucht? Hat es funktioniert? Haben sich wirklich *auf Dauer* fundamentale Änderungen ergeben, die kein Selbstbetrug waren? Herzlichen Glückwunsch, wenn es geklappt hat; wir freuen uns für Sie.

Sicher, jeder Mensch baut sich seine Wirklichkeit selbst. Übersehen wird meist nur, dass die wesentliche innere Wirklichkeit beim Erwachsenen – nämlich seine Muster – längst aufgebaut ist, wenn er erstmals daran denkt, Glaubenssätze zu modifizieren.

Mit der Modifikation von Glaubenssätzen ändern Sie allenfalls einen umschriebenen Teil Ihres Glaubenssystems, zunächst aber nicht Ihre innere Wirklichkeit – und die äußere sowieso nicht. Die ist nämlich, wie sie ist, ob Sie es glauben oder nicht. Ihre innere Ordnung bleibt auch nach einer Glaubenssatz-Modifikation erst einmal unverändert erhalten. Es wird noch frustrierender: Änderungen eines Glaubensatzes funktionieren nur dann, wenn sie mit Ihren inneren Mustern konform gehen. Ihr Leben ändert sich nicht zwangsläufig, wenn Sie

Glaubenssätze ändern. Ihre Stimmung mag sich anpassen, zumindest eine Zeit lang. Und wenn Ihr Leben sich doch ändert, dann hätte es das ohnehin getan, weil sich die äußere Wirklichkeit geändert hat.

Ihr Glaube verändert aber nur dann die äußere Wirklichkeit, wenn sich die innere Wirklichkeit ändert. Glaube ist grundsätzlich die Folge innerer Wirklichkeit, also macht diese Sie glauben. Wenn sich in Ihnen ein oft nicht bewusster Erkenntnisschritt ereignet hat, produzieren Sie im Außen und für das Außen einen neuen Glaubenssatz oder modifizieren einen vorhandenen, und schon ändert sich scheinbar im Außen etwas. Tatsächlich haben Sie zuvor etwas in sich bewegt.

Die Änderung von Glaubenssätzen ändert nicht zugrunde liegende Muster.

Wahrheit, Glaube und Wirklichkeit

Glaube bedeutet, etwas als gegeben annehmen, ohne zu wissen, ob es stimmt. Glauben ist Nicht-Wissen und kann Anteile von fehlender, unvollständiger oder fehlerhafter innerer Spiegelung der äußeren Wirklichkeit (der *Wahrheit*) enthalten. Wären Muster Glaubenssätze, wären auch sie Nicht-Wissen. Aber genau das Gegenteil ist der Fall. Wenngleich außerbewusst, weiß jeder Mensch bei Konfrontation mit seinen Mustern um ihre Wirklichkeit und um ihre Existenz.

Muster stecken sehr tief in Ihnen und haben eine ganz andere Dimension als Glaubenssätze. Der Meister Ihrer Muster sind Sie, genau so wie Sie der Meister Ihrer Gedanken, Gefühle und Ihres Glaubens sind. Indem Sie Ihre Muster bilden, erschaffen Sie Ihre eigene innere Wirklichkeit.

Die besten Helfer für das Erschaffen der eigenen Wirklichkeit sind Ihre Muster.

Muster sind unsere innere Ordnung, unser individuelles Konzept von uns selbst.

Muster stimmen. Im Gegensatz zur äußeren Wahrheit sind Muster Ihre Wirklichkeit, und die ist für Sie (wie meine für mich) viel wichtiger als alles Objektive im Außen. Unsere Muster sind wir, sie sind kein Glaube. Muster grenzen sich vom Glauben ab, aber sie ermöglichen Glaubenssätze und wirken mit ihrer Hilfe. Das ist die zwölfte Musterstrategie. Es wäre anmaßend, Muster als Glauben des Menschen einzustufen. Glaube ist eine andere, sehr hohe menschliche Eigenschaft und Fähigkeit. Aber Muster sind viel irdischer, da sie als innere Wirklichkeit höchst subjektiv sind.

Muster sind Gegenwart.

Oft ist es nicht möglich, die erste Muster auslösende Situation zu rekonstruieren. Muster kommen irgendwo aus der Vergangenheit, orientieren sich aber nicht nach ihr. Da Muster unsere innere Wirklichkeit sind und die Wirklichkeit uns in jedem Moment unseres Lebens begleitet, existieren Muster ausschließlich in einer zeitlosen Gegenwartsform. Sie sind immer gegenwärtig und bestimmen unsere Gegenwart – die vergangene, die jetzige und die künftige. Mit der inneren Wirklichkeit ist das allerdings so eine Sache.

Übung: Innere und äußere Wirklichkeit
Schauen Sie auf irgendetwas in Ihrer Umgebung, ein unveränderliches Objekt, zum Beispiel ein technisches Gerät. Wie viele Bilder können Sie sehen, ohne Ihren Kopf zu drehen oder Ihren Standort zu ändern?
Es sind drei: das Bild Ihres linken Auges, das Ihres rechten Auges und das, was beide Augen gemeinsam sehen. Also gibt es schon bei Ihnen allein über den visuellen Kanal drei verschiedene Abbilder, drei innere Wirklichkeiten einer unveränderlichen Sache – der äußeren Wirklichkeit.

Wahrheit, Glaube, Wirklichkeit

Am folgenden Beispiel wird deutlich, wie sich innere und äußere Wahrheit unterscheiden: Stellen Sie sich vor, Ihr Schwiegervater bietet Ihnen zum hundertsten Mal am Nachmittag einen Cognac an. Da Sie aber Cognac grundsätzlich nicht mögen und tagsüber niemals Alkohol trinken, ärgern Sie sich jedes Mal aufs Neue.

Person	Äußere Wahrheit	Glaube(nssatz)	Innere Wirklichkeit (Muster)
Sie	Ihr Schwiegervater bietet Ihnen Cognac an. Sie lehnen diesen ab.	„Er interessiert sich nicht für mich." Sonst könnte er sich ein für allemal merken, dass Sie keinen Cognac mögen und tagsüber nicht trinken.	**Ich will wahrgenommen werden.**
Ihr Schwiegervater		„Ich möchte ihm was Gutes tun." Er macht Ihnen ein besonderes und großzügiges Angebot und will sich auf diese Weise Ihr Wohlwollen oder Ihre Zuneigung „verdienen".	**Ich meine es nur gut.**

Wie Sie unschwer erkennen können, sehen verschiedene Menschen aufgrund ihrer inneren Wirklichkeit denselben Sachverhalt völlig unterschiedlich. Nicht das wahre Ereignis als solches wird gesehen, sondern nur die Bedeutung, die es für den Einzelnen hat. Wie der Einzelne eine Sache sieht, äußert sich in seinen Glaubenssätzen.

Muster sind in ihrer Wirkung den Glaubenssätzen übergeordnet.

Auch wenn Wahrheiten bekannt werden, die unserer Wirklichkeit widersprechen, korrigieren wir die Wirklichkeit fast nie. Warum auch? Was hat die Wahrheit schon mit der Wirklichkeit zu tun? Wenig. Das sind zwei Paar Schuhe. Und so finden wir Pseudoerklärungen, die umso überzeugender sein können, je abstruser und unwahrscheinlicher sie sind. Auf diese Art retuschieren wir die Wahrheit und versuchen, meist erfolgreich, unsere eigenen Muster zu leben oder zu befriedigen. Glaubenssätze sind als Abbild einer konkreten Situation und/oder Handlungsanweisung die halb bewusste Rechtfertigung der außerbewussten Befriedigung Ihrer Muster.

Haben Muster auch etwas mit dem Glauben im landläufigen Sinne zu tun? Gewiss doch. Jeder Mensch glaubt etwas und an etwas. Sogar der Atheist glaubt – nicht an Gott zu glauben. Die zugrunde liegenden Muster können lauten: **Ich muss es alleine schaffen**, oder **Keiner steht über mir**, oder **Ich weiß es besser**, oder **Ich will an nichts mehr glauben**, oder **Ich bin größer**. Wenn in einem Menschen das Muster wirkt Keiner steht über mir, folgt nach außen logischerweise der Glaubenssatz: „Gott gibt es nicht" oder: „Ich glaube nicht an Gott".

Muster oder Glaubenssatz?

Muster können sich als Glaubenssätze tarnen und umgekehrt. Meistens stehen sie jedoch zu ihrem Naturell und sind entsprechend zu erkennen. Auf jeden Fall besitzen beide eindeutige Merkmale, an denen sie gut zu unterscheiden sind. Diese Merkmale sind in der Tabelle „Unterschiede zwischen Mustern und Glaubenssätzen" dargestellt.

Unterschiede zwischen Muster und Glaubenssatz

Glaubenssätze	Muster
Glaube	Innere Wirklichkeit, Ordnung, Struktur
Konkrete Aussage	Allgemeine Formulierung
Werden kontinuierlich gebildet, besonders stark zwischen 7 und 28 Jahren	Wesentliche Muster werden vornehmlich im Alter von 0 bis 3 und 4 bis 10 Jahren gebildet, später nur in sehr einschneidenden Situationen
Teil des Verhaltens bzw. nahe am Verhalten	Stehen zwischen Motivationen und Verhalten
Der Inhalt entspricht oft einer Handlungsanweisung	Der Inhalt wirkt in alle Lebensbereiche hinein, lässt aber viele Handlungen offen
Ich mache oder ich mache nicht …	Ich bin oder ich bin nicht …

Menschliches Anwendungsprogramm	Menschliches Steuerungsprogramm
Sprachlicher Ausdruck einer Vorstellung, einer Handlung oder eines Wunsches	Sprachlicher Ausdruck eines komplexen Gefühls
Können an Sinnesleistungen gebunden sein (auditiv, visuell, kinästhetisch)	Sind an Motivationen gebunden, an Liebe, Leistung und Macht
Extrinsisch (aufgrund äußerer Antriebe) orientiert	Intrinsisch (aus innerem Antrieb) orientiert
Sind kaum auf andere Situationen übertragbar	Decken generell Verhalten, Emotionen, Gefühle und Gedanken ab
Sind Äußerungen über vorhandene oder fehlende Fähigkeiten	Sind Verallgemeinerungen
Stark einschränkend (da konkret)	Weniger einschränkend (da abstrakt)
Keine Ausbreitung oder Dynamik	Bei führenden Mustern starke Ausbreitungstendenz
Kaum innere Vernetzung	Starke innere Vernetzung
Keine Hierarchie	Strenge Hierarchie (Leitmuster, führende Muster, Basismuster)
Basieren auf Mustern	Basieren auf Motivationen

Können unterschieden werden in Verallgemeinerungen über kausale Beziehungen, Bedeutungsbeziehungen und Grenzen	Die Inhalte orientieren sich an den zugrunde liegenden Motivationen. Ansonsten werden Muster entweder nach ihrer Bedeutung unterschieden oder nach ihrer Herkunft (⇨ „Im Zentrum der Macht: Muster herrschen mit treuem Gefolge", Seite 62ff.)
Eine Änderung ohne Anpassung ist selten wirksam, da das zugrunde liegende Muster weiter besteht	Eine Änderung ist wirksam
Mäßig leicht zu ändern	Schwer zu ändern

Übung:
Glaubenssätze und zugrunde liegende Muster
In der linken Spalte finden Sie typische Glaubenssätze über die Situation, eine Rede halten zu müssen. In der rechten Spalte stehen die jeweils zugrunde liegenden Muster. Decken Sie zunächst die rechte Spalte ab, und überlegen Sie, welches abstrakte Muster hinter dem konkreten Glaubenssatz stecken könnte.

Glaubenssatz	Muster
Ich kann gut reden.	**Ich bin der Beste.**
Ich spreche gerne vor Gruppen.	**Ich will bewundert werden.**

Ich bin ein kontaktfreudiger Mensch.	**Ich brauche die anderen.**
Kleine Fehler merkt sowieso niemand.	**Ich nehme es nicht so genau.**
Andere Menschen hören mich gerne.	**Ich bin der Tollste.**
Meine Stimme klingt angenehm.	**Ich will gemocht werden.**
Vor Gruppen zu sprechen liegt mir nicht.	**Ich zeig' mich nicht.**
Ich stehe ungern im Rampenlicht.	**Ich zeig' mich nicht.**
Reden habe ich nie gelernt.	**Ich will mich nicht zeigen.**
Zum Reden muss man geboren sein.	**Ich will mich nicht zeigen.**
Wenn ich vor mehr als fünf Personen spreche, bin ich immer nervös.	**Lass' mir meinen Frieden.**
Wenn ich den Raum vorher nicht gesehen habe, fühle ich mich unwohl.	**Ich muss alles kontrollieren können.**
Wenn die anderen mich anschauen, weiß ich nicht mehr, was ich machen soll.	**Ich will nicht bewertet werden.**
Wenn ich im Stehen sprechen muss, dann werde ich ganz unsicher.	**Ich will mich nicht zeigen.**

Ich muss unbedingt jede Frage beantworten können, sonst wirke ich inkompetent.	**Ich darf keine Schwäche zeigen.**
Ich habe sicherlich etwas Begabung.	**Ich bin mir nicht sicher.**
Bei einer Rede bin ich immer voll da.	**Ich gebe mein Bestes.**
Wenn Zuhörer mich anschauen, setze ich alle Energie frei.	**Ich will im Mittelpunkt stehen.**
Ich habe oft hervorragende Ideen.	**Ich bin der Beste.**
Ich habe alle Kräfte und die Sicherheit, die ich brauche.	**Ich brauche Sicherheit.**
Reden vor einer Gruppe macht Spaß.	**Ich will mich zeigen.**
Falls etwas schief läuft, fällt mir spontan schon etwas Neues ein.	**Mich kriegt keiner.**
Ich bin beim Reden immer nervös.	**Ich will mich nicht zeigen. Ich möchte nicht kritisiert werden.**
Ich spreche oft viel zu schnell.	**Ich will mich nicht zeigen. Ich möchte nicht kritisiert werden.**

Der wesentliche Unterschied zwischen Musterarbeit und Arbeit mit Glaubenssätzen ist die Ebene, auf der gearbeitet wird. Glaubenssätze sind sehr nah am Verhalten des einzelnen Menschen orientiert und

Muster sind der Ausgangspunkt für Glaubenssätze.

damit konkreter, aber nur scheinbar, denn Glaubenssätze basieren auf Mustern.

Ein Glaubenssatz ist auf konkrete Situationen beschränkt. Deshalb hat er meistens nicht so weit reichende Auswirkungen wie ein Muster. Gleiches gilt für seine Modifikation. Wir haben die Erfahrung gemacht, dass eine nicht unbeträchtliche Anzahl der so genannten Umprogrammierungen nichts anderes ist als ein Hinzufügen neuer Glaubenssätze. Diese wirken nur äußerst beschränkt – sowohl zeitlich als auch qualitativ.

Ein Muster ist nicht ohne weiteres umprogrammierbar, was grundsätzlich gut ist. Selbst, wenn es Ihnen Probleme macht, hat(te) es doch eine wichtige Bedeutung für Sie. Vor allem führende Muster sind so essenziell, dass es fatal wäre, wenn sie sich leicht aus den Angeln heben ließen, das könnte Sie völlig aus der Bahn werfen. Ein weiterer Grund für die Schwierigkeit der Mustermodifikation ist ihr Rattenschwanz aus Glaubenssätzen.

> ᴀᴀ Aufgabe 19, Seite 337

Muster – Kristallisationskeim für Glaubenssätze

Je höher ein Muster in der Hierarchie steht, umso mehr Glaubenssätze nährt es.

Üblich ist, dass Sie mehrere bis Dutzende – und noch mehr – Glaubenssätze aus einem Muster ableiten, je nachdem, was die konkreten Situationen im Laufe des Lebens verlangen. Ausnahmen bestätigen die folgende Regel: Je höher ein Muster in der Hierarchie steht, umso mehr Glaubenssätze nährt es. Die Aufzählung zeigt eine kleine Auswahl an Glaubenssätzen, die aus dem allgemeinen und übergreifenden Muster **Ich will mich nicht zeigen** resultieren können:

- Ich kann keine Reden halten.
- Fasching ist die schönste Jahreszeit (da kann ich mich verkleiden).
- Ich mag kein Interview geben.
- Ich brauche nicht zu heiraten.
- Eng anliegende Kleidung ist vulgär.
- Ohne Make-up kann ich nicht aus dem Haus gehen.
- Ich vertrage die Hitze in der Sauna nicht, deshalb gehe ich niemals hin.
- Versteckspielen ist wunderbar.
- Einem Streit sollte man lieber aus dem Weg gehen.
- Meine Meinung zählt ohnehin nicht.
- Graue Haare machen alt (deshalb lasse ich mir meine Haare färben).
- Ich kann mich mit meinen Ideen nicht durchsetzen.
- Die Planung eines Hauses sollte man besser einem Architekten überlassen.
- Für mich reicht es aus, die zweite Geige zu spielen.
- Wer sich freiwillig für etwas meldet, hat es wohl nötig.
- Ich kann nicht offen über mich sprechen.
- Mich versteht sowieso niemand.
- Referate in der Schule zu halten fand ich blöd.
- Ich bevorzuge die leisen Töne.
- Die anderen sollen mich einfach nur in Ruhe lassen.

Aus einem Muster können viele Glaubenssätze entstehen.

Wie schon erwähnt – das war nur eine kleine Auswahl. Der individuellen Fantasie sind keine Grenzen gesetzt. Und da steckt das eigentliche Problem: Wenn Sie nur einen einzelnen Glaubenssatz ändern, bleiben alle anderen Glaubenssätze desselben Musters weiterhin bestehen. Sollte zudem der neue Glaubenssatz dem Muster widersprechen, hat er es auf Dauer sehr schwer, sich gegen die vielen anderen muster-gültigen Glaubenssätze zu behaupten.

TEIL III

SO DURCHSCHAUEN SIE DAS SPIEL

Jetzt kommt der entscheidende Moment. Sie wissen bereits, was Muster sind und wie sie funktionieren. Nun geht es daran, Ihre eigenen Muster auszumachen.

Wie Sie Muster erfolgreich erkennen

Das Schwierigste ist, das Offensichtliche zu sehen.

Fritz Perls

Um Muster erfolgreich erkennen zu können, müssen Sie zunächst einmal wissen, wie Muster aussehen, also beschaffen und aufgebaut sind. Dann brauchen Sie eine sichere Erkennungsmethode.

Wie sehen Muster aus?

Trotz ihrer Vielfalt, ihrer Wandelbarkeit und aller Versuche, sich zu tarnen und zu verstecken, machen uns Muster die Arbeit dadurch leichter, dass ihr Inhalt bestimmten Regeln folgt und ihr Aufbau meistens gleich ist.

Regelhafter Inhalt

Das kürzeste Muster lautet Ja. Ich muss allerdings zugeben, dass es mir noch bei keinem Menschen begegnet ist. Das zweitkürzeste habe ich hingegen schon oft angetroffen: **Nein**. Und der kürzeste Ich-Satz als Muster ist: **Ich bin**.

Es gibt auch Ausnahmen von der Regel, aber dennoch haben Muster meist einen charakteristischen Inhalt:

* Sie verzichten auf einen konkreten Vergleich mit anderem oder anderen.
* Sie sind letztlich abstrakt.
* Sie sind nahezu universell einsetzbar.
* Sie bleiben in der Gegenwart.

- Sie sind kurz.
- Sie verzichten meistens auf Vorwürfe (Ausnahme z.B.: **Ich bin schuld**).
- Sie haben eine klare Aussage. Nebulöse Formulierungen wie „etwas gesünder leben" oder „konsequenter sein" fehlen.
- Sie geben nur selten eine Wertung ab (z.B. bei: **Ich bin nichts wert**).
- Sie vermeiden wichtige Unwörter wie z. B. „eigentlich" (⇨ „Strategie 9: Ich bin ganz nah und doch ganz fern", Seite 159ff.).
- Sie beginnen in der Mehrzahl mit „Ich".
- Ab und zu handelt es sich um Wenn-dann-Sätze.

Dieses Buch nennt hunderte Muster. Sie können jedes einzelne auf diese Kriterien hin untersuchen, sie werden fast immer eingehalten.

Analoger Aufbau

Muster haben in der Mehrzahl einen übereinstimmenden Aufbau: Sie benennen erst die **P**erson, dann deren **A**ktivität und schließlich den **F**okus, auf den sich die Aktivität richtet (kurz: PAF). Folgende Beispiele demonstrieren den Musteraufbau:

Der strukturelle Aufbau von Mustern

Muster	Person	Aktivität (Absicht, Wirkung, Tat)	Fokus (Inhalt, Wert, Verallgemeinerung)
Ich will unbedingt geliebt werden.	Ich	Wollen	Liebe
Wer mir nicht huldigt, der muss sterben.	Ich	Huldigen	Tod
Niemand kriegt mich.	Die anderen	Bekommen	Ich
Ich will alles bestimmen.	Ich	Wollen	Macht
Ich weiß es besser.	Ich	Wissen	Recht (haben)
Es muss alles so sein, wie ich es mir vorstelle.	Alle(s)	Sein	Vorstellung
Ich zieh' mein Ding durch.	Ich	Tun	Wille, Handlung
Ich zeig's euch!	Ich	Zeigen	Die anderen

Ich bin der Größte, Schnellste und Stärkste und deshalb im Recht.	Ich	Sein	Recht (haben)
Du kannst sagen, was du willst, ich weiß es besser.	Die anderen	Sagen	Alles
	Ich	Wissen	Güte, Recht haben

Muster und das Nein

Denken Sie jetzt nicht an einen rosaroten Elefanten. Viele werden dieses Beispiel kennen. Es soll belegen, dass das Unterbewusstsein kein Nein versteht. Denn jeder denkt bei diesem Satz trotz des Nein an einen rosaroten Elefanten.

Jahrelang habe ich das geglaubt – bis mir zweierlei auffiel: Die Botschaft „Denken Sie" appelliert ja gar nicht an das Unterbewusstsein. Und: Die Kraft eines Bildes wie das Bild eines rosaroten Elefanten ist so stark, da ist es vollkommen egal, ob der Satz begonnen wird mit „Denken Sie" oder „Denken Sie nicht" oder „Malen Sie keinen", was auch immer: Jeder wird der Kraft des Bildes folgen, das einmal ausgesprochen ist und damit in die Welt gesetzt wurde. Es hat mit dem Nein/Nicht nichts zu tun.

Wie die Zehn Gebote zeigen (*Du sollst nicht töten*), ist es der Mehrheit der Menschen offenbar doch möglich, ein Nein zu beachten; auch im Unterbewusstsein. Das zeigen hunderte eingehaltene Verbote ebenso. Auch Mustersätze kommen nicht immer ohne Nein aus. Das ändert nichts an ihrer Wirksamkeit im Außerbewussten.

Musteridentifikation – die Methode

Um Ihre Muster zu erkennen, nutzen wir unsere Methode der Musteridentifikation. Bei dieser Methode geht es grundsätzlich nicht um psychische Krankheiten. Ihre Muster sind Ihre Wirklichkeit, Ihre Persönlichkeitsmerkmale und nicht krankhaft. Wenn und wie sie sich auf die Gesundheit auswirken, können wir aber sehr wohl erkennen.

Musteridentifikation ist eine wertvolle Methode, aus der Position der Eigenverantwortlichkeit heraus Störungen oder Hindernisse persönlicher Art zu erkennen und somit angehen zu können. Ob nach der Erkenntnis dieser Störungen oder Hindernisse diese beseitigt werden, bleibt dem Klienten freigestellt.

Diagnose oder Therapie?

Sich bewusst mit den Mustern anderer auseinander zu setzen und damit ihre Entwicklung wahrscheinlich zu beeinflussen, ist ein grenzüberschreitender Prozess. Das sollte sich jeder klar machen, der diese Arbeit ausübt. Ist sie deshalb therapeutisch? Eher nicht, denn unter Therapie versteht man eine „Heilbehandlung" und wir arbeiten ausschließlich mit Menschen, die sich selbst vielleicht als belastet, nicht aber als psychisch krank einstufen. Wir maßen uns nicht an, weder vor noch während oder nach unserer Arbeit, etwas anderes zu behaupten. Dem, der an seinen Mustern arbeitet, wird ausschließlich geholfen, etwas aus seinem Außerbewussten oder Vorbewussten ins Bewusstsein zu heben. Wir unterstützen jeden Teilnehmer darin, ein Ziel für sich zu haben; aber dieses definiert er selbst. Auch wenn wir Muster nicht bewerten, können wir mit dem Teilnehmer erarbeiten, wann ein Muster ihm nützt und wann es schadet. Aus Erfahrung wissen wir, dass trotz intensiver Arbeit an den eigenen Mustern manches noch immer so ist wie zuvor. Aber auch das ist ein Sinn dieser Arbeit.

Wenn Sie Ihre individuellen Muster erkennen wollen, tun Sie es zunächst möglichst nicht anhand von Situationen, in denen etwas offensichtlich nicht geklappt hat. Das ist für den Anfang zu schwer, weil solche Situationen wegen des schlechten Ausgangs stark von unangenehmen Gefühlen überlagert sind. Sie können Ihre Muster aus einer distanzierten Position besser erkennen. Deshalb geben wir zur Musteridentifikation Situationen vor, die im Allgemeinen jeden betreffen und deren Ausgang einfach so war, wie er war.

Unseres Erachtens ist das einer der *größten Vorteile dieser innovativen Methode*: Über scheinbar banale Situationen, über Alltägliches – und nicht über das Drama – können Sie an tiefe, innere Strukturen gelangen; und das in recht kurzer Zeit.

Täter aus Gefühl

Wissen Sie, was ein Täterprofil ist? Das erstellen Fahnder, um den Kreis der Verdächtigen so weit wie möglich einzugrenzen und die gesuchte Person leichter ausfindig zu machen. Ein Täterprofil sieht etwa so aus: männlich, 20 bis 25 Jahre alt, etwa 1,80 Meter groß, Stirnglatze, braune Augen, deutschsprachig usw. Könnten Sie ein Profil der Täter (Muster) erstellen, die bei Ihnen am Werk sind? Manchmal ist das gar nicht so schwer, denn das Täterprofil rutscht Ihnen beim Reden einfach so raus. Oft machen es Ihnen Ihre Muster aber nicht so leicht. Sie kennen die Gefahren und geben sich selbst nicht ohne weiteres preis. Sie sind clever, bedienen sich verschiedene Mittelsmänner und Maskeraden und im Notfall verschanzen sie sich sogar. Aber wenn Sie scharf beobachten und sich darauf einlassen, spüren Sie, welches Muster tätig war oder ist. Nach einer gewissen Sensibilisierungsphase und mit ein wenig Übung können Sie die Täter dann ziemlich schnell entlarven. Dieses Buch wird Ihre Tätersuche einleiten und begleiten.

Die seelischen Kräfte, die uns treiben, und die Vorstellungen oder Gedanken, die uns motivieren, beruhen nicht auf Verstandesprozessen. Wir sind mehr von Gefühlen und Vorstellungen getrieben als rational und umweltangepasst. Neue Forschungsergebnisse weisen sogar darauf hin, dass Gedanken und Gefühle praktisch das gleiche sind, zumindest auf der gleichen Basis ablaufen. Und so stehen die meisten unserer vernünftigen Ideen und Überlegungen letztlich im Dienst unserer Gefühle, unserer Leidenschaften und vor allem unserer Ängste.

Ein ausgeklügelter Fahndungsplan

Wie kommen wir nun zu einer inhaltlich relevanten Auswahl unserer Muster? Da Muster als unser Betriebssystem in tiefen Schichten des menschlichen Innen zu Hause sind, weit tiefer als Glaubenssätze oder das Verhalten, geben sie sich im Allgemeinen nur indirekt zu erkennen. Das konkrete Konstatieren eines führenden Musters wie **Ich beuge mich nicht** (vor einem anderen Menschen, vor einem Ast

Es gibt kein musterfreies Leben, Fühlen und Handeln.

im Wald, wegen Bandscheibenproblemen) ist die Ausnahme. Aber wir können die Tatsache nutzen, dass Muster umfassend, also generell wirken. Und so lassen sie sich letztlich aus jeder (!) Geschichte und Situation Ihres Lebens ableiten.

Zur Musteridentifikation sind Sie aufgefordert, anhand einiger Fragen, die praktisch als Kristallisationskeime dienen, eine kurze Geschichte zu verfassen und möglichst niederzuschreiben. Das Aufschreiben favorisieren wir aus folgenden Gründen:

- Wir können das individuelle Musterprofil auf diese Weise leichter erstellen.
- Das Risiko, Muster beim Erzählen zu überhören, ist größer als das Risiko, Muster zu überlesen.
- Das Zwischenmenschliche, das sich bei einem Gespräch in der Regel zwischen Klient und Coach aufbaut und das Spuren verwischen könnte, wird weitgehend ausgeräumt.
- Schriftbild, Schriftgröße und die Anordnung der Sätze auf dem Papier lassen gewisse Rückschlüsse zu.
- Der Mustersuchende nimmt sich beim Schreiben zwangsläufig mehr Zeit als beim Reden und beschäftigt sich deshalb länger mit der Musterarbeit. Diese ist immer auch eine geistige Arbeit und liefert im Zwiegespräch mit einem Blatt Papier wesentlich handfestere Ergebnisse – auch wenn die Chancen auf Freud'sche Versprecher dadurch schwinden.
- Es erscheint den meisten leichter, unverbindlicher und unverfänglicher, einen intimen oder gefühlsintensiven Inhalt aufzuschreiben als zu erzählen. Das ist übrigens auch ein Grund, weshalb E-Mails und Internetkontakte epidemieartig

zunehmen. Schreiben hält einen auf Distanz und vermittelt den Eindruck, sich scheinbar nicht einlassen zu müssen. Deshalb werden auch Tagebücher für gewöhnlich geschrieben. Oder kennen Sie jemanden, der sein Tagebuch diktiert?

• Es wird weit mehr aufgeschrieben als das Verhalten, das nur beobachtbar wäre. Meinungen, Ideen, Ansichten, Bewertungen, Gefühle, Stimmungen und Vorstellungen fließen in das Geschriebene mit ein. Gerade diese persönlich ausgewählte Mischung macht den Unterschied zu anderen Methoden aus.

Dem Verfassen Ihrer Geschichte folgt die abstrahierende Musteridentifikation. Ziel ist es, hinter den Sätzen und Wörtern Ihren individuellen, aber allgemein gültigen Mustersatz zu erkennen. Er genügt in der Regel den nachstehend aufgeführten Kriterien und muss natürlich vom Klienten bestätigt werden. Wie, das lesen Sie im Kapitel „Wie Sie erkennen, dass Sie erkennen" (⇨ Seite 227f.).

Auf diese Art dauert die Musteridentifikation für einen versierten „Detektiv" wenige Sekunden bis mehrere Minuten. Nur in ganz seltenen Fällen gelingt sie nicht. Sobald eine gewisse Anzahl individueller Muster enttarnt ist, geht es daran, sie zu bearbeiten (⇨ „Muster ändern", Seite 255ff.). Und am Ende steht die Sinnfrage Ihres Lebens (⇨ „Der Sinn des eigenen Lebens", Seite 315ff.). Musteridentifikation ist eine wunderbare Gelegenheit, durch Betrachtung der Vergangenheit viel über sich zu lernen – aber bitte lernen, nicht werten und nicht grübeln!

Geschickt kombinieren und Täter dingfest machen

Um aus einer konkreten Situation das zugrunde liegende Muster zu erkennen, kann man innerlich oder auf dem Papier eine Klärungskaskade durchlaufen, wie sie im folgenden Beispiel dargestellt ist.

Beispiel für eine Klärungskaskade

Trotz anderer wichtigerer Projekte musste ein Bericht unbedingt noch am selben Tag fertig werden, weil dies so zugesagt worden war. – Das ist der offensichtliche Inhalt, um den es geht. Die Klärungskaskade hilft, diesen Inhalt bis zum betreffenden Muster zurückzuverfolgen.

Was ich verspreche, das halte ich auch.

⇩

Auf mich muss man sich verlassen können.

⇩

Ich habe Angst, abgewertet zu werden.

⇩

Ich will niemanden enttäuschen.

⇩

Ich will unangreifbar sein.

Die Klärungskaskade kann also eine Art Rückspulung aus dem bewussten Glaubenssatz sein.

Die Vorteile der Musteridentifikation

Die beschriebene Methode der Musteridentifikation hat viele Vorteile:

- Der Klient bleibt Herr seines Bewusstseins, auf Trance kann verzichtet werden.
- Die persönlich besonders belastenden „alten Geschichten" können begraben bleiben: Das Muster zeigt sich auch in weniger emotionalen, späteren Situationen. Selbstverständlich können ebenso die Situationen der Erstauslösung des Musters bearbeitet werden, müssen aber nicht. Auch wenn Muster mittels weniger belastender Inhalte aufgedeckt werden, nimmt ihnen das bei der weiteren Arbeit mit ihnen keinerlei Kraft.
- Wir bleiben während der Musteridentifikation auf der geistigen Ebene und lassen die Gefühlsbedeutung der Muster weitgehend unberücksichtigt. Wenn es gebraucht wird, ist die spätere Zusammenführung der Muster mit den damit verbundenen Gefühlen natürlich jederzeit möglich.
- So erzielen wir klare Ergebnisse mit weniger Gefühlsüberlagerungen.
- Die Methode kann sowohl im Rahmen therapeutischer Settings als auch bei Trainings und Seminaren angewendet werden.

In den folgenden Übungen stellen wir Ihnen Beispiele aus unseren Seminaren vor. An ihnen können Sie trainieren, wie Sie Muster identifizieren können.

Übung: Muster identifizieren I
Der folgende Text ist die genaue Abschrift dessen, was ein 45-jähriger Mann schriftlich auf die gestellten Fragen geantwortet hat. Lesen Sie den Text durch, und überlegen Sie, welche Verallgemeinerung sich folgern lässt. Was sagt diese Verallgemeinerung aus? Welcher allgemeine Satz (möglichst mit PAF-Aufbau) könnte über allen Antworten stehen?

Frage: Bitte geben Sie an, wovor Sie Angst haben.
Antworten: Ausgelacht zu werden! – Gedemütigt, entwürdigt zu werden. – Verpflichtungen nicht erfüllen zu können, sowohl materiell wie immateriell. – Alleine zu sein. – Verlassen zu werden. – Zu verlieren. – Etwas nicht zu bekommen, was ich unbedingt will. – Betrogen zu werden. – Hintergangen oder nicht geliebt zu werden.
Frage: Was ist Ihr Fazit aus den eben gegebenen Antworten?
Antwort: Es ist eine Angst, als ob mir der Boden unter den Füßen weggezogen würde.
Frage: Welche symbolische Bedeutung hat das für Sie?
Antwort: Vom Thron zu stürzen.

Welches Muster haben Sie in den Antworten entdeckt?

Das passende Muster lautet: **Ich will über allem stehen** (sogar über meinen Ängsten).

Übung: Muster identifizieren II
Bei der Musteridentifikation kommt es nicht darauf an, wie eine Frage gemeint ist, sondern was der Einzelne daraus macht. Es führt also der Klient, nicht der Berater. Der gibt nur die Ideen zur Mustererkennung. Das folgende Beispiel stammt ebenfalls von einem Seminarteilnehmer, einem 52-jährigen Mann. Lesen Sie nun, wie der Seminarteilnehmer von wirklichen Träumen auf Tagträume und Ziele übergeht. Finden Sie das passende Muster.

Frage: Was sind frühe Träume, an die Sie sich erinnern?
Antworten:

1. Der Falltraum: Ich falle und falle und falle. Meistens komme ich nicht auf, manchmal schon. Nicht selten wache ich auf, bevor klar wird, ob ich aufkomme oder nicht. Dann ruckt es oft durch meinen Körper. Weh getan habe ich mir im Traum noch nie.
2. Ich möchte Nobelpreisträger werden, zumindest aber ein anerkannter Wissenschafter.
3. Ich möchte Australien sehen.
4. Ich möchte in einer anderen Familie (im Königshaus) groß werden.
5. Ich will Forscher werden und mit dieser Leistung bekannt werden.

Frage: Was sind Ihre frühen Wünsche?

Antworten:

6. Ich will materielle Sicherheit.
7. Ich will bekannt werden.
8. Ich will körperlich normal sein und erscheinen. (Anmerkung: Der Kursteilnehmer hat einen körperlichen, aber äußerlich nicht sichtbaren Geburtsfehler, auf den sich diese Äußerung bezieht.)
9. Ich will verschiedene Sprachen sprechen.
10. Ich will die Erde kennen lernen und viel reisen.
11. My Home is my Castle. – Ich möchte ein eigenes Haus haben.

Frage: Wem wurden wann und warum welche Ihrer Träume und Wünsche geopfert?
Antwort:

Zu 1.: Wurde nicht geopfert, ich habe den Traum immer noch.

Zu 2.: Das Ziel war etwa ab 19 nicht mehr wichtig genug, um dafür kämpfen zu müssen. Es wurde letztlich meiner Trägheit geopfert. Weil ich es nicht allein kann, mach' ich es lieber gar nicht.
(Anmerkung: Das ist fast wörtlich ein so typisches Muster, dass es als „Nebenprodukt" sofort notiert werden kann. Es lautet: **Was ich nicht allein machen kann, mach' ich lieber gar nicht** oder: **Ich will's alleine machen**).

Zu 3.: Habe ich mit 36 erreicht.

Zu 4.: Mit 37 hatte ich die Erkenntnis, zu meiner Familie zu gehören, und war stolz darauf. Hier musste ich nichts opfern.

Zu 5.: Das besteht im Innern fort, habe ich aber vor 20 Jahren letztlich aufgegeben.

Zu 6.: Habe ich realisiert.
Zu 7.: Das Ziel besteht fort.
Zu 8.: Das Ziel besteht fort.
Zu 9.: Besteht fort.
Zu 10: Das realisiere ich seit fast 30 Jahren.
Zu 11.: Habe ich erreicht.

Welches Muster haben Sie diesmal ausgemacht?

Das passende Muster lautet: **Ich will ganz hoch hinaus**.

Übung: Muster identifizieren III
Dieses Beispiel stammt von einer 40-jährigen Seminarteilnehmerin. Wie lautet ihr Muster?
Frage: Wurden bei Ihnen schon tiefgreifende ärztliche Maßnahmen durchgeführt? Wir meinen damit Operationen, längere Behandlungen, Therapien? Was fällt Ihnen dazu spontan ein?
Antwort: Ja, mit Anfang 20. Ich möchte aber nicht darüber sprechen, was da gemacht wurde. Ich wachte jedenfalls nach der Operation auf, es war wohl alles gut gelaufen. Als ich am nächsten Tag erstmals wieder allein aufstehen konnte und sollte, war mir furchtbar schwindelig. Ich habe mir dann das Operationsergebnis anschauen können, das war von außen sichtbar. Und ich war enttäuscht, es war nicht so, wie ich es erwartet hatte. Da dachte ich mir, es hat alles keinen Sinn gehabt. Schade um den Aufwand. Ich muss so weiterleben wie bisher. Danach ging es mir viele Monate richtig schlecht. Ich dachte damals, ich würde Multiple Sklerose bekommen. Schließlich ging ich zu einem Internisten, der mich fast auslachte. Er fand nichts. Ganz langsam ging es mir dann besser, aber das

dauerte noch mal. Die Grundstimmung in meinem Leben ist schon immer traurig. Das Ganze hat dann irgendwie diese Grundstimmung noch verstärkt.

Und wie lautet die Lösung in diesem Fall?

Das passende Muster lautet: **Ich werde mich nie mehr freuen**.

Übung: Muster identifizieren IV

Manchmal wird das Muster auch direkt während des Erzählens der zuvor aufgeschriebenen Kurzgeschichte wörtlich oder fast wörtlich genannt. Es folgt ein solches Beispiel, in dem eine 54-jährige Klientin berichtet. Schauen Sie, ob Sie das Muster erkennen.

Frage: Welches ist Ihre Lieblingsverkleidung?

Antwort: Ich gehe seit über 30 Jahren nicht mehr zum Fasching. Das wurde mir damals während meines Studiums gründlich verdorben. Ich hatte mich mit einem Kommilitonen verabredet. Der Faschingsball war damals ein absolutes Highlight während des Wintersemesters gewesen. Ich hatte mich toll verkleidet, als Prinzessin. Ein wunderschönes, weißes Kleid, knallrote Pumps, eine dunkle Perücke und ganz viel Schminke. Ich weiß noch heute, wie gut ich aussah. Wir hatten uns gegen 20 Uhr verabredet, und ich war etwas früher da. Die Stimmung in der Halle war schon aufgeheizt, die Band spielte laut. Ich suchte meinen Partner für den Abend und sah ihn nicht. Schließlich tanzte ich so für mich. Aber ich wurde immer saurer, eine Unverschämtheit, mich so sitzen zu lassen. Andere wollten zwar dann mit mir tanzen, aber mir war die Stimmung verdorben. Niemand hat mich da gekriegt. Schließlich bin ich allein nach Hause.

> Am nächsten Tag hat sich das Ganze aufgeklärt:
> Mein Kommilitone war bei der Veranstaltung
> gewesen, aber er war ebenso gut verkleidet wie ich
> – als Chinese –, so dass ich ihn nicht erkannte und
> er mich nicht. Trotzdem, seitdem möchte ich
> mich nicht mehr verkleiden.

Haben Sie das Muster herausgefunden?
Es lautet: **Niemand kriegt mich**.
Übrigens ist diese Frau bis heute nicht verheiratet.
Sie hatte eine lange Reihe wechselnder Partner.

ᴀA Aufgabe 20, Seite 337

Wie Sie erkennen, dass Sie erkennen

> Ein Lächeln ist oft das Wesentliche.
> Man wird mit einem Lächeln bezahlt.
> Man wird mit einem Lächeln belohnt.
> Man wird durch ein Lächeln belebt …
> Wir vereinigen uns im Lächeln
> über alle Sprachen, Kasten, Parteien.
>
> *Antoine de Saint-Exupéry*

Es kann schwer sein, sich selbst auf die Spur zu
kommen und diese bis zu einem Ergebnis zu verfolgen. Leichter ist es, wenn ein Dritter eines Ihrer
Muster erkennt und es Ihnen nennt. In unseren
Seminaren reagieren die Teilnehmer dann immer
so: Sie lächeln in einer ganz besonderen Weise, die
stets Ähnliches aussagt: „Jetzt bin ich ertappt, jetzt

bin ich erkannt – wie gut. Vielleicht ist es mir auch ein wenig peinlich, aber alles in allem bin ich froh." Eine derartige Reaktion ergibt sich äußerst selten in Alltagssituationen, in denen Muster quasi so nebenbei offenkundig werden.

Alltagssituationen

Im Alltag ein eigenes Muster ausgesprochen zu hören, freut Sie oft nicht. Es kommt zunächst darauf an, in welchem Kontext Ihnen das Muster präsentiert wird, und dann, mit welcher Intention der andere es verkündet.

Vorwürfe

> Vorwürfe machen besonders betroffen, wenn sie Muster ans Licht bringen.

*Sie streiten sich mit Ihrem Partner. Vielleicht war es wie so oft eine Banalität, die den Streit auslöste. Sie werden lauter, Ihr Partner wird lauter. Sie wissen nur noch schemenhaft um das ursprüngliche Thema, es wird zunehmend unwichtiger. Hauptsache, Sie können Ihrem Partner all das an den Kopf werfen, was Sie ihm schon lange einmal sagen wollten. Und Hauptsache, Ihr Partner kann Ihnen all das sagen, was er sich schon die ganze Zeit verkniffen hat. Und auf einmal tönt Ihnen ein Satz entgegen, der Sie voll erwischt: „Du bist nie für mich da", oder: „Du meinst wohl, du hast immer Recht". Der Satz trifft Sie dann, wenn er etwas mit Ihnen zu tun hat. Wenn er Sie betroffen macht, bedeutet das meistens, dass Sie eines Ihrer Muster vorgeworfen bekommen (z. B.: **Ich gebe nichts ab** oder: **Ich habe immer Recht**).*

In dieser emotional geladenen Situation *fühlen* Sie auf jeden Fall Ihre Betroffenheit. Natürlich *wissen* Sie nicht unbedingt, dass es Ihr Muster ist, das mit dem Vorwurf zum Vorschein kommt. Dann könnten Sie sich nämlich im Grunde freuen, dass Ihr Partner einen Teil von Ihnen erkannt hat.

Beleidigungen

Sie sind ein Kind von etwa sechs Jahren. Sie gehen zur Schule, und Ihre Mutter meint, Sie sollten – im Gegensatz zu den anderen Kindern – Knickerbocker tragen. Sie fühlen sich unwohl dabei, wagen es aber nicht, der Mutter zu widersprechen. In der Schule werden Sie gehänselt. Wie reagieren Sie?

Wenn Sie zum Beispiel das Muster haben: **Ich will beachtet werden** *(egal weshalb und wie), würde Ihnen das Hänseln zwar ein wenig unangenehm sein, aber letztlich wären Sie in Ihrem Innen zufrieden, denn Sie wollen ja Beachtung finden. Und dann würden Sie an der Situation letztlich nichts ändern. Wenn alles in Butter ist, gibt es keine Veränderung, keine Entwicklung.*

Es könnte aber auch ganz anders laufen. Sie fallen auf, obwohl Sie gar nicht auffallen wollen, das ist ein Muster, das seit Jahren in Ihnen wirkt **(Ich zeige mich nicht)**. *Das Muster, nicht auffallen zu wollen, findet seine erneute Berechtigung und verfestigt sich. Gehänselt zu werden ist eine Beleidigung, mit der Sie sich unwohl fühlen. Sie sind beleidigt, da Sie letztlich nicht an Ihr Muster erinnert werden wollen. Vielleicht sind Sie sogar so beleidigt, dass Sie sich künftig erfolgreich dagegen wehren, Knickerbocker zu tragen.*

Beleidigungen treffen Sie oft, weil sie Ihre Muster treffen.

Muster sind immer auch eine Aufforderung, sich zu entwickeln und Dinge zu verändern. Das macht sie so wichtig und wirksam. Denn wenn Sie ein Muster Ihres sechsten Lebensjahres ein Leben lang mit sich

Muster sind vielfach eine Chance, sich zu entwickeln.

tragen, bleiben Sie in Bezug auf das Muster beim Alter von fünf Jahren stehen – was oft genug vorkommt. Sie entwickeln sich und Ihre Muster also nicht weiter, Ihre Muster werden nie erwachsen. Weil Entwicklungen aber viel eher in unangenehmen Situationen geschehen als in angenehmen, sind Muster oft mit Unangenehmem assoziiert.

Lob und Dank und Komplimente

Zur Abwechslung einmal eine angenehme Musterkonfrontation aus dem Alltag:

> *Manuel ist ein Löwe-Schütze-betonter Mensch. Er meint, alles soll sich um ihn scharen. Er liebt es, großzügig zu sein, was manche protzig nennen würden. Er ist zu gerne der Mittelpunkt einer Gesellschaft – und insgeheim steht er auch dazu. Nach außen tut „man" so etwas nicht, hat er sich irgendwann beibringen lassen. Also verhält er sich für seine Maßstäbe zurückhaltend und unauffällig. Aber eben nur für seine Maßstäbe. Den anderen fällt sein Protzen auf: eine Runde für alle, was kostet die Welt. Auf Partys liegt er damit genau richtig. Beim Zuprosten meint einer der Partygäste: „Ein Hoch auf den edlen Spender. Ohne ihn wäre die Party nur halb so toll. Du bist der Größte." Manuel lächelt ein wenig, tut das Lob mit großzügiger Geste ab und meint so en passant, es sei schon o. k.*
> *Der Partygast hat Manuels Muster aktiviert:* **Ich bin der Größte** *(und alle sollen mich so annehmen). Das tat ihm so richtig gut.*

Manuels Muster kann größte Probleme verursachen, wird aber trotzdem als angenehm empfunden. Menschen mit einem solchen führenden Muster werden erleben, dass es sie von allen und allem anderen trennt. Sie werden nur schwer tiefe Beziehungen zu anderen aufbauen, denn sie stehen ja immer darüber. Auch bei Manuel führte das Muster zu einer inneren Vereinsamung. Nach außen mochte er der spendable Mäzen und der Hahn im Korb sein, aber innen sah es ganz anders aus.

Stimmungen

In *jeder* Situation wird de facto mindestens eines Ihrer Muster angesprochen. Da Muster Ihr Betriebssystem sind, gehen Sie nie ohne Ihren ganzen Packen Muster außer Haus, und sogar zu Hause tragen Sie Ihre Muster immer bei sich. Muster, die in der Hierarchie weit oben stehen, werden fast permanent aktiviert, die anderen nur bei speziellen Gegebenheiten. Schwant Ihnen vielleicht schon, weshalb Ihre grundsätzliche Stimmung so ist, wie sie ist? Sie hat nämlich mit Ihren Mustern zu tun. Wenn ein hochrangiges Muster lautet: **Ich bestimme, was Sache ist**, werden Sie wahrscheinlich eher aggressiv durch die Gegend laufen. Und wenn Sie wegen eines anderen Musters zugleich sehr gehemmt sind, werden Sie diese Aggressivität zu selten ausleben können; dann könnten Sie sich außerbewusst entscheiden, nach außen hin weniger aggressiv, dafür aber umso frustrierter zu sein.

Unterschiede zwischen Alltag und Seminarsituation

Unsere Seminarteilnehmer reagieren praktisch immer mit dem berühmten Lächeln des Erkanntseins,

wenn wir eines ihrer Muster treffen. Wenn Ihnen
aber eines Ihrer Muster als Vorwurf präsentiert wird,
werden Sie stinksauer, egal wie Recht Ihr Partner
hat. Warum? Wo liegt der entscheidende Unterschied zwischen Alltag und Seminar?

Wertfreiheit

Wenn ein
Muster wört-
lich erkannt
wird und
nicht bewertet
wird, ist es
leichter anzu-
schauen.

Ein wesentlicher Unterschied besteht in der Wert-
freiheit, mit der wir Ihnen Ihre Muster darbieten.
Besonders die korrekte Formulierung in der Ich-
Form, die im Alltag meist in eine Schuld zuweisende
Du-Form verkehrt wird (aus: **Ich bin der Größte**
wird: Du glaubst wohl, Du bist der Größte?), nimmt
der Mustererkennung ihren Schrecken. Sobald Muster in der originären Ich-Form angeboten werden,
verlieren sie jeglichen Vorwurfscharakter und sind
viel leichter anzunehmen und zu ertragen.

Ein Muster bei anderen Menschen richtig zu
erkennen, bedeutet immer auch, etwas tief Inneres
zu erkennen, etwas Wesentliches, das das Wesen des
anderen ausmacht. Es ist also eine Grenzüberschreitung oder eine Form der Annäherung. Somit ist
Mustererkennung ein eingreifender und intimer
Akt.

Die Erfahrung zeigt, dass dieser intime Akt zum
Beispiel in Seminaren, also außerhalb des Alltags,
nur selten auf Ablehnung stößt und fast nie als
grenzüberschreitend empfunden wird. Denn die
Freude über das wertfreie Erkanntwerden ist so
groß, dass sie die durch Grenzüberschreitung möglichen Verletzungen aufwiegt. Ausnahmen lassen sich
natürlich nicht ausschließen, obwohl wir selbst noch
keine erlebt haben. Vorstellbar wären sie am ehesten, wenn das Entsetzen über ein Muster so groß

wäre, dass der Betroffene es selbst nicht (er-)tragen mag. Meist ist es aber so, dass Seminarteilnehmer aus mangelnder Übung die Tragweite der erkannten Muster gar nicht sofort überblicken. Auch das schützt sie vor unangenehmen Gefühlsassoziationen und unterstützt die Musterarbeit zusätzlich.

Stolz und Erleichterung

Musteridentifikation bedeutet, einen Teil des anderen anzusprechen, der ihm vertraut, aber meist nicht bewusst ist. Das kann auch zu Abwehrhaltungen führen, was bei Seminaren aber die Ausnahme ist. Weshalb? Der Grund ist ein Metamuster, das einsetzt: **Ich will erkannt sein** oder: **Ich will erkannt werden**. Dieses Metamuster ist sehr tief in uns verwurzelt, nur wenige Menschen haben es nicht. Selbst Menschen mit einem führenden Muster wie **Du kriegst mich nicht** leben im Allgemeinen mit dem Wunsch, wenigstens erkannt zu werden. Und wenn das passiert, stellt sich bei vielen so etwas wie Stolz ein:

Freuen Sie sich, Ihre Muster zu erkennen, und seien Sie stolz auf sie!

- Stolz darüber, endlich die eigene Einmaligkeit zu erkennen und annehmen zu dürfen
- Stolz über das scheinbar gute oder verrückte oder besondere, auszeichnende Muster
- Stolz, es so lange verheimlicht zu haben
- Stolz, damit oder trotzdem so weit gekommen zu sein

Genauso ist Erleichterung möglich, es endlich ausgesprochen zu haben oder endlich mehr von sich zu verstehen. Stolz und Erleichterung bewirken das Lächeln und die Freude, die dahinter erstrahlt.

Wie Sie Muster exakt formulieren

> Die Grenzen meiner Sprache bedeuten die Grenze meiner Welt.
>
> *Ludwig Wittgenstein*

Das Wesentliche der Musterarbeit ist nicht nur, ein Muster zu erkennen, sondern den Mustersatz ganz genau zu formulieren. Sonst verpufft seine Wirkung. Sprachliche Exaktheit ist das A und O der Musterarbeit.

Die Sprache Ihrer Muster beeinflusst entscheidend Ihr Außerbewusstes.

Sprache übersetzt etwas, was ursprünglich in nicht sprachlicher Form in Ihnen ist. Kein Mensch denkt nur in sprachlichen Kategorien. Selbst bei Patienten mit globaler Aphasie (der Unfähigkeit zur Sprache) kann ein wortloser Gedankenprozess nachgewiesen werden. Sprache kann mit hoher Genauigkeit Gedanken in Worte und Sätze fassen, mit Gefühlen hat sie aber so ihre Probleme. Für die Musterarbeit ist das kein Problem, denn hier werden zwar auch Gefühle entdeckt und beschrieben, aber der Mustersatz als solcher bleibt vorrangig. Erst wenn Sie ihn genau haben, sollten Sie ihn sich wirklich bewusst machen und bewusst halten.

Ihre Muster zu kennen nutzt Ihnen nur, wenn Sie sie ganz genau formulieren.

Die folgenden Mustersätze drehen sich alle um dasselbe Thema: Liebe. Bereits diese kleine Auswahl lässt erkennen, wie vielfältig Muster sind:

AA, Aufgabe 21 Teil A, Seite 338

- **Ich wünsche, geliebt zu werden.**
- **Ich wünsche mir Liebe.**
- **Ich tue es aus Liebe.**
- **Ich möchte einfach so geliebt werden.**

- Ich brauche Liebe.
- Ich möchte geliebt werden.
- Ich muss geliebt werden.
- Ich will geliebt werden.
- Ich will unbedingt geliebt werden.
- Ich verlange, geliebt zu werden.
- Ich verlange nach Liebe.
- Ich will immer geliebt werden.
- Ich will geliebt werden, so wie ich bin.
- Ich kann glauben, dass ich geliebt werde, so wie ich bin.
- Ich sehne mich nach Liebe.
- Ich werde geliebt.
- Ich werde nicht geliebt.
- Ich muss gut sein, um geliebt zu werden.
- Nur wenn ich etwas leiste, werde ich geliebt.
- Ich werde nur geliebt, weil ich etwas leiste.
- Ich vermisse Liebe.
- Ich vermisse es, geliebt zu werden.
- Niemand liebt mich.
- Ich finde keine Liebe.
- Ich fürchte mich, geliebt zu werden.
- Ich habe Angst vor meiner Liebe.
- Ich mag geliebt werden.
- Ich schmachte nach Liebe.
- Jeder soll mich lieben.
- Ich will von jedem geliebt werden.
- Ich will bedingungslos geliebt werden.
- Ich will ohne Wenn und Aber geliebt werden.
- Meine Liebe muss man sich verdienen.

Der Spitzenreiter ist übrigens: **Ich will geliebt werden, so wie ich bin**.

AA Aufgabe 21 Teil B, Seite 338f.

Wenn Sie Ihre Muster nicht exakt formulieren, kann es zu einer Art innerem Kampf kommen oder auch zu innerer Konfusion.

Kriterien der Wissenschaftlichkeit für Musterarbeit festzulegen, ist problemlos möglich. Dann aber die Muster umfassend, lückenlos und in der absolut notwendigen sprachlichen Genauigkeit zu sammeln, wäre ein enormer Aufwand. Das macht Musterarbeit so uninteressant für „wissenschaftliche" Betrachtungen.

AA Aufgabe 22, Seite 339

TEIL IV

SO MACHEN SIE ES PASSEND

Die folgenden Kapitel geben Ihnen wichtige Entscheidungshilfen, um herauszufinden, welcher Weg für Sie der richtige ist: Wollen Sie Ihre Muster so behalten, wie sie sind, oder möchten Sie sie ändern?

Sich trennen oder beisammen bleiben?

> Jeder Mensch verliert große Kräfte durch das,
> was er an sich ablehnt.
> Er wird verwundbar durch das, was er schätzt.

Ihre außerbewussten Muster sind – weil es Ihre ganz eigenen sind – genau die richtigen für Sie. Deshalb müsste der Satz „Drum prüfe, wer sich ewig bindet" bei Mustern lauten: Drum prüfe, wer sich auf ewig trennt! Denn vergessen wir eines nicht: Alle Muster bringen Ihnen auch Vorteile. Sie haben und nutzen Muster aus verschiedenen Gründen:

- Sie brauchen eine Rechtfertigung.
- Sie wollen Recht haben.
- Sie fühlen sich damit sicher.
- Leiden ist leichter, als Dinge zu lösen.
- Sie sind außerbewusst.
- Sie sind ein Teil von Ihnen.
- Sie sind damit mindestens schon *einmal* gut gefahren.
- Sie wollen keine erwachsene Verantwortung übernehmen.
- Sie wollen klein bleiben.

Muster zu behalten, hat viele Vorteile.

Robert ist 37 Jahre alt, ein hervorragender Künstler und Freund meiner Familie. Neulich kam er zu Besuch und da abends sein Auto streikte, blieb er über Nacht. Und so entspann sich noch zu später Stunde ein interessantes Gespräch, dessen Ergebnis eines von Roberts führenden Muster war: **Ich bin was Besseres** *und in Folge:* **Ich kann alles allein machen.**

Das erste Muster führt dazu, dass er bisher kein Geld für seine Kunstwerke annehmen will. Da er was Besseres ist, braucht er sich ja um solche Banalitäten wie den Verkauf seiner Werke nicht zu kümmern. Das liegt unter seiner Würde. Robert schilderte eine typische Situation.

Vom reichsten Mann seines Wohnortes wurde er in eine schicke Villa eingeladen. Im Entrée lagen blaue Granitplatten, die über 800 Euro pro Quadratmeter kosten. Es gab goldene Wasserhähne, alle Rollläden reagierten selbstständig auf die Dämmerung usw. – an nichts war gespart worden. Robert stellte eine Auswahl von zwölf seiner besten, großformatigen Bilder vor. Allein das Material pro Bild kostete mehr als 300 Euro, von den vielen Stunden Arbeit und den kreativen Ideen ganz zu schweigen. Viele der Bilder hatten es dem potenziellen Kunden angetan. Schließlich entschied er sich, eines davon zu kaufen – ein Bild, an dem Robert seit mehr als einem Jahr immer wieder gearbeitet hatte. Mit zögerlicher Stimme verlangte er dafür 1500 Euro, obwohl er wusste: Schon wenn er den Stundenlohn eines Aushilfsarbeiters ansetzen würde, müsste er weit mehr verlangen; dabei wären die kreative Kraft und das Einmalige des Bildes noch gar nicht berücksichtigt.
Der Interessent wurde ärgerlich und wollte ihn schon des Hauses verweisen. Schließlich einigten sie sich für ein großes Ölbild auf 700 Euro – weniger, als die vergleichbare Fläche des industriell hergestellten Granitbodens gekostet hatte. Frustriert, ohne adäquaten Lohn und ohne Bild verließ Robert das Haus. Aber weil er ja **'was Besseres ist**, *braucht er sich eigentlich nicht in die „Niederungen" der Verkaufsangelegenheiten hinabzubegeben.*

Das genannte Muster schadet Robert offensichtlich. Aber warum sollte er sich von dem Muster trennen, unabhängig davon, dass er tatsächlich ein besserer Künstler ist als viele andere? Es gibt keinen triftigen Grund dafür, denn: Die Mustermodifikation ist für ihn nicht das erstrebenswerte Ziel. Vielmehr sollte er das Muster besser nutzen lernen!

Solange Ihnen Ihre Muster nicht bewusst sind, sind es unabänderliche Bedingungen.

Robert weiß zwar, **Ich bin was Besseres**, aber er hat noch nicht den bewussten Schritt getan, dieses Muster ganz und gar anzunehmen. Erst wenn ihm das bewusst ist, kann er sein Muster Gewinn bringend einsetzen. Er geht nicht mehr bibbernd und bettelnd zu seinen Kunden, sondern mit der sicheren und bewussten Überzeugung **Ich bin was Besseres**. Und weil er das ist, ist auch seine Kunst was Besseres, und er kann dafür bessere Preise verlangen!

Doch dann kommt ihm noch das zweite Muster in die Quere: **Ich kann alles allein machen**. Da wir inzwischen wissen, wie wichtig die exakte Musterformulierung ist, wird uns das Wörtchen „kann" sofort auffallen. Können ist nicht Müssen.

Um ein Muster Gewinn bringend einsetzen zu können, muss es Ihnen bewusst sein.

Noch während unseres spätabendlichen Gesprächs wurde Robert klar, dass er ein erbärmlich schlechter Händler ist. Und so beschloss er, die Preisverhandlungen künftig einem Galeristen zu überlassen. Nun hatte Robert noch daran zu arbeiten, wie er sein führendes Muster nicht nur zu seinem Besten, sondern auch sozial verträglich zum Besten anderer einsetzt.

Es ist nicht leicht, Muster zu ändern. Einfach einen neuen Rahmen können Sie Ihren Mustern nicht geben, weil sie den Raum des Konkreten längst verlassen haben und keinen Rahmen haben, den Sie wechseln könnten.

Muster gelten immer, sie haben keinen konkreten Rahmen.

Viele Muster sind allein schon deshalb unveränderbar, weil sie eine scheinbar zweitrangige Rolle spielen und meist außerbewusst bleiben. Trotzdem spüren Sie, dass irgendetwas nicht stimmt. Dann können Sie auf die Suche danach gehen oder Ihrem Gefühl vertrauen. Aber selbst wenn Ihnen Muster bewusst werden, können sie nur schwer und Schritt für Schritt verändert werden.

Wenn Muster Ihnen passen

Muster nicht zu ändern, kann weise sein.

Wenn Sie Ihre inneren Strukturen nicht ändern können oder wollen, hilft es, etwas über den korrekten Umgang mit Unveränderlichem zu wissen: Sie müssen Ihre Einstellung dazu ändern. Wenn ein unveränderliches Muster auftaucht, sollten Sie sich als Erstes die Frage beantworten: Passt mir das Muster oder passt es mir wirklich nicht? Es ist von großer Bedeutung, diese Fragen ehrlich zu beantworten. Wenn Ihnen das Muster passt und Sie niemanden damit schädigen, ist alles in Ordnung. Dann reagieren Sie mit „primärem Einverstandensein" (⇨ Tabelle „Umgang mit unveränderlichen Mustern", Seite 248ff.). Die Muster machen gerne mit, bringen bestmögliche Ergebnisse und fühlen sich richtig gut. Das Muster gibt Ihnen Kraft. Aber das ist die Ausnahme – zum Glück. Denn: Wenn Muster Ihnen passen, bringen sie Ihnen keine Reibereien, aber auch keine Entwicklung; denn Entwicklung ist letztlich nur durch Reibung möglich oder, wie Rudolf Steiner es formulierte: Weisheit ist kristallisierter Schmerz.

Wenn Muster Ihnen nicht passen

Etwas komplexer wird es, wenn das Unveränderliche – hier das unveränderliche Muster – Ihnen nicht passt. Die Grundeinstellung im erwachsenen Dasein sollte dann zunächst lauten: „Ich akzeptiere es" oder: „Es ist, was ist." Und das hat nichts mit Fatalismus zu tun. Objektiv gesehen begegnen uns laufend Dinge, die wir nicht ändern können, auch wenn sie uns nicht passen.

Wenn Sie sich anpassen – zwangsläufig

Fehlt Ihnen die eben beschriebene Grundeinstellung, gibt es mehrere Möglichkeiten, falsche Konsequenzen zu ziehen:

• Sie akzeptieren das Muster nicht, können es aber auch nicht ändern, das heißt, Sie machen mit, weil „es" sein muss – lustlos und ohne Spaß.
• Sie wenden das Muster an, lassen es einfach wirken und wissen nicht einmal, warum. Und weil Ihnen das meiste nicht bewusst ist, begeben Sie sich in außerbewussten Widerstand, denn *das Muster* zwingt Sie, mitzumachen.
• Sie wenden Ihr Muster an, obwohl Sie es ganz bewusst nicht wollen. Die Situation ist Ihnen ebenso bewusst wie Ihr Widerstand.

Für welche Variante Sie sich auch entscheiden, Sie müssen sich aufraffen und gegen die eigenen Zweifel und Widerstände ankämpfen, um dem Muster zu folgen. Das kostet viel Kraft. Zwar umgehen Sie damit in der Regel eine Konfrontation, aber leider auch die Lösung des Problems. Diese Taktik liefert vermeintlich bessere Ergebnisse, doch sie birgt auch eine große Gefahr: Sie können seelisch und/oder körperlich erkranken.

Die Wahrheit im Außen ist das Unveränderliche, es ist die Situation, so wie sie ist. Dazu gehören wichtige Anteile Ihres Berufes, Gesetze, Vorschriften usw. Die Wahrheit können Sie nicht verändern. Spannungen treten auf, wenn es zwischen Ihrem Wunsch (musterbasiert) und der Wahrheit Differenzen gibt, Ihre Wünsche also nicht zur Wahrheit passen. Diese Spannungen kosten Ihre Kraft. Wer sich gezwungenermaßen anpasst, verschenkt seine Chance auf eine kraftvolle, zufriedene Zukunft. Dieses Sichanpassen ist schädlich und bringt nur Verlierer hervor:

• Sie selbst, denn jede Verhaltensweise kostet Ihre Kraft
• das Ergebnis Ihres Handelns, denn es ist auf jeden Fall schlechter, als es sein könnte
• die Situation und/oder die anderen, die darunter leiden

Sich in der geschilderten Weise einfach anzupassen, ist also letztlich dumm. Dennoch reagiert der Mensch in 80 Prozent der Fälle oder noch öfter so.

Wenn Sie bewusst dafür oder dagegen sind

Für den Fall, dass Ihnen ein unveränderliches Muster spontan nicht passt, gibt es auch zwei intelligente Lösungswege. Diese helfen Ihnen, enorme Ressourcen zu aktivieren, statt Energie zu verschwenden. Für beide Wege brauchen Sie Mut, denn Sie allein tragen die Verantwortung, nicht die anderen. Ergänzend zu den nachfolgenden Textabschnitten fasst die Tabelle „Umgang mit unveränderlichen Mustern" (⇨ Seite 248ff.) die Lösungswege zusammen.

Mitmachen ohne Wenn und Aber. Der allerwichtigste Weg ist der des sekundären Einverstandenseins, das heißt, Sie machen mit, ohne Wenn und Aber. Sie stellen sich bewusst und konstruktiv auf das unveränderliche Muster ein. Sie entscheiden sich ganz und gar bewusst dafür. Sie akzeptieren, dass ist, was ist. Sie bleiben dabei, Sie sind dabei. So erzielen Sie wirklich gute Ergebnisse und können stolz auf sich sein. Und: Sie wachsen, indem Sie sich am Unveränderlichen reiben.

Brigitte war beim Besuch unseres Seminars 49 Jahre alt. Sie berichtete vom Ärger bei ihrer Arbeit. Sie war im unteren Management bei einem großen Autohersteller tätig. Keiner konnte über die Ergebnisse ihrer Arbeit klagen. Sie erledigte ihre Aufgaben auf den Punkt genau und zur absoluten Zufriedenheit. Trotzdem herrschte in ihrer Abteilung immer wieder eine gespannte Atmosphäre. Ihr wurde vorgeworfen, firmeninterne Abläufe zu umgehen. Sie sei zwar zweifellos ziel- und ergebnisorientiert, aber sie informiere ihre Mitarbeiter zu spät oder gar nicht. Zudem schere sie sich herzlich wenig um formal festgelegte Arbeitsabläufe. Zum Beispiel würde sie nicht darauf achten, wann es wieder an der Zeit für Mitarbeiterbewertungen sei.

Zu einem konkreten Vorgang stellte ich Brigitte drei Fragen, die sie in Form einer Kurzgeschichte schriftlich beantwortete. Daraus entwickelten wir das zugrunde liegende Muster: **Ich mach' mein Ding.** *Aber wer sein Ding macht, macht meistens nicht das Ding des Unternehmens. So war es auch in Brigittes Fall. Sie war sich ihres Musters bisher nicht bewusst.*

Stellen Sie sich bewusst auf Ihre Muster ein.

Aber jetzt, wo es ans Tageslicht gekommen war, konnte sie es adäquat einsetzen. Zuerst machte sich Brigitte klar, was denn überhaupt ihr Ding ist, nämlich: bestmögliche Ergebnisse so schnell wie möglich zu erzielen. Das tat sie ja bereits, aber auf Kosten der Mitarbeiterführung. Letztlich war es für sie nicht schwer, auf einen Teil ihres kapriziösen Verhaltens zu verzichten, ohne ihr Muster zu missachten.

Entscheiden Sie sich ganz und gar für Ihre Muster, so wie sie sind.

Neun Monate später haben wir Brigitte interviewt. Sie war sehr zufrieden und hatte erkannt, dass die vorgegebenen Abläufe fast perfekt waren, sie kam gut damit zurecht. Was Formalien anging, brauchte sie also nicht mehr ihr Ding zu machen. Und so konnte sie sich noch mehr als vorher auf ihre Ergebnisse konzentrieren. Von der bewussten, korrekten und zielgerichteten Musteranwendung bei Brigitte haben schließlich alle Beteiligten profitiert: das Unternehmen, die Mitarbeiter und natürlich vor allem Brigitte selbst.

Nicht Muster sind das eigentliche Problem, sondern ihre Außerbewusstheit.

Sie können sich von Ihren Mustern distanzieren: durch Modifikation.

Brigittes Beispiel zeigt, wie die zunächst außerbewusste Musteranwendung zu Problemen führt. Nur das bewusste Leben des Musters ermöglicht Ihnen, das zu tun und zu erreichen, was Sie wirklich wollen. Und dann gehören Sie zu den Gewinnern.

Sich distanzieren. Der andere mögliche Lösungsweg ist, sich zu distanzieren. Das ist auch bei unabänderlichen Situationen durchaus machbar. Sie machen also etwas auf keinen Fall mit, bewusst nicht, und zwar ganz und gar nicht, weder im Außen noch im Innen. Sie sagen: „Damit will ich nichts zu tun haben" und zugleich: „Ich akzeptiere dennoch, was ist!" Sie sagen nicht „ja, aber", sondern „ja, ich akzeptiere das Unveränderliche, wie es ist, und ich gehe weiter". Sich von Mustern zu distanzieren, ist nicht so leicht, denn sie begleiten uns wie ein

Schatten. Wenn Sie sich von einem Muster distanzieren wollen, müssen Sie es modifizieren (⇨ „Muster ändern", Seite 255ff.).

Die Mustermodifikation kann mühsam sein und ist oftmals mit dem Gefühl verbunden, etwas Unrechtes zu tun, versagt zu haben, es nicht geschafft zu haben. Aber dieser Weg bringt auch Erleichterung. Meistens schwanken Sie zwischen Stolz und dem Gefühl, ein Versager zu sein. Auch nach gründlichem Überdenken sind Zweifel überaus häufig, schon deshalb sollten Sie sich wirklich gut überlegen, ob Sie diesen Weg gehen wollen.

Es kann sinn- und ergebnislos sein, ein Muster modifizieren zu wollen.

Wenn Sie Ihr Muster ernsthaft belastet oder schädigt, müssen Sie es modifizieren. Dieser Weg ist aber nur erfolgreich gangbar, wenn Ihr Innen eine Mustermodifikation zulässt. Ist das Muster stärker als Sie, bleibt der Weg des sekundären Einverstandenseins als gesunde Chance.

AA Aufgabe 23, Seite 339

Umgang mit unveränderlichen Mustern

Das Muster passt Ihnen	Das Muster passt Ihnen nicht		
Primäres Einverstandensein	Schädliche Anpassung	Sekundäres Einverstandensein	Modifikation
Das Muster passt Ihnen ohne Wenn und Aber. Es schädigt niemanden.	Sie nehmen das Muster an, ohne es zu wollen Sie leben das Muster aus, ohne zu wissen, warum Sie wenden das Muster unverändert an, obwohl Sie wissen, dass es nicht passt.	Sie akzeptieren das Muster ohne Wenn und Aber als bewusste Entscheidung. Diese Entscheidung treffen Sie mit dem Wissen, dass es zurzeit die beste Lösung ist, weil eine Modifikation im Moment nicht möglich ist.	Sie modifizieren das Muster, weil Sie nichts damit zu tun haben wollen.

Gutes, ausgeglichenes Gefühl.	Unbewusster oder bewusster Widerstand; fehlende Lebenslust, keinen Spaß an der Sache haben.	Gefühl des Einverstandenseins, ruhig und sicher.	Sich vom Alten distanzieren.
Kraft spüren.	Kraft verlieren, vergeuden.	Ressourcen aktivieren.	Kraft verlieren und/oder gewinnen.
Beste Ergebnisse erzielen.	Bescheidene Ergebnisse erzielen.	Sehr gute Ergebnisse erzielen.	Nicht sofort, aber dafür dauerhaft eher bessere Ergebnisse erzielen.
Keine Gefahren, aber auch wenig persönliches Wachstum und Entwicklung.	Gefahr von körperlichen und seelischen Erkrankungen.	Persönliches Wachstum und Entwicklung durch die Reibungen.	Zweifel, verkehrt gehandelt oder versagt zu haben, oder Erleichterung.
Alles in Ordnung.	Nichterwachsenes Verhalten.	Eine wirklich erwachsene Lösung mit Authentizitätsgewinn; ein Grund, stolz auf sich zu sein.	Ihr gutes Recht.

Gehen Sie den Königsweg

Warum wollen viele ihre Muster ändern, statt sich zu fragen, wie sie die Muster besser oder bestens nutzen können? Eines steht fest: Sie können vor Ihren Mustern nicht davonlaufen, Sie können sie nicht vertreiben, und Sie können sie nicht einschränken. Was aber können Sie tun?

- Legen Sie zuerst die perfekte Verkleidung Ihrer Muster ab: das Außerbewusste.
- Lernen Sie, mit Ihren Mustern zu leben und auszukommen.
- Lernen Sie, Ihre Muster zu lieben. Sie sind Ihre treuesten Wegbegleiter.

Ihr Muster tut etwas nur für Sie, für niemanden sonst.

Es ist wichtig, Strategien und Verhaltensweisen zu entwickeln, um Ihre Ziele *mit* Ihren Mustern und nicht gegen sie zu erreichen. Ihre Muster stammen aus einem ganz anderen Reich als Ihre Ziele. Beides müssen Sie in Einklang bringen. Ihre Muster werden es Ihnen danken, endlich erkannt worden zu sein und künftig offiziell für Sie arbeiten zu dürfen.

Bedenken Sie, dass Ihre Muster ein *Teil von Ihnen* sind. So wie Ihr Körper Sie liebt, wenn Sie ihn gut behandeln, tun das auch Ihre Muster. Nehmen Sie Ihre Muster wahr, und beginnen Sie, sie zu integrieren. Jedes Muster ist ein lebensnotwendiger Teil von Ihnen. Jeder Mensch wächst daran, dass er sich selbst annimmt, das ist die Basis für jede Entwicklung.

Ihre Muster wollen nur Ihr Bestes.

Muster sind ein Schutzwall vor Überforderungen, Ängsten und Fehltritten. Sie dämpfen zu viel Aktivität. Muster wollen helfen, vielleicht nicht Ihren Zielen, Ihren bewussten Wünschen oder Ihrem Geldbeutel, aber Ihnen selbst ganz sicher. Dennoch dürfen Sie ihnen keine absolute Freiheit lassen. Ein

Muster braucht Grenzen und ist froh, wenn Sie sie ihm zeigen. Setzen Sie Ihren Mustern also Grenzen, aber lassen Sie ihnen genügend Spielraum. Je mehr Sie Ihre Muster annehmen, umso weniger werden sie Ihnen in die Quere kommen. Lassen Sie sie ab und zu wirken, dann sind sie für eine Weile zufrieden. Nutzen Sie die Kraft Ihrer Muster gezielt und machen Sie sie zu Freunden.

Der Königsweg ist es, die Muster in neuem Kontext weiterhin, aber nun bewusst zu nutzen. Dabei hilft es zunächst, folgende Fragen zu beantworten:

- Welche gute Absicht steckt hinter dem Muster?
- Wovon will mich mein Muster schützen?
- Was will es mir zeigen?
- Worauf weist es mich hin?
- Welchen Nutzen habe ich durch das Muster?
- Welchen Zweck erfüllt es?
- Was will es für mich erreichen?
- Wovor will es mich bewahren?
- Wobei will es mir helfen?
- Was wissen meine Muster, das ich selbst noch lernen muss?

Damit Sie die volle Kraft Ihrer wichtigen Muster nutzen können, gehen Sie folgenden Weg:

Der Königsweg ist es, Ihre Muster unverändert zu Ihrem Besten einzusetzen, ohne anderen zu schaden.

1. Klären Sie: Was will das Muster (nicht Sie!) wirklich erreichen?
2. Danken Sie dem Muster dafür, dass es diese Aufgabe für Sie übernommen hat.
3. Überlegen Sie, wie Sie den beabsichtigten Zweck unter Beachtung des Musters in Ihrem Verhalten auf eine andere Weise verwirklichen können. Stellen Sie sich ein Szenario vor, das Ihnen passt

und bei dem dennoch Aufgabe und Ziel des Musters berücksichtigt werden.

4. Stellen Sie sich dann mindestens noch zwei weitere, davon *verschiedene* Abläufe oder Situationen vor, bei denen Aufgabe und Ziel des Musters erreicht werden.

5. Entscheiden Sie in einem inneren Dialog gemeinsam mit Ihrem Muster, welche Alternative für Ihr Muster die beste ist.

6. Gehen Sie auf Nummer sicher, und vergewissern Sie sich nochmals bei Ihrem Muster, ob die gefundene Lösung es beruhigt.

7. Gehen Sie Ihren Weg so, wie mit dem Muster vereinbart. Weichen Sie nicht davon ab!

Ein kurzes Beispiel eines Klienten mit dem Muster **Ich will nie mehr verletzt werden**, veranschaulicht das Vorgehen ansatzweise.

Der Klient beklagt sich darüber, dass er in seinem Leben keinen mutigen Schritt vorwärts wagt.
Wir fragen: *Was will das Muster für Sie erreichen?*
Der Klient antwortet: *Meinen Schutz*
Wir fragen: *Vor was will es Sie schützen? Ist es Schutz vor Leid, Schmerz, Demütigung, Bloßstellung, Angriff, Unsicherheit, körperlicher Verletzung, Trauer, Verzweiflung? Was hat die größte Resonanz?*
Der Klient antwortet: *Demütigung*
Wir fragen: *Wie können Sie Ihr Ziel, für das Sie Mut brauchen und Angst überwinden müssen, sicher ohne Demütigung erreichen?*
In dieser Form gehen die Fragen und Antworten weiter, bis das gewünschte Ergebnis erzielt ist.

Dadurch bleibt das alte Muster gültig und voll bestehen, auch wenn Sie seine außerbewussten Lösungsvorschläge nicht mehr nutzen. Für diesen Weg bedarf es keiner Mustermodifikation. Das ist der Weg des sekundären Einverstandenseins.

Bringen Sie Motivationen, Ziele und Muster unter einen Hut

Der Begriff Flow beschreibt einen Zustand des völligen Versunkenseins, einen Zustand, in dem Sie mit Ihrer Tätigkeit eins sind. Dann haben Sie kein Zeitgefühl mehr und selbst Stunden intensiver Beschäftigung vergehen wie im Flug. Motivationsforscher nennen das die höchste Form intrinsischer Motivation, also die ideale Verbindung aus Ihren inneren Wünschen und Ihrer Tätigkeit. In diesem Zustand beobachten Sie sich nicht und bewerten weder sich noch andere. Erst nachträglich wird dieser Zustand als angenehm beschrieben.

Dieser Flow-Zustand, dieses Einssein mit Ihrer Tätigkeit bedeutet auch, eins sein mit Ihren Mustern; sie nicht bewerten, sie einfach leben. Dieses Erleben stellt sich dann ein, wenn Ihre Muster, Ihre Bedürfnisse und Ihre Ziele eine Einheit bilden. Es ist die Schnittmenge zwischen Motivation, Ziel und Muster. Darauf sollten Sie hinarbeiten. Sie erreichen es auf zwei Wegen: durch primäres und durch sekundäres Einverstandensein.

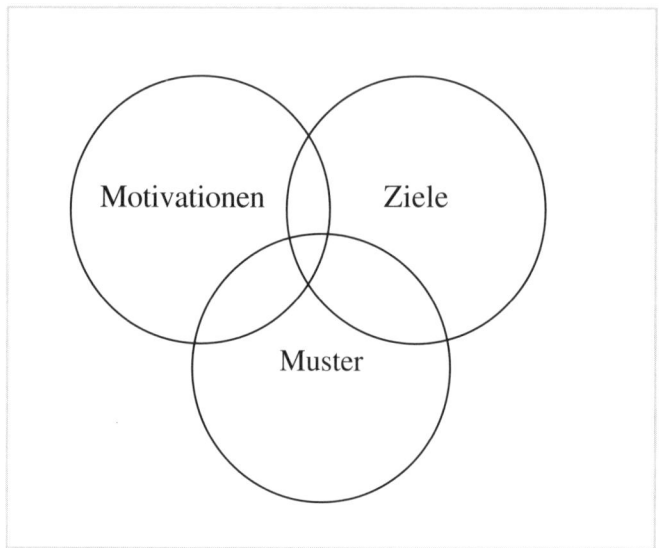

Abbildung 6:   Überlappung von Motivationen, Zielen und Mustern

Der Königsweg an zwei prominenten Beispielen

In einem deutschen Nachrichtenmagazin tauchte im Herbst 2003 die Titelschlagzeile auf: Persönlichkeit ist änderbar! Als scheinbare Belege für diese These wurden der deutsche Außenminister Joschka Fischer und der österreichisch-amerikanische Gouverneur Arnold Schwarzenegger zitiert. Der eine habe sich vom außerparlamentarischen Rebellenführer zu einem der profiliertesten, demokratischen Außenminister der Erde entwickelt, der andere von einem einfachen Bodybuilder zum Führer einer der wichtigsten amerikanischen Bundesstaaten. Das seien doch wirklich markante Beispiele dafür, wie sich Persönlichkeiten verändern könnten. Nun, ich kenne keine besseren Beispiele dafür, wie über Jahrzehnte in vollkommener Sicherheit ein- und dasselbe Leitmuster das Verhalten von Menschen lenkt. Es ist der Beweis für die Dauerhaftigkeit von Mustern und ein öffentliches Indiz dafür, dass es faktisch unmöglich ist, Leitmuster zu ändern. Der eine mag als mögliches Leitmuster haben: **Ich sage, wo's langgeht** und der andere: **Ich bin der Größte** oder: **Ich schaffe alles**. Egal, wie die korrekte Formulierung lautet, eines ist klar: Geändert hat sich keine der zwei Persönlichkeiten, das Einzige, was sich änderte, war ihr Zielobjekt: Beim einen war es zunächst außerparlamentarisch, dann parlamentarisch; beim anderen war es erst der Körper (wie in den Filmen danach auch noch) und dann die Machtposition. Bert Hellinger sagt zu Recht: „Was einmal wird, kann jetzt schon sein." Denn das Leitmuster bestimmt das meiste mit letztlich unveränderter Aussage.

Muster ändern

Der Kopf ist rund, damit das Denken die Richtung
ändern kann.

Francis Picabia

Wenn ein Baum als Eiche konzipiert ist,
will er keine Esche sein.
Das kann beim Menschen aber passieren –
und das macht Probleme.

Verena Kast

Ihnen steht es offen, sich zu verändern. Mustermodifikation bietet eine gute Möglichkeit, sie ist ein Angebot, sich zu entwickeln. Schon in der Erkenntnis liegt die Chance für Veränderungen. Vergessen werden Sie Ihre Muster sowieso nicht, denn etwas zu vergessen kann ganz schön schwer sein. Versuchen Sie einmal, das Datum Ihres Geburtstags zu vergessen. Sollten Ihnen das gelingen, hat ein Psychiater allen Grund, Sie als unzurechnungsfähig einweisen zu lassen.

Übung: Auch der Körper speichert Muster
Falten Sie einmal Ihre Hände. Bitte falten, nicht aneinander legen, das ist der indische Gruß der westlichen Esoteriker. So wie Sie Ihre Hände jetzt gefaltet haben, linker Daumen oben oder rechter Daumen oben, so tun Sie das schon seit Jahrzehnten. Sie wechseln praktisch nie. Die meisten falten Ihre Hände mit dem linken Daumen nach oben, und das ist nachvollziehbar. Links repräsentiert zumindest beim Rechtshänder das Gefühl, und das darf beim Beten ruhig im Vordergrund stehen.
Nun versuchen Sie einmal, Ihre Hände so zu falten, dass der andere, ungewohnte Daumen oben ist. Merken Sie, wie schwierig es ist, die Reihenfolge der Daumen zu ändern? Können Sie sich jetzt vorstellen, wie schwer es ist, Muster zu verändern, die meist noch länger in Ihnen bestehen als Ihre Bet-Haltung? Muster zu verändern, die Ihnen größtenteils viel außerbewusster sind als Ihre Muskeltätigkeit, die zum immer gleichen Falten der Hände führt?

Wollen Sie wirklich etwas ändern?

Mustermodifikationen sind nicht durch meditative oder hypnotische Übungen möglich. Sie sind ein aktiver, bewusster Prozess, der meist lange dauert. Bevor Sie Muster modifizieren, sollten Sie also klären, ob das für Sie überhaupt der richtige Weg ist. Folgende Fragen können Ihnen die Antwort erleichtern. Sollten Sie zu dem Schluss kommen, Ihre Muster gar nicht ändern zu wollen oder zu müssen, wird die Beantwortung der Fragen Ihnen zudem helfen, Ihre eigenen Muster ohne Bedauern anzunehmen.

Muster zu ändern ist sehr schwer.

- Woran würden Sie merken, dass Sie ein Muster korrekt geändert haben?
- Welche Veränderungen wären Ihnen dann möglich?
- Was für Alternativen gäbe es zu den bisherigen Situationen/Verhaltensweisen/Lösungen?
- Was würde dann in Ihrem Außen geschehen? Wie würden die anderen reagieren?
- Gibt es bereits vergangene, erfolgreiche Modifikationen? Wenn ja, welche?
- In welchen Zeiten war das Muster gut, hilfreich und sinnvoll für Sie?
- Was war zu dieser Zeit anders als heute?
- Hat sich das Muster längere Zeit bewährt?
- Was bewährt sich heute? (Wenn es nach wie vor dasselbe Muster ist, haben Sie kaum eine Chance, es zu modifizieren.)
- Was ist Ihr Anliegen – unabhängig von Ihren Mustern?
- Wie könnten Sie dieses Anliegen verwirklichen? Was verspricht Erfolg?
- Womit müssten Sie *noch* fertig werden, wenn Sie Ihr Ziel durch Mustermodifikation bereits erreicht hätten?

Klare Ziele sind Ihre Chance

Bei der Mustermodifikation ist Zieldenken angesagt. Wenn Menschen gefragt werden, was sie wollen, antworten sie meist mit: Ich will nicht … Auch Sie wissen sicher ganz genau, was Sie nicht wollen. So werden aber keine Ziele definiert. Im Gegenteil: Solche Formulierungen verhindern die Zielerreichung. Sie kommen nur ans Ziel, wenn Sie wissen und ausdrücken können, was Sie tatsächlich wollen.

Machen Sie sich die Chancen klar, die Ihnen die Modifikation bietet. Sie sind Ihr Gewinn und ohne Gewinn geht gar nichts. Wer ein Muster korrekt modifiziert, kann Folgendes gewinnen:

- Einsicht
- Energie
- Erkenntnis
- Freiheit
- Klarheit

Doch solche Lebensziele hat nicht jeder.

Stellen Sie sich nicht nur in allen Einzelheiten vor, welchen Gewinn das geänderte Muster bringen würde, sondern auch, welche Nachteile Sie haben, wenn Sie nichts ändern. Betrachten Sie immer beide Seiten – das steigert Ihren Erfolg.

Mustermodifikation ist immer wieder sinnvoll.

Wenn Sie sich dafür entscheiden, Ihre Muster zu modifizieren, um sie Ihrem Entwicklungsstand anzupassen, ist das sinnvoll – nicht nur einmal, sondern immer wieder; denn Ihr Leben und Ihr Entwicklungsstand ändern sich ununterbrochen (auch wenn es ab und zu nicht den Anschein hat). Deshalb passt jede Modifikation immer nur für eine bestimmte Zeit, irgendwann aber nicht mehr. Wiederholungen sind also ratsam.

Lassen Sie sich Zeit

Natürlich können Sie Ihre Muster ändern. Nur nicht so, wie Ihnen das manche vorgaukeln. Neulich las ich, an einem Nachmittag könnten all Ihre hinderlichen Einstellungen mittels einer einfachen Meditationstechnik abgebaut werden. Aber Muster nachhaltig zu ändern, funktioniert nicht an einem Nachmittag, nicht einmal an zweien. Geänderte Muster brauchen Übung, Anwendung und Routine, sie müssen in die eigene Persönlichkeit integriert und mit den eigenen Werten abgestimmt werden. Wie bei vielen Dingen ist es erst recht bei der Mustermodifikation wesentlich besser, sich Zeit zu lassen, so wie Pflanzen auch nicht schneller wachsen, wenn man an den Blättern zieht.

Versuchen Sie einmal, voll konzentriert zu laufen: Fangen Sie ganz bewusst mit einem Ihrer Beine an, setzen Sie ganz bewusst einen Fuß vor den anderen, bewegen dabei die Füße in einem parallelen Bogen zueinander, rollen vom Ballen nach vorne ab und so fort. Was passiert den meisten dabei? Sie stolpern nach wenigen Schritten. Laufen läuft genauso automatisiert wie die Anwendung von Mustern. Das macht jedes Eingreifen nicht nur äußerst mühsam, sondern manchmal sogar zum Stolperstein.

Sie wenden Muster ganz automatisch an.

Ihre wesentlichen Muster haben Sie meistens schon seit Jahrzehnten. Sie sind fest in Ihnen verankert und haben geschickte Strategien entwickelt, um zu überleben. Muster wehren sich mit all ihrer bzw. mit all Ihrer (!) Kraft dagegen, aufgegeben zu werden. Erfolgreiche Modifikation ist ein langsamer, meist auch mühsamer Prozess. Das veranschaulicht folgendes Beispielmuster, ein echter Star jeder menschlichen Muster-Hitparade, unabhängig von Alter und Geschlecht: **Ich habe Recht**. Davon gibt es

Dutzende Varianten: **Ich will Recht haben** oder: **Ich habe immer Recht** oder: **Mir sollen alle gehorchen** oder**: Ich sag', was Sache ist.**

Nehmen wir an, Sie haben sich für die schlichte Variante entschieden: **Ich habe Recht.** Weg damit an einem Nachmittag, was hieße das? Das Muster zu ersetzen durch Modifikationen wie „Ich habe nicht Recht", „Ich habe nur ab und zu Recht", „Ich werde auch anderen ihr Recht zugestehen", „Mich interessiert nicht, wer Recht hat" usw.? Es geht nicht, das Muster bzw. sein Thema einfach wegzublasen. Dann würde zum selben Thema in Ihnen ein Vakuum entstehen, das dringend gefüllt werden will. Und das kann eine plumpe Modifikation keinesfalls leisten. Wer steht schon auf „grobe" Eingriffe? Wenn Ihnen jemand eine Modifikation aufdrücken will, werden sich Instanzen in Ihnen weigern, diese Modifikation wirklich zu integrieren. Sonst entstünde in Ihnen ein Chaos. Sie brauchen doch Ihr Muster. Es schadet Ihnen zwar mehr oder weniger oft, aber grundsätzlich müssen Sie etwas in Ihrem inneren Portfolio haben, um die „Recht-Frage" im Bedarfsfall zügig klären zu können.

Jedes Muster ist für den Betreffenden sinnvoll, sonst wäre es nicht da oder es hätte sich nicht so lange am Leben gehalten. Es gibt hunderte bis tausende Muster in Ihnen. Die sollen alle in einer Nachmittagssitzung verschwinden? Oder vielleicht nur die „schlechten"? Aber wer entscheidet, welche das sind? Wenn Sie an eine solche Instant-Modifikation glauben, bringen Sie sich damit um wichtige und wesentliche Lernerfahrungen Ihres Lebens, die dabei keinerlei Wertschätzung erfahren. „Gut", werden manche sagen, „aber meine alten Wunden müssen doch nicht wieder aufgerissen werden." Warum denn nicht? Auch die machen einen wesentlichen Teil von Ihnen aus.

Hindernisse und Störfaktoren erkennen

Es gibt eine Reihe von Gründen, die Ihnen die Mustermodifikation erschweren. Im folgenden werde die wichtigsten von ihnen erläutert.

Muster sind robust

Auch wenn wir die Analogie des „menschlichen Betriebssystems" verwenden, wissen wir: Menschen sind keine Computer und sie lassen sich entsprechend auch nicht auf Dauer umprogrammieren. Sie haben Instanzen wie ihr Ich, das steuernd eingreifen kann. Es sorgt dafür, dass ihr Wesen über eigene Motivationen und Muster wieder hergestellt wird. Da beißt die Maus keinen Faden ab: Es ist leichter, Fältchen wegzuspritzen (und selbst die kommen eines Tages wieder), als innere Strukturen zu ändern.

Ihr Körper ist eine unendlich weise Kapazität, die Ihnen sekündlich hunderttausende Entscheidungen abnimmt und Ihrer Seele ermöglicht, Raum einzunehmen. Ihre Seele ist eine unendlich weise Kapazität, die Ihrem Ich sekündlich viele Entscheidungen abnimmt und Ihrem Ich ermöglicht, Raum einzunehmen, sprich: sich zu entfalten. Beide, Körper und Seele, brauchen dafür die Sicherheit einer überdauernden Kontinuität. Und das bedarf einer gewissen Robustheit bzw. Struktur.

Muster sind der harte Kern.

Die Modifikation übernommener Muster wird oft als Verrat missdeutet

Modifikation von übernommenen Mustern ist manchmal deshalb schwer, weil Ihr Innen genau weiß, woher das Muster kommt. Stammt es von Ihren Eltern, könnten Sie schon eine geringe Modifikation als Verrat an den eigenen Eltern werten. Das wäre schade, denn Ihre Eltern würden sich sicher über Ihre Erkenntnis und Entwicklung freuen. Die von den Eltern übernommenen Muster haben nichts mit der Liebe zwischen Eltern und Kindern zu tun. Ihre Modifikation als Verrat zu empfinden, wäre ein unangemessenes Vermischen unterschiedlicher Ebenen. Dennoch geschieht es häufig.

Eigenverantwortlichkeit ist ungewohnt

Veränderungen beginnen immer bei einem selbst, nie beim anderen: „Jetzt reicht's. Ab jetzt mache *ich* es anders". Der ganze Weg zu einer Lösung und auch zu einer Mustermodifikation ist nicht im Voraus planbar und festlegbar. Sie können in Wirklichkeit nicht mehr vorherbestimmen als den jeweils nächsten Schritt. Den sollten Sie jedoch richtig machen wollen. Es liegt in Ihrer Hand. Sie sind für Ihre Lebensführung und den Umgang mit Ihren Mustern verantwortlich.

Veränderung verursacht (Todes-)Angst

Manche Menschen haben Angst, bei einer wirklichen Veränderung würde ein Teil von ihnen sterben. Damit haben sie nicht ganz Unrecht. Dieses Gefühl kann zu einer scheinbar unüberbrückbaren Befürchtung wachsen, die dem eigenen Fortschritt im Wege steht. Übersehen wird meist nur, dass mit jeder Veränderung auch etwas Neues geboren wird. Veränderung kann uns zu neuem Leben erwecken.

Fünf Schritte zur Überwindung von Hindernissen

Sprache ist bei weitem nicht nur beschreibend, sie ist auch realitätsbildend. Das nutzen wir bei der Mustermodifikation. Bevor Sie sich damit befassen, wie Sie bei der Modifikation konkret vorgehen, sollten Sie sich mit fünf Fragen darauf vorbereiten:

- Ergibt das Muster heute überhaupt noch einen Sinn?
- Nützt mir das Muster?
- Wirkt es in meinem Sinne und im Einklang mit meinen Werten an meinen Zielen und meiner Vision?
- Ist es unschädlich für andere?
- Hat das Muster einen hohen oder einen niedrigen Platz in der Hierarchie (⇨ „Im Zentrum der Macht. Muster herrschen mit treuem Gefolge", Seite 62ff.)? Ein Basismuster zu modifizieren lohnt in der Regel den Aufwand nicht.

Wenn Sie alle Fragen mit Ja beantworten, brauchen Sie nichts zu modifizieren. Ich will Ihnen aber nicht vorenthalten, dass dies höchst selten der Fall ist. Haben Sie einmal oder mehrmals mit Nein geantwortet, können Sie zur Modifikation übergehen. Die folgenden Schritte dienen trotzdem noch der Abklärung, ob das Muster wirklich geändert werden sollte. Denn es ist wesentlich, die eigenen Muster und ihre

Mustermodifikation ist sinnvoll, wenn das Muster Ihnen oder anderen schadet.

massiven Wirkungen zu erkennen und dann in bessere Bahnen zu lenken. Die Änderung ist so aufwändig und nicht selten mühsam und von Rückschlägen begleitet, dass sie oft nicht die erste Wahl sein kann.

Schritt 1: Das Gegebene anerkennen – das Gefühl finden

Im Rahmen der Mustermodifikation muss das Muster sprachlich exakt vorliegen. Es reicht nicht, von einer Annäherung an das Muster auszugehen. Das eigene Muster, selbst wenn es so uncharmant erscheinen mag wie **Jeder hat gefälligst auf mich zu hören**, ist genauestens zu erkennen und anzuerkennen. Dafür ist eine innere Einstellung sinnvoll, die Ihnen erlaubt, Ihre eigene innere Ordnung zu akzeptieren. Der wichtige erste Schritt bei der Mustermodifikation ist also, die Abwehr gegen wesentliche Teile Ihres Innen aufzugeben und ohne Bedauern einverstanden zu sein mit dem, was ist. Dann erst kann das Neue kommen. Hierbei können wiederum Fragen behilflich sein. Bei der Beantwortung laufen oft in schneller Abfolge innere Bilder ab, ein Indiz dafür, das Muster exakt gefunden zu haben:

- Was verursachte das Muster bisher in Ihrem Leben?
- Was müssen Sie deshalb als gegeben hinnehmen?
- Was wurde dadurch gefördert, was wurde vernachlässigt, übersehen, geleugnet – wohlgemerkt von Ihnen selbst?
- Über was haben Sie deshalb nicht gesprochen?
- Was haben Sie deshalb in Ihrem Leben ausgeschlossen?

Das Muster gewinnt an Präsenz, wenn alle abgefragten Faktoren eingeschlossen sind. Das Wichtige hinter all diesen Fragen ist, exakt das Gefühl zu finden, das vom Muster ausgelöst wird. Nur anhand des dazugehörigen Gefühls kann später geprüft werden, ob die Modifikation erfolgreich war.

Über den Erfolg der Mustermodifikation entscheidet hauptsächlich das dadurch bewirkte Gefühl.

Schritt 2: Mustern ihre Existenzberechtigung lassen

Als Nächstes müssen Sie anerkennen, welche Wichtigkeit und Bedeutung das Muster bislang für Sie hatte. Mindestens einmal muss es einen wesentlichen Sinn und Dienst für Sie erbracht haben. Wenn es sich so wohl bei Ihnen fühlt, dass es bei Ihnen bleiben möchte, dann laden Sie es im Nachhinein noch einmal freundlich dazu ein. Wichtig ist in jedem Fall: Keine Wertung des eigenen Musters! Falls Sie das nicht schaffen, dann verurteilen Sie wenigstens nicht Ihre Wertung. Freundlich bleiben, sich selbst zuzwinkern! Sich niemals sagen: Das darf ich nicht. Das Anerkennen des Musters ist eine wichtige Grundlage, um es überhaupt modifizieren zu können.

Jedes Muster hat seine Existenzberechtigung.

Auch wenn Sie Ihr Muster lieber gestern als heute los wären, lösen Sie sich von dieser Einstellung – sie wird das Muster immer wieder provozieren. Gewinnen Sie innerlich das klare Gefühl: Jedes Muster hat seine Existenzberechtigung.

Schritt 3: Musterkontext abklären

Stellen Sie sich folgende Fragen: Nutzt mir das Muster immer? Schadet mir das Muster immer? Es ist unwahrscheinlich, eine dieser Fragen jemals bejahen zu können. Wenn Sie dies trotzdem tun, empfiehlt sich eine kleine Übung: Finden Sie drei Kon-

textbedingungen, in denen das immer nützliche
Muster doch schädlich oder das immer schädliche
Muster doch nützlich sein kann. Wenn Ihnen das
allein nicht gelingt, sind Sie vielleicht zu sehr voreingenommen, dann stellen Sie diese Aufgabe jemand
anderem. Falls Ihnen das zu mühsam ist, fragen Sie
sich wenigstens: In welchen Situationen schadet mir
das Muster? Nur für diese Situationen müssen Sie es
modifizieren. Übrigens schadet Ihnen ein Muster
auch, wenn Sie damit anderen schaden, denn die
Gefühle des Geschädigten wirken auf Sie zurück.

Schritt 4: Muster visualisieren

Die Visualisierung von Mustern bedeutet nichts anderes, als sich eine Situation vor Augen zu führen, in
der das Muster entscheidend gewirkt hat. Machen
Sie sich den Ausgang dieser Situation mit allen
damals beteiligten Sinnen klar: bildlich, akustisch,
olfaktorisch usw. Versuchen Sie, die innere Bestätigung nachzuempfinden und das Muster zu spüren.
Wie hätte die damalige Situation Ihrer Vorstellung
nach ausgehen sollen? Das ist die entscheidende
Frage. Wenn Sie sagen, der Ausgang war ganz o. k.
so, dann haben Sie wenig Anlass und Chancen zur
Modifikation des betreffenden Musters.

Schritt 5: Erkennen und sich versöhnen

Versöhnen Sie
sich mit Ihren
Mustern.

Jedem werden seine Lebenssituationen deshalb präsentiert, damit er etwas lernt. Dieses Lernen ist
ausschlaggebend, um sich zu entwickeln. Stellt sich
also zu guter Letzt die Frage: Was können Sie aus der
Mustervisualisierung, aus der Betrachtung vergange-
ner Situationen lernen?

Allein die Tatsache, dass jedes Muster Sie etwas lehrt und Ihre Erkenntnis steigert, ist Grund genug, sich mit ihm zu versöhnen.

Ihren Zielen näher kommen – die Durchführung der Mustermodifikation

Mustermodifikationen sind nur dann sinnvoll, wenn Sie bei sich selbst ansetzen, denn immerhin geht es um *Ihre* Muster und nicht um Schicksal oder andere Menschen.

Mustersätze umformulieren

Überlegen Sie sich vor dem Hintergrund der Situationen, die Ihnen nicht gefallen haben (⇨ im vorangegangenen Abschnitt die Schritte 4 und 5, Seite 266), was Sie hätten tun können, damit die Situation anders ausgeht? Welcher Anteil des Musters hat das letztlich verhindert? Und wie hätte Ihr Muster lauten können, um Ihnen in der konkreten Situation nicht zu schaden und vielleicht sogar zu nützen? Formulieren Sie dieses andere Muster. Gehen Sie dabei sehr, sehr behutsam vor. Machen Sie keine zu großen Schritte. Es ist illusorisch, aus **Ich habe Recht** eine Formulierung zu kreieren wie „Die anderen haben ab jetzt immer Recht". Das funktioniert nicht. Das neu formulierte Muster muss zu Ihnen passen. Es muss für *Sie* glaubwürdig sein! Deshalb gehen Sie immer erst einen kleinen Schritt weg vom alten Muster, in unserem Fall zum Beispiel mit der Formulierung: **Ich entscheide im konkreten Einzelfall bewusst, ob ich Recht habe.**

Übung: Muster und erster Modifikationsschritt

Die Tabelle zeigt Ausgangsmuster und einen zugehörigen modifizierten Mustersatz. Verdecken Sie die rechte Spalte und versuchen Sie einen ersten Schritt der Modifikation: Überlegen Sie, wie das Ausgangsmuster für den Anfang angemessen umformuliert werden könnte. Sie werden erkennen, dass die erste Modifikation sehr oft mit „Ich beginne" oder „Ich lerne" anfängt.

Ausgangsmuster	Satz für im ersten Modifikationsschritt
Ich habe Angst vor Fremdem.	Ich beginne jetzt, mich für das Fremde zu öffnen.
Ich will mir immer ein Hintertürchen offen halten.	Ich lerne mich festzulegen.
Mir hilft keiner.	Ich beginne zu fühlen, dass es Menschen gibt, die mir helfen wollen.
Ich bin alleine.	Ich lerne zu erkennen, dass es Menschen gibt, die mich begleiten.
Ich will meine Ruhe haben.	Ich lerne ab nun, meinen Weg in Ruhe und ohne Zweifel voranzugehen.
Ich kann es nicht ertragen.	Ich beginne, auch unangenehme Dinge (für kurze Zeit) zuzulassen.
Ich lasse mich nicht ein.	Ich lerne mich einzulassen.
Ich tue, was ich will.	Ich beginne nun, wahrhaftig zu leben.

Ich halte länger durch.[5]	Ich lerne ab jetzt, zu mir zu stehen.
Ich will alles verstehen.	Ich lerne zu glauben.
Mir steht zu, was ich will.	Ich beginne dankbar zu sein für das, was ich bekomme und erreiche.
Ich dulde keinen Widerspruch.	Ich lerne die Meinung anderer ernsthaft anzuhören.
Ich muss raus hier.	Ich lerne es, dabei zu bleiben.
Es ist alles vergeblich.	Ich fange an, zu vertrauen, dass alles in meinem Leben einen Sinn hat.
Ich will es nicht wahrhaben.	Ich lerne es, mich und anderes anzunehmen, wie es ist.
Ich will es alleine können.	Ich lerne Hilfe von anderen anzunehmen.
Ich bin zu stolz, um meine Gefühle zu zeigen.	Ich lerne ein Teil des Ganzen zu sein und meine Gefühle zu zeigen.
Ich verschließe mich (und werde starr).	Ich lerne ab sofort, mich zu öffnen und beweglich zu werden.
Ich will alles selbst bestimmen.	Ich lerne Hilfe wahrzunehmen und anzunehmen.

---

5 Das Muster klingt für viele (Männer) wahrscheinlich sehr positiv. Aber es ist mit viel Mühe verbunden. Mühe kostet Kraft und ist ohne Wert für den Einzelnen. Deshalb ist es besser, seine Grenzen selbst zu setzen und zu wahren. So erklärt sich auch diese Modifikation.

Ich will tun, was ich will.	Ich beginne zu lernen, Rücksicht zu üben.
Ich will's nicht wahrhaben.	Ich beginne, zu lernen, der Realität ins Auge zu schauen.
Ich möchte nicht verlassen werden.	Ich lerne das Gefühl des Alleinseins anzunehmen.
Ich halte mich an die Regeln.	Ich lerne mich so zu verhalten, dass ich weder mich noch andere verletze.
Ich fühle mich schutzlos.	Ich lerne darauf zu vertrauen, dass ich beschützt werde (von Gott).
Ich will ganz schnell vorankommen.	Ich darf auch dann sicher sein, wenn es langsam geht.
Ich vertraue niemandem.	Ich lerne, dass andere mir helfen können.
Ich muss es alleine schaffen.	Ich lerne die Fähigkeiten anderer zu respektieren und deren Hilfe anzunehmen.
Wenn ich mich bewege, dann sterbe ich.	Ich lerne mich zu bewegen und mir dabei voll zu vertrauen.
Ich klammere mich fest.	Ich lerne zu erkennen, wann ich loslassen kann.
Ich muss durchhalten.	Ich lerne zielsicher, adäquat und konsequent zu handeln.

Ich muss vorher wissen, was geschieht.	Ich lerne mich offen einzulassen, auch wenn ich die Situation vorher nicht kenne.
Ich darf nicht offen sein für Neues.	Ich beginne an mich zu glauben und vertraue darauf, dass ich tragen kann, was auf mich zukommt.
Ich will die Emotionen von anderen nicht fühlen.	Ich lerne mich berühren zu lassen.
Es ist mir alles zu viel.	Ich lerne, dass alles in meinem Leben einen Sinn hat.
Ich will es nicht hören.	Ich lerne auf mich zu hören und anderen zuzuhören.
Ich zeig' mich nicht.	Ich lerne, dass ich verstanden werde, wenn ich mich richtig zeige.[6]
Ich muss der Erste sein.	Ich lerne mich gleichwertig zu fühlen, auch wenn ich nicht Erster bin.
Ich bestimme den Weg.	Ich lerne meinen Weg zu gehen.
Ich muss die Erwartungen anderer erfüllen.	Ich lerne, dass ich die Erwartungen auch enttäuschen darf.
Ich mag nicht hinschauen.	Ich lerne die Realität wahrzunehmen.

---

6 Dieses Beispiel zeigt gut, dass eine direkte 180-Grad-Wendung wie *Ich zeige mich* völlig sinnlos wäre. Dem Betroffenen geht es darum, dass er verstanden werden will. Das Sich-nicht-Zeigen ist nur ein äußeres Phänomen.

Sich mit den neuen Mustern wohl fühlen

Das Außerbewusste ist unpersönlich. Es nimmt alles auf, ohne Wertung, aber auch ohne Rücksicht. Es selektiert nicht und wertet nicht. Es speichert und speichert und speichert … Es kennt keine Zeit und keinen Raum. Am liebsten mag es in Bildern angesprochen werden. Um eine Mustermodifikation besser verinnerlichen zu können, reicht es nicht, den neu formulierten Mustersatz immer wieder aufzusagen. Das haben Sie beim Ursprungsmuster auch nicht getan. Sie sollten mit der Modifikation ein Ihnen angenehmes Gefühl verbinden und dieses mit einem Bild verknüpfen. Das Bild können Sie sich vor Augen halten.

Mustermodifikation funktioniert nur, wenn das geänderte Muster sich besser anfühlt als das ursprüngliche.

Um das zu testen, können Sie folgende Methode anwenden: Stellen Sie sich *bildlich* eine Situation vor, die Sie eventuell schon einmal erlebt haben und in der Ihnen das geänderte Muster nützt und hilft. Dringen Sie tief in dieses Bild hinein, und versuchen Sie, zu spüren, wie anders, wie viel angenehmer Ihre Gefühle dabei sind.

Alternativ zu dieser Methode können Sie aber auch die so genannte MG-Übung (MG = Muster/ Gefühle) durchführen, bei der Sie folgende Fragen beantworten und die Gefühle miteinander vergleichen:

- Das ursprüngliche **M**uster erzeugt welche **G**efühle?
- Die Modifikation dieses **M**usters erzeugt welche **G**efühle?

Auch bei dieser Übung ist die bildliche Vorstellung von Situationen von entscheidender Bedeutung.

Nach neuen Mustern leben

Die Mustermodifikation braucht in der Regel mehrere Schritte. Im ersten Schritt stellen Sie sich eine Lernaufgabe. Wie Sie diese genau ausfüllen, das können Sie definieren, nachdem Sie den Modifikationssatz festgezurrt haben. Natürlich genügt es nicht, sich zu sagen oder zu visualisieren: **Ich beginne mir zu vertrauen.** Sie müssen sich festlegen, konkret werden und Situation für Situation durchspielen – was genau werden Sie wie und wann anders machen als bisher, um Selbstvertrauen zu lernen? Im Zuge der Mustermodifikation werden Sie deshalb zunächst im Außen Ihr Verhalten ändern. Somit leben Sie jede Mustermodifikation erst einmal indirekt. Sobald Sie den Punkt erreichen, an dem der Gewinn der Modifikation größer ist als der Verlust, den Sie dadurch erleiden, wird sich das neue Muster sicher und dauerhaft etablieren können. Schon mancher, der sich in Sicherheit wog, wurde noch Jahre später von seinem alten Muster wieder eingeholt. Aber auch das ist keineswegs beunruhigend, denn in der Regel gewinnt nur das Muster, das Ihnen bessere Leistungen und Resultate liefert, also das kompetentere und effektivere Muster – und das ist unter Umständen Ihr altes.

Das wirkungsvollere Muster gewinnt – oft ist es das ältere.

Regeln beachten

Damit die modifizierten Muster Sie auf Ihrem Weg erfolgreich begleiten können, sich nach und nach immer tiefer einprägen und schließlich auch zuverlässig wirken, sind neben der exakten Formulierung des Mustersatzes (⇨ „Wie Sie Muster exakt formulieren", Seite 234) folgende Regeln zu beachten:

- Setzen Sie sich nicht unter Druck oder Zwang (wie: Ich muss).
- Modifizieren Sie in realistisch-kleinen Schritten, die individuell angemessen sind. Vermeiden Sie jede Überforderung, bei der Sie schon nach kürzester Zeit kapitulieren würden. Sie müssen die Modifikation auch schaffen können. Ist der Schritt zu groß, gibt Ihr Inneres auf.
- Wählen Sie allgemeine Formulierungen, statt Glaubenssätze zu bilden.
- Formulieren Sie modifizierte Muster kurz und bündig.
- Der neue Mustersatz muss für Sie Stärke ausstrahlen.
- Vermeiden Sie jetzt – nicht im Ursprungsmuster – Verneinungen. Alles, was Aufforderungscharakter hat, so auch neues Muster, sollte auf ein „nicht" verzichten.
- Verwenden Sie positive Ausdrücke. Jede Modifikation sollte ausdrücken, wohin Sie wollen, und nicht, wohin Sie nicht wollen.
- Beziehen Sie den Inhalt auf sich selbst.
- Wenn Sie Gefühle ausdrücken, dann konkret. Also nicht einfach „gut" oder „anders", sondern „geborgen" oder „freudig".
- Formulieren Sie modifizierte Mustersätze keinesfalls als Vergleich oder Wertung (z. B.: **Ich will weniger alleine machen** oder: **Ich will mir öfter helfen lassen**). Solche Formulierungen sind vage und viel zu unverbindlich.
- Prüfen Sie das Gefühl, das der modifizierte Mustersatz bei Ihnen erzeugt.
- Testen Sie das neue Muster in Situationen, in denen das Ursprungsmuster wirkte. Dann spüren Sie, was wirkt und was nicht. Aber Vorsicht: Häu-

fige Tests können das alte Muster ärgern und Ihre inneren Widerstände gegen das geänderte Muster wachsen lassen.

Mustermodifikation – und dann?

Bei jeder Modifikation müssen Sie sich abschließend die Frage beantworten: Was kommt danach? Sie sollten sich also in einen Zustand hineinversetzen, in dem die Modifikation schon erfolgreich abgelaufen ist. Nur so können Sie den Teil Ihres neuen Selbst adäquat integrieren und Probleme wie Krisensituationen vermeiden.

Musterfallen immer früher erkennen

Wie geht es im Alltag weiter? Es wäre zu schön, wenn die Modifikation sofort wirken würde. Gehen Sie aber nicht davon aus. Zu Beginn werden Sie immer wieder in die Musterfalle tappen. Ihr ursprüngliches Muster kennt Sie länger, als Sie das Muster (bewusst) kennen. Das macht es stark. Es wird garantiert zuschlagen. Machen Sie sich das bewusst. Aber wie verhalten Sie sich richtig, wenn die Musterfalle wieder zugeschnappt hat?

Wenn eine abgeschlossene Situation nicht so gelaufen ist, wie Sie das gerne gehabt hätten, begeben Sie sich möglichst in eine ruhige Zone. Überlegen und fühlen Sie, welches Muster Sie da geritten hat. Dieser Prozess des Bewusstmachens ist ganz wesentlich. Es ist der entscheidende Schritt. Wenn Sie ihn – je Mustermodifikation – einige Male gegangen sind, werden Sie die Änderung bemerken: Sie werden immer seltener *nach*, dafür aber immer häufiger schon *während* der konkreten Situation mitkriegen,

Muster können nur schrittweise verändert werden, so wie modifizierte Muster nur Schritt für Schritt wirken.

wie Ihr altes Muster wirkt. So können Sie manche Situation eventuell noch retten – mit dem modifizierten Muster. Bei entsprechender Übung werden Sie irgendwann sogar schon *vor* einer Situation merken, ob das alte Muster wirken möchte. Wenn Sie so weit sind, kommt der wirkliche Durchbruch. In Ihrem Inneren ist das modifizierte Muster stärker als das ursprüngliche. Mit dem modifizierten Muster können Sie die Situation meistern.

Üben und Routine erlangen – bis zum Automatismus

Mustermodifikation dauert lange.

Bis eine Modifikation wirkt und eine wirkliche Änderung eintritt, kann es Monate bis Jahre dauern. Aber: Diese Änderung kommt aus Ihnen selbst, sie ist nicht per Hypnose oder „Umprogrammierung" geschehen, sondern ein bewusster, eigenverantwortlicher Prozess. Dadurch bleiben Sie authentisch und haben die Chance, dass modifizierte Muster irgendwann tatsächlich automatisch wirken. Letzteres können Sie beschleunigen, indem Sie sich bewusst Situationen aussetzen, die das modifizierte Muster aktivieren. Wie bei jedem Lernprozess gilt auch hier: Je öfter Sie es tun, umso besser und schneller können Sie es. Mehr geht nicht. Und gar nicht geht Mustermodifikation in nur wenigen Tagen, auch wenn manch ein Guru dergleichen von seinem Persönlichkeitstraining behauptet. In seiner realitätsfernen eigenen Wirklichkeit mag er das freilich so sehen.

Weiterentwicklung – die Modifikation überprüfen und neu justieren

Erinnern wir uns an das Beispiel mit dem Autounfall in Italien (⇨ „Strategie 2: Ich nutze jede Chance", Seite 112ff.). Das Muster hieß: **Ich kann es nicht halten.** Hier wäre als Modifikation spontan eine Formulierung logisch wie: „Ich kann es halten" oder: „Ich habe die Kraft, alles zu halten" oder: „Ich darf alles festhalten". Letzteres wäre fatal; dann könnten Sie sich von nichts mehr lösen. Aber Leben bedeutet loslassen, loslassen, loslassen.

Der Autofahrer, Norbert, war einer meiner Klienten und egal, welche dezenten Modifikationen ich ihm vorschlug („Ich darf mir erlauben, es wieder halten zu können" oder: „Ab jetzt kann ich das meiste halten"), er wollte keine annehmen. Schließlich wurde klar: Sein Muster fand in dieser lebensbedrohlichen Situation einen extremen Verstärker durch den glimpflichen Ausgang. Darauf musste die erste Mustermodifikation eingehen. Die zunächst vorgeschlagene Formulierung „Ich habe die Kraft, es zu halten, und es geht gut aus" fand der Klient selbst zu heftig. Daraufhin entwickelten wir: **Auch wenn ich es halte, geht es gut aus**. Ein merkwürdiger Satz, der ohne den dargestellten Zusammenhang unverständlich wäre.

Wenn Sie eine Modifikation als stimmig empfinden, können Sie sich selbst eine Frist setzen, nach deren Ablauf Sie die Modifikation und ihren Inhalt überprüfen. In unserem Unfall-Beispiel taten wir das nach sechs Monaten und kamen zu folgender stimmigen Musterergänzung: **Auch wenn ich es halte, geht es gut aus. Ich habe die Kraft dazu.** Nach zwei Jahren wurde daraus: **Ich habe die Kraft, frei zu**

Eine einzige Modifikation reicht meist nicht. Sie muss überprüft werden.

entscheiden, was ich halte und was nicht. Das ist ein Satz, der den eigenen Willen zum Ausdruck bringt, Entscheidungsfreiheit demonstriert und positiv in die Zukunft gerichtet ist. Zu Beginn der Modifikation wäre dem Klienten dieser Satz nie und nimmer möglich gewesen.

AA Aufgabe 24, Seite 340

Muster nicht be- oder verurteilen

Das, was wir bös nennen, ist nur die andre Seite vom
Guten,
die so notwendig zu seiner Existenz und in das
Ganze gehört.

J. W. Goethe

Der korrekte Umgang mit der Musteridentifikation und -modifikation bedeutet den Verzicht auf jegliche Bewertung. Um diese geht es nicht, sondern um die Aufdeckung, darum, sich etwa bewusst zu machen. Das Erkennen selbst ist die Leistung und das Ziel. Bewertungen haben keinen Sinn, wenn man sich erkennen will. Sie sind letztlich sogar hinderlich für jede Entwicklung. Sie sind das Haftenbleiben an Vergangenem, auch an alten Mustern. Diese Haftung bedeutet Bindung, die jede funktionierende Mustermodifikation verhindert.

Warum immer bewerten?

Es gibt gute Gründe, warum wir Dinge ständig bewerten. Bewertungen wovon auch immer, so auch von Mustern, bringen einen sechsfachen Nutzen:

> Kein Muster ist gut oder schlecht. Was Sie daraus machen, ist richtig oder verkehrt.

Sicherheit

Bewertungen bieten Ihnen eine Struktur und damit Sicherheit im Außen – daran können Sie sich festhalten, klammern, orientieren. Bewertungen sind also eine scheinbare Sicherheit. Wenn neu erkannte Muster – genauso wie altbekannte – drohen, Ihnen den Boden unter den Füßen wegzuziehen, dann bieten Ihnen Ihre Bewertungen eine äußere Pseudosicherheit. Es kann wirklich sehr schwer sein, bei der ersten Konfrontation mit Mustern wie: **Wer mich betrügt, den bringe ich um, Ich will alles unbedingt beherrschen, Mir kann es keiner Recht machen** oder: **Ich will leiden** Bewertungen zu unterlassen.

Selbstbestätigung

Sie messen und bewerten anderes und andere nach Ihrer Sicht der Dinge, mit der Sie meinen, immer richtig zu liegen (Metamuster **Ich habe Recht**). Ihre Bewertungen befriedigen also dieses Metamuster, das fast alle Menschen anwenden. Dadurch finden sie Selbstbestätigung. Worauf aber bezieht sich diese Art der Selbstbestätigung? Es bezieht sich immer auf Sie selbst. Andere sind zum Beispiel gut, weil Sie selbst genau so sind (**Ich habe Recht**), weil Sie selbst genau so sein möchten (**Ich bin nichts wert** oder: **Um mich kümmert sich keiner**) oder weil Sie dasselbe Ziel haben (**Ich brauche Bestätigung**). Andere können aber auch schlechter sein, weil Sie besser sind (**Ich bin was Besseres**). Das macht deutlich, dass Wertungen letztlich keine wahre Selbstbestätigung bringen.

Harmonie

Bewertungen dienen Ihnen dazu, Ihr Inneres mit dem Äußeren abzugleichen. Die meisten Menschen streben nach Harmonie und hassen Dissonanzen, selbst wenn ausnahmsweise mancher Mensch Zorn als einen seiner Werte definiert. Über Ihre Bewertungen kommen Sie in Gleichklang mit sich selbst, schalten also mögliche Missstimmungen aus.

Flucht

Aus dem eben Gesagten folgt: Bewertungen dienen auch der Flucht – der Flucht vor sich selbst. Sie können benutzt werden, um sich nicht wirklich auf seine eigenen inneren Gefühle einlassen zu müssen.

Risikominimierung und Ruhe

Bewertungen verhindern aber auch, im Hier und Jetzt zu sein. Denn das Hier und Jetzt bedeutet leben und erleben und nicht werten. Mit jeder Wertung befinden Sie sich automatisch in der Vergangenheit, manchmal auch in der Zukunft, aber niemals in der Gegenwart. Damit gehen Sie kein Risiko ein, ein wirkliches Gefühl zu entwickeln. Bewertungen bedeuten, sich nicht einlassen zu müssen und seine Ruhe zu haben.

Verschleierung

Bewertungen sind oft die Anwendung oder die Folge eines Musters oder Glaubenssatzes. So mag beispielsweise hinter der bewussten Bewertung: „Der andere ist geizig" der Glaubenssatz stecken: „Der andere will mir nichts geben" und dieser Satz wiederum mag basieren auf dem Muster: **Ich will alles haben**. Der Nutzen von Bewertungen liegt hier also in deren Anwendung selbst begründet, die die wirklichen Intentionen verschleiert.

Muster brauchen keine Bewertung

Im gesamten Ausmaß wird Ihnen Ihre komplette Musterhierarchie nie klar sein können. Schon deshalb ist es kaum möglich, den Wert eines Musters im Gesamten korrekt zu beurteilen. Deshalb sollten Sie es lieber ganz sein lassen.

Selbst wenn Sie sicher sind, dass ein Muster für Sie ausnahmslos schlecht ist und war, sollten Sie von voreiligen Handlungen absehen. Denn zahlreiche Erfahrungen aus therapeutischen Situationen und aus der Aufstellungsarbeit zeigen eines ganz deutlich: Der scheinbare Täter ist oft das Opfer, und das scheinbare Oper ist oft der Täter. Das gilt für auch Muster. Das, was Sie für unsäglich schlecht erachten, kann Ihnen in letzter Konsequenz sehr geholfen haben. Das, was Sie für ehrwürdig und sinnvoll halten, kann Ihre Entwicklung schon seit Jahrzehnten bremsen.

Ein Muster wie **Ich bin allein** können die meisten spontan nur mit einer negativen Bewertung verknüpfen. Es ist aber durchaus möglich, dass Sie gerne allein sind, weil Sie mit anderen nichts zu tun haben wollen oder Ihre Ruhe möchten. Wie auch

Muster werden durch positive und negative Bewertung bestätigt.

immer Sie Ihre eigenen Muster subjektiv bewerten, für andere Menschen muss das so nicht gelten. Muster können also völlig unterschiedliche Bewertungen erfahren und für andere Menschen einen ganz anderen Wert haben. Aber etwas Gutes haben Bewertungen: Sie bedeuten, dass Sie betroffen sind.

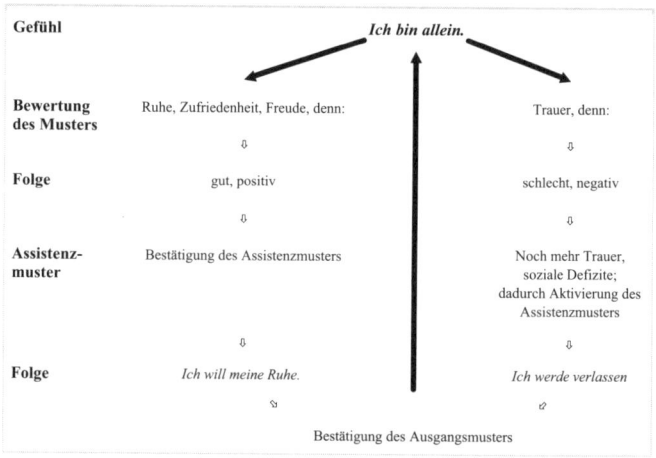

Abbildung 7:   *Bewertung von Mustern*

Bewertungen machen Sie voreingenommen und trüben Ihren Blick. Solange Sie bewerten, werden Sie niemals sehen können, dass Ihre Muster Gutes *und* Schlechtes in Ihnen hervorbringen können. Auf diese Art verwehren Sie sich selbst, das Beste aus Ihren Mustern herauszuholen. Außerdem bringt eine Bewertung letztlich nichts, denn Ihre Muster warten keineswegs darauf, von Ihnen bewertet zu werden. Sie sorgen ganz alleine für sich und wirken erfolgreich weiter, wie auch immer Sie urteilen mögen.

Muster wertfrei annehmen

Helfen, auch sich selbst, gelingt nur, wenn Sie nicht urteilen. Parteinahme verhindert, helfen zu können. Das gilt nicht nur für professionelle Helfer, sondern für jeden. Wenn Sie Ihre Muster oder die anderer erkannt haben und beginnen, diese zu bewerten, haben Sie schon verloren. Jede Bewertung spiegelt ohnehin nur Ihre eigene, innere Wirklichkeit wider und nicht die Wahrheit. Auf Bewertung zu verzichten schenkt Ihnen die Freiheit und die Kraft, Veränderungen zuzulassen. Ohne Bewertung – das sind auch (Selbst-)Mitleid, Mitgefühl, Wut, Unverständnis, Trauer und alle anderen Gefühle – kommt eine versöhnende Kraft zum Zug.

Dem Gut und Böse, dem Richtig und Falsch zu entkommen ist sehr schwierig. Die Bewertung im Kleinen beruht auf einer Haltung im Großen. Viele Menschen wollen selbst Gott Gut oder Böse zusprechen. Dabei werden sie Komplizen ihres eigenen Gewissens und verkennen die Dimension. Gott entzieht sich solcher allzu menschlichen Kategorien.

Lernen Sie, amoralisch zu werden, das hilft Ihnen beim Umgang mit Ihren Mustern und für Ihr ganzes Leben. Aber bitte amoralisch, nicht unmoralisch.

Machen Sie das Beste aus Ihren Mustern.

Ihre Muster kommen dann voll zu Kräften, wenn Sie auf ihre Bewertung verzichten.

TEIL V

SO KLAPPT'S

Ob Sie sich entschieden haben, Ihre Muster anzunehmen oder sie zu ändern – im Alltag können Sie
den Erfolg dann testen. Erprobungsfelder gibt es
genügend.

Partnerschaft – viele Chancen

> Und wenn ich prophetisch reden könnte und alle
> Geheimnisse wüsste und alle Erkenntnis hätte; wenn
> ich alle Glaubenskraft besäße und Berge damit
> versetzen könnte, hätte aber die Liebe nicht,
> wäre ich nichts.
>
> *1. Korinther 13*

Wenn Sie sich Gedanken über Ihre eigenen Muster
und die Ihres Partners machen, ist zuvor eine Stand-
ortbestimmung sinnvoll: Welche Art von Partnerschaft leben Sie wirklich? Damit meine ich keine
Äußerlichkeiten, ob Sie beispielsweise verheiratet
sind oder einen Lebensabschnittsparter haben, sondern ob Sie sich *begegnen* oder eine *Beziehung* haben.
Und was hat das alles mit Liebe zu tun?

Beziehung bedeutet Ungleichgewicht
der Kräfte

Bei einer *Beziehung* zieht der eine, und der andere
wird gezogen, der eine tut und der andere lässt
geschehen. Wer zieht und wer ziehen lässt, kann
festgelegt sein, so bleiben oder in unterschiedlicher
Frequenz wechseln. Beziehungen laufen auf der
Ebene der Emotionalität ab, sie sind gekennzeichnet
durch Antipathie und Sympathie.

Mustersatz
einer Bezie-
hung: **Ich
bleibe mit
mir selbst
und gehe
nicht zum
anderen.**

Konkurrie-
rende Muster
zwischen zwei
Partnern wir-
ken auf der
Beziehungse-
bene.

Wenn Ihnen der andere zu nahe kommt, droht aufgrund der Ungleichheit gleichsam eine partielle Einverleibung des Schwächeren durch den Stärkeren. Die Beziehungsebene ist ein Gefälle, sie ist geprägt von Ungleichheit und Ungleichgewicht. Damit ist jedes Schuldthema das Thema einer Beziehung. Wer im Unrecht ist, versucht im Allgemeinen die Beziehung zu sprengen. Unternehmen beispielsweise haben Kundenbeziehungen und keine Kundenbegegnungen. Auch das Ausstellen eines Rezeptes für einen Patienten durch den Arzt ist eine Art der Beziehung. Viele private Partnerschaften spielen sich auf dieser Ebene ab. Es ist die Ebene, auf der die meisten Musterungleichheiten ausgetragen werden.

Begegnung ist Auseinandersetzung

Treffen sich Ihr Partner und Sie im Rahmen einer *Begegnung*, stehen Sie sich als „Gegner" gegenüber. Dann kommt von beiden ein Impuls, jeder geht auf den anderen zu. Bei einer Begegnung vertreten beide sich selbst, es handelt sich in der Regel um gleichwertige Positionen. Begegnung bedeutet, sich treffen, sich trennen und distanzieren und wieder aufeinander zugehen, alles freiwillig. Auch wenn einer stärker sein mag als der andere, verlassen beide gleichberechtigt die Situation. Begegnung bedeutet, Reibung und Rivalität zu akzeptieren und einen Standpunkt einzunehmen. Begegnung ist eine Auseinandersetzung. Eine Begegnung ist aufwändiger als eine Beziehung und sollte als bewusster Prozess ablaufen, dann findet sie auf der Ebene des Ich statt. Bei einer Begegnung akzeptiert das eine Ich das andere Ich.

Bei einer Begegnung vertritt jeder erst einmal seinen Standpunkt. Dann werden die Standpunkte geordnet und Gemeinsamkeiten festgestellt, um das gemeinsame Ziel zu erreichen. Dieser Vorgang erfordert im Gegensatz zur Beziehung Eigenverantwortlichkeit. Eine so gelebte Begegnung ist ein wahrer Fortschritt für viele Partnerschaften, sei es im Vertrieb, bei einem Anwalt-Klienten-Verhältnis, beim Arzt-Patienten-Verhältnis oder in der Ehe.

*Der Mustersatz für eine Begegnung lautet: **Ich nehme und ich gebe im gleichen Maß.***

Damit eine Begegnung entsteht, müssen Sie unter anderem ungemütliche Fragen stellen, und Sie müssen den anderen ganz selbst sein lassen. Letztlich müssen Sie an der Entwicklung des anderen Ich in etwa gleichem Maß interessiert sein wie an der Entwicklung Ihres eigenen Ich.

Eine Begegnung auf seelischer und geistiger Ebene ist die *Freundschaft*. Die *Partnerschaft* ist ursprünglich nur die Begegnung auf geistiger Ebene. Ein *Verhältnis* hingegen ist eine Beziehung – im sexuellen Sinne eine auf körperlicher Ebene. Sexualität ist nicht Ich-haft, und so kann Sexualität niemals Begegnung bedeuten. Die einzige Begegnung auf körperlicher Ebene ist der *Kampf.*

Sexualität ist immer eine Beziehung, und da Sexualität in den meisten Ehen und Partnerschaften vorkommt, existiert eine ausschließliche Begegnung in nahezu keiner Ehe. Doch *Ehe* ist ursprünglich eine Begegnung auf geistiger Ebene – das Erkennen des anderen und des Selbst (Ich). Daher lautet das hauptsächliche Anliegen der Ehe: Wer bist du? In der Realität ist das allerdings selten die Frage bei einer Eheschließung und danach. Viel häufiger ist der (meist weibliche) Wunsch, den anderen so zu formen, wie man ihn gerne haben oder erleben möchte. Bei einer intakten Ehe ist im Gegensatz zur Beziehung der andere das Hauptinteresse. Die Ehe

*Der Mustersatz für die Ehe ist: **Ich will dem anderen helfen zu werden, wie er ist.***

ist die höchste Anforderung an das Ich, ein zukünftiges Ich nämlich. Dieser Anforderung sind mindestens 30 Prozent der Ehepartner nicht gewachsen –
sie lassen sich scheiden. Eine Heirat führt üblicherweise aus einer Beziehung in die Fortführung der
Beziehung. Erst dann kann sich langsam eine Begegnung entwickeln.

*Frank, ein Klient, ist 24 Jahre alt. Er kommt mit der
Frage, warum er nun dabei sei, sein drittes Studium
abzubrechen. Im Rahmen des Gesprächs kommen wir
auf sein Privatleben zu sprechen. Es stellt sich heraus,
dass Frank schon sehr viele Beziehungen mit Frauen
hatte. Keine dauerte länger als zwei Monate, die
meisten waren One-Night-Stands. Auf die Frage,
warum er sein erstes Studium (Tiermedizin) abgebro-
chen habe, sagte er: „Mir war schon nach wenigen
Wochen klar: Das ist es nicht. Letztlich dann dauernd Tiere einschläfern zu müssen, wollte ich nicht.
Außerdem fand ich das Studium nicht interessant, so
wichtig war mir das nicht." Als zweites Studium hatte
er sich Biologie ausgesucht. Er ist sehr naturverbun-
den und hatte sich gedacht, die stärker wissenschaftliche Ausrichtung würde ihm mehr taugen. Er erzählt,
dass das Studium ihm anfangs auch Spaß gemacht
habe, als dann aber Pflichtkurse wie Bau, Funktion
und Evolution der niederen und höheren Pflanzen
auf dem Plan standen, habe er gemerkt, dass ihn das
nicht wirklich interessiert. Außerdem habe er dann
einen Studienplatz für Medizin bekommen und den
auch gerne angenommen. Nun, nach dem Physikum,
merke er, dass die Patienten ihn nerven. Er wolle
außerdem nicht dauernd nur mit Krankheiten zu tun
haben. – Das sei irgendwie so ähnlich bei seinen
vielen Bekanntschaften. Sex sei ja was ganz Schönes,*

aber so wichtig auch wieder nicht. Und mit den Frauen wolle er auf Dauer nichts zu tun haben. Die seien oft so anhänglich, und wenn er merke, die Frau will nur Sex, würde ihn das wiederum nicht glücklich machen. Er sei da in so einem Zwiespalt.

Frank hat sein Muster fast wörtlich genannt: **Mir ist nichts wirklich wichtig.** Das ist für Beziehungen, Begegnungen und für Liebe ein denkbar schlechtes Muster. Aber nicht nur da: Beziehungsmuster spielen auch im Berufsleben eine wichtige Rolle.

Liebe hat viele Gesichter

Liebe ist nur möglich, wenn völlige Offenheit herrscht, wenn die Sinne wach sind, wenn die Seele bereit ist, zu empfinden (auch Schmerz), wenn Sie verletzlich und empfänglich sind für alles Neue. Geliebt zu werden ist irgendwie mysteriös. Weil sich die meisten selbst nicht bedingungslos lieben, fällt es ihnen sehr schwer, zu glauben und zu fühlen, dass ein anderer Mensch sie wirklich lieben kann. Liebe ist ein wesentliches Thema des Menschen, sein Wesen. Liebe ist rein menschlich. Kein anderes Wesen auf der Erde ist dazu fähig.

In der deutschen Sprache muss der Begriff Liebe für alle verschiedenen Arten der menschlichen Liebe genügen. Die alten Griechen unterschieden hingegen Eros, Philia (Amor) und Agape. Diese Differenzierung kann Ihnen zukünftig Verwirrungen ersparen:

Eros ist unmissverständlich auf den Bereich des körperlich-sinnlichen Erlebens ausgerichtet. Eros ist Vorzugsliebe, sie wählt einen aus vielen aus, sie bevorzugt also einen und die anderen bleiben ausgeschlossen. Eros ist antriebsstark, eben auch triebhaft. Eros ist zum Gutteil *die Liebe des Körpers*. Diese Liebe findet ihre Befriedigung in Form von seelischer und körperlicher Zuneigung, das heißt, Sexualität kann ein Teil von Liebe sein, umgekehrt aber nicht.

Amor bzw. Philia umfasst den Bereich der Liebe, der nicht an geschlechtliche Befriedigung gebunden ist, sondern sich ganz aus der Herzensfreude, dem freundschaftlichen Wohlwollen für einen anderen Menschen und andere Themen nährt. Es ist sicher ein Lebensweg, wenn ein Paar den Zustand von Philia, gegenseitiger Herzensliebe und -güte erreicht, auch wenn ihr Weg meist bei Eros begann. Amor ist zum Gutteil *die Liebe der Seele*.

Agape hingegen grenzt sich völlig von der Sexualität ab, sie ist allumfassend und verströmt die Energie der Liebe auf alles und alle. Sie schließt nichts und niemanden aus. Wer wirklich im Sinne der Agape alle und alles zeitgleich lieben kann, schließt damit die Sexualität aus, denn die wählt immer aus und bevorzugt oder benachteiligt. Agape hingegen wählt nicht aus und schließt damit nichts aus. Agape ist die dienende Hingabe. Sie gibt den Blick frei in die Unendlichkeit. Irgendwie scheint sie mir etwas mit der Güte und Weisheit des Alters zu tun zu haben. Sie ist zum Gutteil *die Liebe des Geistes*.

Liebe entsteht immer aus dem Augenblick. Liebe ist schnell da und genauso schnell wieder weg. Liebe ist nur im Augenblick lebendig. Somit ist auch der Begriff „ewiger Liebe" eine Paradoxie: Liebe muss jeden Moment neu ergriffen werden.

Beziehungen, Begegnungen und Muster

Eine tiefe Ebene der Liebe empfinden wir oft dann, wenn wir mit einem anderen Menschen Muster (vorrangig übrigens Werte) teilen. Trotzdem muss das so nicht sein. Immer gilt: Wer seine Muster nicht in Ordnung bringt, bringt damit seine Beziehungen in Unordnung und erschwert seine Begegnungen. Fangen Sie bei sich an mit dem Ordnung schaffen und schauen Sie, was dann geschieht.

Stellen Sie sich ein Paar vor, dessen zwei Leitmuster lauten: **Ich will alles unbedingt kontrollieren** und **Du kriegst mich nicht**. Können Sie sich vorstellen, was dieses Paar (mit)macht? Das ist wie Jäger und Gejagter: Langweilig wird's ihnen damit nicht, richtig glücklich werden sie damit aber auch nicht. Diese Muster fordern beide Menschen heraus, aber: Mit dem beidseitigen Ergreifen des Ich kann daraus eine höchste Entwicklung zur Begegnung und zum beiderseitigen Wachstum werden.

Entscheidend im Rahmen einer Partnerschaft und einer Ehe ist nicht, wie die Muster konkret lauten oder ob zwei auf Macht konzentrierte Muster aufeinanderprallen. Entscheidend ist allein, was die beiden Partner daraus machen. Lassen Sie es bei der Ebene der Beziehung bewenden oder streben Sie ohne Wertung (➪ „Muster nicht be- oder verurteilen", Seite 278ff.) eine Begegnung an – nach der Grundidee, dem anderen helfen zu wollen, sich zu finden? Meistens gilt: Es ist einfacher, den Partner zu wechseln als führende Muster.

Es ist einfacher, den Partner zu wechseln als führende Muster.

Leitmuster bestimmen die Partnerschaft

Leitmuster wollen sich dauernd erfüllt wissen und wirken sich stark auf die Partnerschaft aus, wie folgende Beispiele zu bestimmten Leitmustern zeigen:

Ich will bedingungslos geliebt werden. Dieses Muster zu erfüllen, ist ganz einfach: Sie stellen ununterbrochen Ihre engsten Freunde und Partner auf die Probe, denn Sie müssen ja bestätigt bekommen, dass Sie bedingungslos geliebt werden. Die Bedingungen stellen Sie selbst. Sie werden sie hoch schrauben, um auch immer sicher zu sein. Irgendwann reicht es jedem Ihrer Freunde oder Partner. Sie müssen dann enttäuscht feststellen, nicht bedingungslos geliebt zu werden. Ihr Leitmuster ist in der Realität unerfüllbar, einen passenden Partner finden Sie nicht. Mit diesem Muster kriegen Sie selbst Mutter Theresa klein. Irgendwann würde es sogar einer solchen Persönlichkeit schlichtweg zu viel.

Ich bin was Besonderes. Natürlich, das sind wir alle. Aber nicht jeder hat dieses Leitmuster. Um etwas Besonderes zu sein, müssen Sie sich schon anstrengen. Ihr Partner sollte Ihnen zumindest einmal täglich die Füße küssen. Und für niedere Haushaltsarbeiten sind Sie nun einmal nicht geschaffen. Wehe, Ihr Partner sieht Sie als das an, was Sie wirklich sind: ein ganz normaler Mensch, genauso einmalig und genauso toll wie jeder andere. Aber sind Sie deshalb was Besonderes? Nein. Also bleibt Ihnen keine andere Wahl, als einen Partner nach dem anderen zu probieren. Es muss doch einen geben, der Sie wirklich versteht ... Ganz schön anstrengend und: Dass Sie was Besonderes sind, bleibt Ihnen trotz aller Bemühungen vorenthalten.

Ich will geliebt werden, so wie ich bin. Das können die meisten nachempfinden, dennoch ist dieses Leitmuster schwierig: Wie könnten Sie den anderen testen, um zu sehen, der liebt mich wirklich so, wie ich bin? Richtig! Sie kehren Ihre schlimmsten Seiten hervor, sei es Ihr Geiz (na, sagen wir mal Ihre besondere Sparsamkeit), oder Sie entziehen sich ihm körperlich oder Sie gehen laufend fremd. Ihnen wird schon das Passende einfallen, um zu kontrollieren, dass Sie geliebt werden, so wie Sie sind. Ganz nebenbei: Das ist ziemlich mühsam, zumindest für Ihren Partner. Der wird irgendwann genug haben. Er wird Sie fast garantiert nicht mehr lieben, wie Sie sind. Eine Art von Anpassung an ihn selbst wäre ihm schon lieb. Sie bekommen auf Dauer Ihr Muster nicht befriedigt.

Ich will alles perfekt beherrschen. Dieses Muster macht Sie einsam, weil Sie so unerreichbar oder unausstehlich werden, dass Sie irgendwann nichts mehr beherrschen können – außer Ihrem Hund vielleicht.

Du kriegst mich nicht. Zum Abschluss dieses allseits beliebte Muster. Es wird als eines der wenigen oftmals erstaunlich lange erfüllt. Irgendwann reicht es Ihnen vielleicht damit, es macht Sie nämlich einsam. Dann hängen Sie sich an jemanden, den Sie gar nicht kriegen wollen oder können. Ziemlich kompliziert, sein Leben auf diese Art und Weise zu gestalten.

Ihr außerbewusstes Leitmuster testet Sie wieder und wieder, immer wieder. Das führt dazu, dass Sie noch mehr innere Mauern hochziehen, um das Leitmuster zu schützen. Ihr Leitmuster wird üblicherweise zu Ihrem „Leidmuster", dem Sie innerlich hinterherhecheln. Die Mühe hat ein Ende, sobald Sie es kennen: Sie bekommen eine faire Chance.

Beruf – emotionale Kompetenz statt Burnout

Wir Menschen haben gerade erst begonnen zu ahnen, wie vieles wir wirklich gemeinsam wahrnehmen können, das jedem Einzelnen verborgen bliebe. Manche Arten unseres Wissens sind uns nur gemeinsam zugänglich.

Matthias Varga von Kibéd

Der Mensch wird erst am Du zum Ich.

Martin Buber

Wenn Sie emotionale Kompetenz gewinnen, werden sowohl Ihr Privat- als auch Ihr Berufsleben davon profitieren. Emotionale Kompetenz meint den persönlich richtigen Umgang mit eigenen und fremden Emotionen. Ihre Emotionen basieren zu einem Gutteil auf Ihren Mustern, Ihre emotionale Kompetenz ebenso.

Muster zu erkennen verbessert die emotionale Kompetenz

Korrekte Selbstwahrnehmung ist der Schlüssel zur emotionalen Kompetenz (⇨ Abbildung 8, Seite 307). Dadurch können Sie kompetenter mit Ihren eigenen Emotionen umgehen. Nur was Sie richtig kennen, können Sie wirklich handhaben.

Wenn Sie Ihre wesentlichen, also die Ihr Wesen ausmachenden Muster kennen, können Sie sich authentisch selbst managen. Auf dieser Basis können Sie auch Emotionen, Gefühle und Stimmungen anderer noch besser wahrnehmen und darauf eingehen. Das ist so viel wie soziales Bewusstsein oder Empathie.

Die eigene Musterhierarchie zu kennen verbessert Ihre emotionale Kompetenz.

Willi, ein 51-jähriger Seminarteilnehmer, berichtet von Problemen im Beruf. Er war viele Jahre im Außendienst der Pharmabranche tätig und mit der Zeit merkte er, dass die vielen Autofahrten ihn zunehmend anstrengen. Umstrukturierungen im Unternehmen kamen ihm entgegen, so war er froh, in den Innendienst wechseln zu können. Und da traten erstmals Probleme auf: Die in vielen Bereichen angesagte Teamarbeit fiel ihm schwer. Jedenfalls behaupteten das die anderen von ihm. Als er noch im Außendienst tätig war, hatte er weitgehende Handlungs- und Entscheidungsfreiheit gehabt. Letztlich hatte er fast alles selbst bestimmen können: wann er welche Praxis aufsucht, in gewissem Umfang sogar, welche Praxis überhaupt. Sein alter Chef hatte immer gesagt: Hauptsache, die Umsätze stimmen – und das taten sie. Nun musste Willi immer wieder Rücksicht nehmen, weil vieles nur im Team festgelegt wurde. All das fiel ihm schwer. So schwierig hatte er sich den Wechsel vom Außen- in den Innendienst nicht vorgestellt.

Im Rahmen der Musteridentifikation fiel uns ein Muster ins Auge: **Was wichtig ist, bestimme ich**. Das Muster widerspricht einem wichtigen Teil der emotionalen Kompetenz. Mit diesem Muster wird erfolgreiche und gleichberechtigte Teamarbeit unterminiert. Willi war sein Muster zunächst sehr sympathisch, erst im Laufe von Tagen realisierte er, in welchem Ausmaß es ihn beruflich beeinträchtigt. Es gibt viele sehr empathische (einfühlsame) Menschen, die ihre Muster nicht kennen. Umgekehrt hat jemand, der seine inneren Strukturen kennen gelernt hat, dadurch vielleicht nicht sofort an Empathie gewonnen, aber mehr Verständnis dafür, dass andere ganz anders sein können. Seine Muster zu kennen ermöglicht sozusagen mehr Nonchalance oder Geduld oder Fremdakzeptanz. Und emotionale Kompetenz bedeutet auch Beziehungsmanagement, nämlich das Einbeziehen des anderen.

Ihrer Intuition zu vertrauen, um Ihre individuelle Erfahrung und Lebensweisheit nutzen zu können, ist eine Lernaufgabe. Wird intuitiv eine (richtige) Entscheidung getroffen, informiert uns unser Gehirn allerdings nicht verbal. Das emotionale Gehirn aktiviert vielmehr Schaltwege, die in den Bauch gehen – und aus dem Bauch heraus fühlt es sich „richtig" an. Intuition verschafft direkten Zugang zur individuell gesammelten Lebensweisheit. Die Verbindung zwischen emotionalen und intellektuellen Strukturen ist eng. Trotzdem kann es sich keine Führungskraft leisten, von negativ bewerteten Gefühlen wie Wut, Frustration, Angst oder Panik so übermannt zu werden, dass diese Gefühle sie kontrollieren. Dasselbe gilt für positiv bewertete Gefühle und es gilt ebenso für Muster, die Sie kontrollieren können. Muster stehen als komplexe Struktur den eigentlichen Gefühlen untrennbar zur Seite.

Emotionale Kompetenz richtet sich nach außen, auf den Partner hin. Es ist wichtig zu erkennen, welches Bedürfnis Ihr Gegenüber hat. Wenn Sie den Tenor der zugrunde liegenden Grundmuster beim

Gegenüber spüren, sind Sie emotional deutlich kompetenter. Exemplarisch sind folgende Bedürfnisse (Grundmuster):

1. Bedürfnis nach Leistung (wie: **Ich will der Größte sein**)
2. Bedürfnis nach Zugehörigkeit (wie: **Ich tue alles, um dabei zu sein oder zu bleiben**)
3. Bedürfnis nach Macht (wie: **Ich bin stark. Ich will andere beeinflussen**)
4. Bedürfnis nach Liebe (wie: **Ich will unbedingt geliebt werden**)

Die genannten Bedürfnisse kann man an folgenden Hauptkriterien erkennen:

Zu 1.: Besser sein wollen
Zu 2.: Enge, herzliche Beziehungen suchen
Zu 3.: Andere beeinflussen wollen
Zu 4.: Angenommen werden wollen, wie man ist

Aber wie erkennen Sie das genau? Indem Sie Ihre Fähigkeit zur „Pseudoprojektion im Raum" steigern. Das ist die Fähigkeit, sich aus räumlicher Distanz – die existiert bei jedem Gespräch – in die Wahrnehmungs- und Empfindungslage einer anderen Person zu versetzen. Sicher sind auch Sie schon zusammengezuckt, wenn eine Horrorszene im Fernsehen lief, obgleich Sie objektiv ruhig in Ihrem sicheren Wohnzimmer saßen. Das ist Pseudoprojektion im Raum. Sie beherrschen das also schon längst, lassen Sie es einfach auch ohne Fernseher zu.

Emotionale Kompetenz ist dreierlei

Emotionale Kompetenz gliedert sich folgendermaßen (⇨ Tabelle „Komponenten emotionaler Kompetenz", Seite 305ff., in Anlehnung an Goleman):

- Selbstkompetenz
- Soziale Kompetenz
- Handlungskompetenz

Selbstkompetenz I: Das Erkennen des Ich

Das Erkennen der eigenen Muster dient Ihnen wesentlich zur Selbsterkenntnis. Damit schaffen Sie Ihre Basis zur Selbstkompetenz.

Das Ich zu erkennen ist die Fähigkeit und Bereitschaft, unterschiedliche Aspekte und Impulse in sich selbst wahrzunehmen. Ohne Selbstkompetenz könnten Sie zu einer Art „gespaltenen Persönlichkeit" werden, die sich selbst in ihren Reaktionen nicht kennt. Im Allgemeinen ist Selbstkompetenz ohne Spiegelung durch ein soziales Netz nicht möglich, da ein Mensch hauptsächlich an „konstruktiver" Kritik wächst. Selbstkompetenz ist fast ausschließlich über menschliche Beziehungen erlernbar. Menschen mit gut ausgeprägter Selbstwahrnehmung

- sind nicht übermäßig selbstkritisch,
- sind realistisch,
- können sich und anderen Fehler zugestehen,
- kennen ihre Schwächen und nehmen sie mit Humor,
- wissen, welche Ziele sie warum verfolgen,
- verstehen ihre Werte und Stärken,
- erkennen ihre Träume, Ziele und Visionen an,
- bringen ihre Entscheidungen immer mit ihren Werten und Mustern in Einklang,
- reflektieren über sich selbst.

Im Allgemeinen schwindet die korrekte Selbsteinschätzung mit der Höhe der beruflichen Position,
weil immer weniger Feedback kommt. Und das
wenige, was kommt, wird immer unzuverlässiger, da
Menschen grundsätzlich Angst haben, den höheren
Herren oder Damen genau so die Wahrheit zu
sagen, wie das auf unteren Hierarchieebenen möglich scheint. Deshalb schätzen Führungskräfte ihren
mitmenschlichen Kontakt immer weniger zutref-
fend ein, je höher ihre Position ist.

Selbstkompetenz II: Das Ergreifen des Ich

Das Ich zu ergreifen ist die Fähigkeit, die Bedingungen herzustellen, unter denen sich die Aspekte der
Selbstwahrnehmung veränderten Anforderungen
anpassen können sowie reifen und integriert werden. Ein Optimist, also jemand, der sich angenehme
Gedanken macht, hält an seinem Ziel fest, weil er
sich die Freude der Zielerreichung vor Augen hält.
Ein Pessimist beschäftigt sich vorrangig damit, was
heute, morgen und gestern so alles falsch läuft,
falsch laufen wird und falsch gelaufen ist. So verliert
er seine eigene Hoffnung und wird nicht mehr sein
Bestes geben. Das Beste (den Willen zur Leistung)
geben Menschen nur dann, wenn ihre inneren
Motivationen angesprochen werden.

Das bedeutet nichts anderes, als das Außen mit
dem Innen in Gleichklang zu bringen. Wer wichtige
Anteile seines Innen kennt, kann das Außen entsprechend annehmen. Das ist Änderung im Einklang mit
sich, letztlich ein inneres Gespräch, der Kontakt mit
dem eigenen Ich.

Eine vordringliche Selbstmanagement-Fähigkeit
von Führungskräften besteht darin, die eigenen

*Das Beste ge-
ben Men-
schen, wenn
die abverlang-
te Leistung
mit den eige-
nen Mustern
in Einklang
steht.*

Emotionen im Griff zu haben. Es bedeutet in keiner Weise, abweisend, uninteressiert oder nicht empathisch zu sein. Es bedeutet ebenso wenig, nichts von sich preiszugeben. Sie müssen wissen und spüren, wann sie was zeigen sollten.

Der Einklang zwischen Ihren Mustern, Werten und Taten macht Sie zur integren Persönlichkeit.

Die eigenen Gefühle im Griff zu haben, heißt vorrangig auch, zu ihnen zu stehen, sie zuzugeben und zu äußern. Andere können praktisch nie sehen, was in Ihnen stattfindet. Selbst Ihnen sehr nahe stehende Menschen schaffen das nicht unbedingt. Deshalb müssen Sie es den anderen mitteilen. Aber was genau es ist, darüber müssen Sie sich erst einmal selbst klar werden – auch ein Teil der Musterarbeit. Transparenz als eine authentische Offenheit gegenüber anderen bezüglich der eigenen Gefühle, Emotionen, Ideen und Überzeugungen schafft beim Gegenüber Vertrauen. Das gestattet Integrität und eine integre Persönlichkeit ist transparent. Integrität meint: Einklang zwischen Ihrem Tun (Verhalten), Ihren Werten und Ihren Mustern.

Soziale Kompetenz I: Das Einbringen des Ich

Die Kenntnis der eigenen Musterhierarchie stärkt wesentlich Ihre Authentizität.

Soziale Kompetenz bedeutet, sich adäquat verhalten zu können. Dann nehmen Sie auch die unausgesprochenen Konventionen und Verhaltensmuster wahr, die in Zusammenhängen außerhalb von Ihnen selbst gelten. Dies ist für die Kommunikation notwendig und dem menschlichen Kontakt förderlich. Ob andere wie Ihre Mitarbeiter, Freunde und Kinder ihr Bestes geben, hängt wesentlich von Ihrem Verhalten und Ihrer Empathie ab. Emotionale Führung ist die eigentliche, die essenzielle Aufgabe einer Führungskraft – und eine Führungskraft ist natürlich auch, wer eine Familie leitet, einer Praxis vorsteht oder beispielsweise einer Apotheke oder Kanzlei. Führung hat immer eine emotionale Dimension. Jeder Anführer einer Gruppe hat die Kraft, die Emotionen anderer zu lenken. Grundsätzlich gilt, dass Menschen emotionale Signale immer von „oben" empfangen, also sich hierarchisch nach oben orientieren. Die Arzt- oder Apothekenhelferin orientiert sich immer an der Ärztin oder dem Apotheker. Wer selbst in einer Mittlerfunktion ist, also etwas nach „unten" weitergibt, leitet die Chef-Emotion weiter – wie bei einem Dominospiel. Die Vorgesetzten schaffen die Bedingungen für die Leistungsfähigkeit von Mitarbeitern. Ebenso bestimmt die Hausfrau maßgeblich die Stimmung in der Familie. In voller Authentizität gelingt das nur, wenn die eigene Musterhierarchie bewusst ist.

Soziale Kompetenz II: Das Einbeziehen des anderen Ich

Es sollte immer eine eigene innere Instanz eingeschaltet sein, die Sie fragt: „Kann ich diese Emotion und mein Muster dem anderen zumuten oder nicht?" Allzu stürmische Gefühle und negativ empfundene gehören sehr wohl gemanagt, während positive weitgehend einfach zugelassen werden können, denn positive Gefühle können andere kaum schädigen oder belasten. Ausschließlich positiv wirkende Muster existieren nicht. Die Frage der Zumutbarkeit stellt sich bei Mustern also immer.

Stellen Sie sich immer die Frage, welches Ihrer Muster anderen in welcher Situation zumutbar ist.

Bedürfnisse von Verwandten, Freunden, Mitarbeitern genauso wie von Kunden sind nicht nur zu erfüllen, sondern ebenso zu erfühlen. Beziehungen und Begegnungen wirkungsvoll zu managen meint: mit den Emotionen der anderen richtig umzugehen und dabei im Einklang mit den eigenen Gefühlen und Mustern zu handeln.

Handlungskompetenz

Handlungskompetenz entsteht aus der Selbstkompetenz und der sozialen Kompetenz, wenn die Inhalte einer Handlung aufeinander abgestimmt sind und wenn ein bestimmtes Maß an systemischem Verständnis vorliegt. Nur Handlung bringt Emotion, also Bewegung und damit Kontakt. Ohne Handlung kein Kontakt, keine Lebendigkeit. Handlung ist ein wesentliches Element von Führung. Wenn man bedenkt, dass emotionale Kompetenz immer auch bedeutet, ein Risiko einzugehen, denn kein eigenes Gefühl und kein Verhalten garantieren ein hundertprozentiges Ja beim Gegenüber, dann bedeutet Führen, einen modellhaften (auch nur geistigen) ersten Schritt zu tun, um sich auf der Basis dieses Risikos, dem belebenden Einfluss der Reaktion weiterzuentwickeln. In die Handlungskompetenz fließt natürlich auch die Fach- oder Sachkompetenz mit ein.

Wenn Sie Ihre führenden Muster kennen, können Sie diese korrekt anwenden – ein wesentlicher Bestandteil empathischer Führung.

Eine Komponente der Handlungskompetenz ist die empathische Führungskompetenz. Sie bedeutet:

- Die Emotionen der anderen verstehen
- Eigene Empathie aufbringen
- Die Emotionen in die notwendige Richtung steuern können

Natürlich müssen Denken und Fühlen zusammenspielen, nach Gefühl allein sind weder imstande einen Haushalt noch ein Unternehmen zu führen. Aber wer Entscheidungen ausschließlich mit dem Intellekt treffen will, den enttäuscht die moderne Wissenschaft, die belegt: Das geht ohnehin nicht. Wer nicht seinen Bauch befragt, sich nicht auch von seinen Gefühlen leiten lässt, der wird immer wieder die falsche Entscheidung treffen. Führende Muster können Sie korrekt leiten, aber genauso in die Irre führen, deshalb ist die Kenntnis um Ihre Muster ein wesentlicher Bestandteil empathischer Führung.

Komponenten emotionaler Kompetenz

Kompetenz	Bedeutung
Persönliche Kompetenz	Die Fähigkeit, sich selbst zu erkennen und sich selbst zu führen.
Selbstkompetenz I: das Erkennen des Ich	Wahrnehmung der eigenen Emotionen. Von der Intuition geleitete Entscheidungen. Zutreffende Selbsteinschätzung (Stärken, Werte, Grenzen usw.) Selbstvertrauen.
Selbstkompetenz II: das Eingreifen des Ich	Selbstkontrolle, insbesondere der Emotionen mit negativen Auswirkungen. Authentizität: aufrichtige und integre Darstellung seines Selbst im Außen. Anpassungsfähigkeit und Akzeptanz dessen, was ist. Wille zur Leistung Bereitschaft, den ersten Schritt zu gehen (zum Initiieren). Optimismus.

Soziale Kompetenz	Die Fähigkeit, Beziehungen und Begegnungen gut zu führen und sich einzulassen.
Soziale Kompetenz I: das Einbringen des Ich	Empathie. Das Annehmen und Erkennen des Umfeldes, der Organisation. Bedürfnisbefriedigung von Mitarbeitern, Kunden, Patienten usw.
Soziale Kompetenz II: das Einbeziehen des anderen Ich	Visionäre Führung, lenkend und motivierend. Einfluss: Fähigkeit, verschiedene Methoden und Taktiken anzuwenden, um eigene Ziele zu erreichen. Das Denken an andere: Entwicklung anderer fördern. Fähigkeit, Konflikte zu erkennen und zu lösen. Bindungsfähigkeit: Bindungen aufbauen, erhalten, initiieren und ausbauen. Zusammenarbeit und Teambildung.

Handlungskompetenz	Die Fähigkeit, aus der Selbst- und sozialen Kompetenz heraus die Inhalte der eigenen Handlungen aufeinander abzustimmen.

Muster nutzen – emotionale Kompetenz steigern

Emotionale Kompetenz fängt bei Ihnen selbst an, geht dann zu einem anderen, wirkt auf Sie zurück und hört bei Ihnen wieder auf (⇨ Abbildung 8).

Emotionale Kompetenz/Intelligenz/Führung
⇩
Erkennen (oft Erahnen) des Gegenübers
⇩
Annehmen des Gegenübers, ohne Wenn und Aber und ohne „Änderungswünsche"[7]
⇩⇩⇩
Grenze/Übergang zwischen mir und den anderen: das, was dazwischen ist
Emotionale Kompetenz zeigt sich wesentlich zwischen den Menschen
⇧⇧⇧
Annehmen des eigenen Selbst ohne Bedauern, einfach so, wie man ist
⇧
Erkennen des Selbst
⇧
Erarbeiten der eigenen Strukturen (Muster, Glaubenssätze, Motive)

Abbildung 8:   Die Wirkrichtungen emotionaler Kompetenz

Wer emotional kompetent sein will, muss sich von der Idee lossagen, anderen Menschen Eigenschaften zuschreiben zu können. Er muss also Schritt für Schritt darauf verzichten, zu werten. Ein erster Schritt kann sein, sich seiner Wertungen immer

Emotionen basieren auf Mustern.

---

7 Sie können andere viel leichter annehmen, schätzen oder lieben, so wie sie sind, wenn Ihnen das bei sich selbst auch gelingt.

wieder bewusst zu werden, sie wahrzunehmen und nicht mehr zu äußern.

Emotionen basieren auf Mustern. Sie können etwas auslösen, das bei weitem über sie selbst hinausgeht. Auch wenn eine Reaktion des Gegenübers oder des Partners als Widerstand gedeutet wird, ist es sinnvoller, diese Wertung zu unterlassen und sich zu fragen, unter welchen Bedingungen er anders reagieren würde.

Burnout

Als Burnout bezeichnet man eine emotionale, geistige und körperliche Erschöpfung. Die Betroffenen haben keine Energie mehr und ziehen sich aus sozialen Kontakten zurück. Sie arbeiten nicht mehr effektiv, bei voller Ausprägung des Syndroms kann es zu Suchtverhalten kommen und letztlich zu Selbstmordgedanken. Burnout basiert auf der Spannung zwischen Wunsch und Wirklichkeit bei unserem Tun. Häufig entsteht es, wenn intensive persönliche Zuwendung erforderlich ist wie in Lehrberufen, im Gesundheitswesen oder auch im Vertrieb. Bis zum Vollbild des Burnouts dauert es üblicherweise Monate bis Jahre. Aber schon die ersten Anzeichen sind eine Aufforderung, einzugreifen, um das Ruder herumzureißen. Wer an Burnout leidet, muss einmal besonders entflammt gewesen sein für seinen Beruf, sein Tun. Burnout hängt eng mit der eigenen Persönlichkeitsstruktur zusammen. Wichtige begünstigende Faktoren sind Idealismus, hohes Verantwortungsbewusstsein, Übereifer, Perfektionismus, Verkopfung (Versuch, die eigenen Gefühle zu missachten) und Zwanghaftigkeit. Aber die äußeren Umstände führen selbst bei Risikogruppen wie Lehrern oder Ärzten nicht immer zu Burnout, sondern etwa bei einem Viertel. Innere, individuelle Faktoren sind stark an der Entwicklung des Syndroms beteiligt. Wer Burnout bekommt, dessen Persönlichkeitsstruktur ermöglicht ihm offenbar keinen adäquaten Umgang mit den Stressfaktoren. Es ist entscheidend, auf persönliche Ressourcen und Strukturen einzugehen und an die inneren Grundüberzeugungen anzuknüpfen.

Über den Zusammenhang von emotionaler Kompetenz und Burnout habe ich eine Formel entwickelt. Sie lautet:

Burnout = 1 / Emotionale Kompetenz

Das bedeutet: Je größer Ihre emotionale Kompetenz, umso geringer ist Ihr Burnout-Risiko. Und: Je stärker Burnout auftritt, umso geringer werden die Fähigkeiten der emotionalen Kompetenz. Zur Steigerung Ihrer emotionalen Kompetenz ist die Arbeit mit den eigenen Mustern wesentlich. Damit leisten Sie sofort einen wichtigen Beitrag gegen Ihr eigenes Burnout-Risiko.

Gerade Ihre Gefühle, Emotionen und Neigungen hängen stark von Ihren Mustern ab (⇨ „Strategie 10", Seite 163ff. und „Strategie 11", Seite 176ff.). Ein wichtiger Beitrag zur Minderung von Burnout ist somit die Musteridentifikation. Die kraftvollsten und sichersten Veränderungen sind die selbst geleisteten. Gegen Burnout hilft am besten, wenn Sie die Macht über sich und Ihren Beruf zurückgewinnen. Mit der Erkenntnis der eigenen, inneren Strukturen leisten Sie einen wichtigen Beitrag dazu.

Ihre Muster zu identifizieren und diese Erkenntnisse anzuwenden mindert das Burnout-Risiko.

Erfolg durch Authentizität:
I am what I am

Als ich ein Kind war, sagte meine Mutter zu mir:
„Wirst du Soldat, so wirst du General werden, wirst
du Mönch, so wirst du Papst werden." Ich wollte
Maler werden und ich bin Picasso geworden.

Pablo Picasso

Kennen Sie Menschen, die absolut ehrlich wirken,
denen Sie das meiste unbesehen glauben, die überzeugend auftreten, die ganz bei sich sind, zu sich
stehen und ob ihrer Klarheit überzeugen? Das sind
authentische Persönlichkeiten. Authentizität ist ein
wichtiger Erfolgsfaktor. Ihre Authentizität bringt Sie
weiter. An ihr und (später) mit ihr können Sie
hervorragend arbeiten, indem Sie sich Schritt für
Schritt Ihre Muster klar machen. Damit haben Sie
ein Bild von Ihrem Innen entwickelt, das darauf
wartet, im richtigen Moment und zur passenden
Gelegenheit Ihr inneres Feuerwerk zu entzünden.
Wenn Sie sich auf den Weg zu sich selbst begeben,
sind die Entwicklung und Steigerung Ihrer Authentizität viel mehr als nur eine Belohnung.

Wann wirken Sie glaubwürdig? Wenn rationale
und emotionale, verbale und nonverbale, sichtbare
und unsichtbare Äußerungen im Einklang stehen.
Wenn also Ihr Verhalten mit Ihren Gefühlen und
Gedanken übereinstimmt: Das ist Authentizität. Sie
bedeutet Echtheit des eigenen Lebens und Erlebens,
in natürlicher Souveränität fühlend, denkend und
handelnd. Mit dieser Glaubwürdigkeit ist oft das
Gefühl von Zuverlässigkeit verknüpft, sie erzeugt
praktisch immer Zustimmung und gilt zu Recht als

eines der höchsten Gütekriterien. Authentizität bedeutet *nicht,*

- so zu bleiben, wie man ist,
- tun und lassen zu können, was man gerade will,
- frei von Verpflichtungen zu sein,
- sich nicht von anderen beeinflussen zu lassen,
- den eigenen Kopf durchzusetzen oder
- immer zu sagen, was man denkt.

Alle diese Anliegen stammen übrigens aus der Shell-Studie 2000, in der Jugendliche beschrieben haben, was sie im Rahmen von Werten und Orientierungsmustern in ihrem Leben für wichtig halten: Authentizität war es jedenfalls nicht. Alle Punkte sind Argumente weg von der Echtheit und hin zu einem materialistischen Menschenbild ohne Achtung des anderen. Authentizität bedeutet immer auch, Kraft aus sich selbst zu ziehen und den anderen die ihre zu lassen. Authentizität heißt, persönliche Grenzen zu wahren und die eigene Persönlichkeit auszuschöpfen.

*Hermann ist 35 Jahre alt und nimmt an einem Persönlichkeitstraining teil. Er durchlebt eine harte Zeit. 30 Jahre lang hat er sich erfolgreich vor allen versteckt und ist auf diese Weise seinen Weg recht einsam gegangen. Das Versteckspiel wurde als Mangel an Authentizität empfunden. Der Grund war eine tiefe, demütigende Verletzung in früher Kindheit. Sein Muster aus dieser Zeit hat er eifrig angewendet und dadurch stark gemacht und gepflegt: **Ich will nie mehr gedemütigt werden.** Herrmann ist jeder Offenheit aus dem Weg gegangen, versuchte erfolgreich, nicht aufzufallen. Stattdessen stand der* Zu den Inhalten und Formulierungen der eigenen Muster zu stehen, stärkt Ihre Authentizität entscheidend.

berufliche Erfolg im Vordergrund unter der Prämisse:
Wenn ich erfolgreich bin, ist das Risiko von Demüti-
gungen geringer. In ihm war aber immer die große
Sehnsucht, sich zu öffnen.
Bei dem Training überwindet er sich, nimmt all
seinen Mut zusammen und berichtet erstmals in
seinem Leben von der tiefen Verletzung in seiner
Kindheit, die zu dem Muster führte. Wut und noch
mehr Trauergefühle kommen hoch und er wagt es, sie
zu zeigen. Die Gruppe ist sehr bewegt. Das hatte sie
von dem arrogant und verschlossen wirkenden Mann
nicht erwartet. Viele weinen mit ihm mit. Zunächst
verwirrt ihn das, er fühlt sich noch schwach. Doch je
mehr er sich öffnet, umso mehr spürt er, wie sehr er
Stärke gewinnt. Indirekt bittet er die Gruppe, ihn trotz
seiner Offenheit nicht zu demütigen. Er geht das
Risiko ein, verwundbar zu sein. Es lohnt sich. Als die
Gruppe zum Abschluss des Trainings entscheiden
muss, wer zukünftig die Leitung für weitere Aktivitä-
ten übernimmt, wird er einstimmig gewählt.

Hermann war mit einem für ihn schweren Schritt
zum ersten Mal authentisch. Bezogen auf Muster
bedeutet Authentizität zunächst einmal, die Muster
zuzulassen und danach zu leben und insbesondere
zu ihnen zu stehen. Authentizität heißt: keine Mas-
ken aufbauen, um sich unsichtbar zu machen.

Authentizität kommt an

Stellen Sie sich einen scheinbar verrückten Fernseh-
star vor, schrill, grell, laut. Dennoch: Die Zuschauer
lieben ihn. Wissen Sie um eines seiner führenden
Muster? Es lautet: **Ich bin anders**. Damit ist er über
das Schrille authentisch, nämlich anders.

*Falk, ein Seminarteilnehmer, arbeitet als Führungs-
kraft in einer Großbank. Er ist erst Anfang 40, hat
aber bereits eine schillernde Laufbahn hinter sich. Mit
Mitte 20 kam er als Quereinsteiger zur Bank, recht
bald schon ging er für zwei Jahre in die New Yorker
Niederlassung. Direkt nach New York beteiligte er sich
tatkräftig am Aufbau des neuen Zweigstellennetzes
im deutschen Osten, worüber sich die meisten wun-
derten. Dann ging er für eineinhalb Jahre in eine
Unternehmensberatung, wurde aber von der Bank
zurückgeholt. 1996 ging er dann nach Frankfurt
und später nochmals nach New York – immer eine
Stufe höher auf der Karriereleiter. Er fiel durch
besonders kreative Ideen auf, die er auch immer
wieder durchsetzen konnte.*

*Vor wenigen Monaten bekam seine Karriere erstmals
einen deutlich Dämpfer – zum Erstaunen aller: Falk
war Favorit für die Vorstandsetage und musste sich
erstmals vor dem Aufsichtsrat bewähren. Ältere Herren in dezenten Anzügen und mit gedeckten Krawat-
ten erwarteten ihn. Gewiss, die Kleiderordnung be-
achtete er schweren Herzens seit langem, aber sein für
Bankerkreise sehr lebendiger und lockerer Ton sowie
seine unkonventionellen Umgangsformen kamen immer weniger an, je weiter er aufstieg. In Falk tönte ein
führendes Muster: **Ich bin anders.** Das hatte ihn
bisher weit gebracht – er konnte es beruflich weniger,
privat aber mehr ausleben. Nun stieß er damit an
seine Grenzen. „Anders" geht ab einer bestimmten
Karrierestufe meistens nicht mehr, so auch bei ihm
nicht. Falk hatte intuitiv die Folgen des Musters mehr
und mehr in seiner Freizeit und in seiner Sexualität
ausgelebt. Aber es hätte einen Authentizitätsverlust
bedeutet, im Beruflichen ganz darauf zu verzichten.*

Immer wieder fällt auf, welche angepassten Typen in hohe und höchste Positionen vordringen. Und warum? Weil sie damit authentisch sind! Ihre führenden Muster können zum Beispiel lauten: **Dir zeig ich's noch** oder: **Wenn ich es geschafft habe, lass' ich die Sau raus** oder: **Lieber hintenrum als gar nicht** oder: **Gib's mir!**

Authentizität mittels Muster

Authentizität bedeutet Echtheit und meint Glaubwürdigkeit: So sein, wie man ist. Authentizität ist mit dem Sein verbunden und vermeidet die Aspekte Vergangenheit und Zukunft. Wer wirklich authentisch sein möchte, kann das in allen Facetten des menschlichen Lebens, unter anderem

- im Ausdruck,
- bei seiner Anwesenheit,
- in seinen Entscheidungen,
- in seinen Gebärden,
- mit seiner Sprache und
- mit seinen Wünschen, Absichten und Zielen.

Dazu müssen Sie mit vielen Ihrer Muster anders umgehen als bisher.

Authentizität bedeutet auch, die Wirkung der eigenen Muster anzunehmen.

Diese Aussage scheint einen Widerspruch zu beinhalten: Einerseits setzen sich Muster immer durch, das bedeutet, jeder Mensch müsste ununterbrochen authentisch sein; andererseits sollen Sie mit Mustern anders umgehen als bisher, um authentisch zu werden. Wie ist dieser Widerspruch aufzulösen? Das können Sie am Beispiel von Hermann (vorletztes Beispiel) gut nachvollziehen: Er lebte sein Muster ein Leben lang, aber er stand nicht dazu, es war ihm nicht klar. Er tat vieles, damit es nicht offensichtlich werden konnte.

Authentisch handeln bedeutet, im Einklang mit seinen Werten und Zielen zu sein auf der Basis der korrekt nach außen getragenen und angewendeten Muster. Das ersetzt nicht die Notwendigkeit einer Mustermodifikation, wenn sozial unverträgliche Muster bestehen. Aber besser zeigen, welches „Ekel" man sein kann, als im Verborgenen wüten.

AA Aufgabe 25, Seite 340
AA Aufgabe 26, Seite 340ff.

Der Sinn des eigenen Lebens

> Die Lösung eines Problems ... merkt man
> am Verschwinden dieses Problems.
> (Ist das nicht der Grund, warum Menschen,
> denen der Sinn des Lebens nach langen Zweifeln
> klar wurde, dann nicht sagen konnten,
> worin dieser Sinn bestand?)
>
> *Ludwig Wittgenstein*

Das Erkennen der eigenen Muster hat einen großen zusätzlichen Nutzen: Sie können mit ihnen arbeiten und dabei auch dem Sinn Ihres eigenen Lebens auf die Spur kommen. Gesunde Menschen haben im Allgemeinen das Gefühl, dass es Zusammenhalt und Sinn in ihrem Leben gibt und sie keinem unbeeinflussbaren Schicksal unterworfen sind. Je stärker dieser Zustand der Kohärenz wird, umso weniger stressanfällig ist der Mensch. Den Sinn im eigenen

Leben zu erkennen ist übrigens auch eine gute Burnout-Prophylaxe. Die Sinn-Erkenntnis stärkt jeden Menschen und trägt ihn. Wer in seinem Leben keinen Sinn sieht, dem werden schon kleinste Unstimmigkeiten das Leben als nicht mehr lebenswert erscheinen lassen.

Die Idee, das Leben in der heutigen Zeit sei sinnlos, führt viele auf Abwege. Die dahinter stehende Frage scheint nicht zu beantworten zu sein. Vielleicht helfen nachfolgende Überlegungen.

Das Leben selbst wird uns gegeben, von unseren Eltern nämlich. Niemand anders als sie konnte das tun. An all den Klonversuchen können Sie sehen, dass kein Wissenschaftler Leben geben oder machen kann. Auch geklonten Säugetieren wird das Leben an sich noch immer von ihrer Mutter gegeben. Der Eingriff in die Schöpfung führt lediglich dazu, dass sie grundsätzlich krankheitsanfälliger sind und schneller sterben als die Tiere, die auf „normalem" Wege ins Leben gekommen sind. Und ich wage eine Prognose: Es wird dem Menschen nie gelingen, Leben per se zu „machen".

Das Leben als solches hat keinen Sinn. Also leben Sie es einfach, auch wenn diese Einstellung Demut erfordert. Demut ist eine der zahlreichen Aufgaben, die Ihnen das Leben stellt. Leben kann keinen Sinn haben, weil Leben zum Sein gehört, weil das Leben ist. Und was ist, kann nichts haben.

Sinn und Leben stehen in keinem direkten Zusammenhang. Auch der Sinn gehört zum Sein, als solcher ist er und somit hat er nichts. Sinn und Leben sind zwei voneinander getrennte Dimensionen des Seins. Das bedeutet aber nicht, das individuelle Menschen*leben* habe keinen Sinn. Und es bedeutet auch nicht, das Mensch*sein* habe keinen Sinn.

Wir meinen: Der Sinn des Mensch*seins* ist die größtmögliche Entfaltung und Erkenntnis über das eigene Wesen, die eigene Persönlichkeit. Dies sollte in Einklang und mit größtmöglicher Verbundenheit zu unserer belebten und unbelebten Mitwelt geschehen. Der Sinn des Lebens bedeutet nicht, hinter allem einen *Nutzen* erkennen zu müssen. Sinn und Nutzen sind zwei verschiedene Kategorien, die allerdings eng miteinander verknüpft sein können.

Ein individueller Lebenssinn wird uns nicht gegeben. Niemand erschafft für uns diesen Sinn. Jeder hat die volle Verantwortung für sein Leben und damit auch für den Sinn seines Lebens. Sinn muss von jedem persönlich eingebracht, hervorgerufen und gestiftet werden. So wie Sie Sinnlosigkeit schaffen, können Sie auch Sinn erschaffen. Wer seinem Leben nicht selbst einen Sinn gibt, wird auch keinen Sinn darin finden. Trotz alledem ist der Sinn Ihres Lebens keine völlig frei zu bestimmende Größe. Sie sind zwar einerseits sehr frei in Ihrem Sinn, andererseits aber auch sehr gebunden, nämlich an sich selbst, an Ihr wahres Selbst. Wenn Sie also Ihr wahres Selbst und damit viele Ihrer Muster erkennen, können Sie Ihrem Sinn ein gutes Stück näher kommen.

Der Sinn des eigenen Lebens ist in einem inneren Dialog zu spüren. Sinn kann nicht vornehmlich durch Wahrnehmung, durch Gedanken und rationale Erkenntnis erfasst werden, sondern vorrangig durch Intuition. Den meisten fällt die Arbeit an ihrem Sinn in der Spiegelung nach außen leichter. Beziehungen erleichtern deshalb oft die Beantwortung der Sinnfrage. Ihr Lebens-Sinn sollte folgenden Kriterien genügen:

Weites Wissen um die eigenen Muster ist eine sichere Basis zur Erkenntnis des eigenen Lebenssinns.

- Er muss mit Ihren Werten vollkommen übereinstimmen. Dafür müssen Sie diese erst einmal kennen (⇨ „Strategie 5: Ich hänge an deinen Werten", Seite 123ff.). Was also sind Ihre Werte?
- Er verlangt, unser Tun in einen Bezug zum Ganzen zu setzen. Er erwächst aus einer Beziehung zu etwas Höherem, Umfassenderem. Stellen Sie diesen Bezug her.
- Er sollte darüber hinaus auch einem Ganzen oder einem Größeren *dienen*.
- Weiterhin sollte Ihr Sinn einem *Ziel* dienen: Für welches Ziel, nicht warum?
- Er sollte einen Zweck erfüllen.
- Ihr Sinn an sich sollte einen Wert darstellen.

Wenn Ihr Sinn diese Kriterien erfüllt, ist er erfüllend.

Was hat das nun alles mit Ihren Mustern zu tun? Mindestens seit Ihrem ersten Atemzug arbeiten Sie kontinuierlich an Ihrem Lebens-Sinn, wahrscheinlich ohne es zu wissen. Auch dafür brauchen Sie Muster. Ihre Muster haben also eine höhere Aufgabe, als Sie nur durch Alltägliches zu leiten.

Alle Ihre Muster dienen einem höheren Sinn jenseits des Alltags.

Ihre Muster dienen Ihrem Lebenssinn. Am Sinn des eigenen Lebens zu arbeiten ist dann Erfolg versprechend, wenn Sie eine Übersicht über viele Ihrer Muster haben. Dann nämlich können Sie aus jedem einzelnen Muster Ihren Nutzen ableiten, und jedes Muster bringt Ihnen Nutzen. Sie sollten also alle Ihre Nutzenmuster kennen oder ableiten, wie folgende Beispiele zeigen:

- Muster: **Ich brauche die anderen viel mehr, als ich es lebe.** Ihr Nutzen: **Ich will und kann nicht einsam sein.**

- Muster: **Wenn mich jemand annimmt, ist mir alles andere egal.** Ihr Nutzen: **Ich will ganz und gar angenommen sein, so wie ich bin.**

Darüber hinaus sollte Ihnen Ihre Musterhierarchie klar sein, das heißt, welche Muster die führenden sind. Betrachten Sie die führenden Muster und – unabhängig vom Wortlaut der ursprünglichen Muster – das, was als Nutzen aus Ihren Mustern aufscheint: Darin finden Sie Ihren Lebenssinn. Das geht nicht analytisch, sondern mit Gefühl. Und manchmal müssen Sie Umwege machen, bis Sie den Sinn gefunden haben. Aber dann werden auch Sie dieses unerwartete, einmalige Gefühl kennen lernen: eine Mischung aus Erstaunen, Erkennen, Erleichterung, Respekt und Liebe vor sich selbst. Das wünsche ich Ihnen.

AA Aufgabe 27, Seite 342

Die sechs wichtigen Schritte

Muster haben Macht. Und was Macht hat, hat Kraft. Es ist Ihre Kraft. Wie aber können Sie die Energie nutzen, die in einem Muster steckt? Ich habe Ihnen schon zu Anfang des Buches prophezeit, dass wir keine schnellen Lösungen anbieten. Stellen Sie sich also auf eine längere Prozedur ein. Es geht darum, wie Sie Ihre Muster so einsetzen, dass sie Ihnen voll und ganz dienen. Bisher konnten Ihre Muster Ihnen wahrscheinlich auf der Nase herumtanzen. Doch sobald Sie einen guten Überblick über Ihre inneren

Strukturen gewinnen, können Sie Ihre Muster nach Ihrer Pfeife tanzen lassen.

Zum Abschluss fasse ich das noch einmal in sechs Schritten zusammen. In dieser Übersicht wird außerdem deutlich, welchen Gewinn Sie haben, wenn Sie erfolgreich mit Ihren Mustern arbeiten.

Schritt 1: Offenheit durch Erkenntnis

Im ersten Schritt erkennen Sie das Muster in seiner genauen sprachlichen Form. Erst mit der Erkenntnis ist es möglich, die Energie freizusetzen, die Sie bisher nur darauf verwendet haben, es im Verborgenen zu lassen. Ihr Gewinn: Offenheit.

Schritt 2: Entspannung durch das Outen

Es ist ein erleichterndes Gefühl, endlich zu wissen, was einen reitet. Denn allein die Tatsache, dass die Muster außerbewusst sind, macht daraus ein Problem. Viele empfinden eine große Entspannung, wenn Sie sich ihre Muster bewusst machen und die Muster nun an die Öffentlichkeit treten können. Wenn Sie Ihre Muster kennen, kann die Geheimniskrämerei ein Ende haben. Wenn Sie fähig sind, all Ihre Muster auf eine Bauchbinde zu schreiben und diese vor sich herzutragen, haben Sie's geschafft! Ihr Gewinn: Entspannung und innere Ruhe.

Schritt 3: Sicherheit durch Akzeptanz

Dieser Schritt ist der wichtigste: Es ist, was ist. Und was ist, nehmen Sie an. Hinter diesem einfachen Satz steckt alle Wahrheit, er sollte aber nicht mit Fatalismus verwechselt werden. Sie können damit im Bewusstsein Ihre inneren Strukturen als Teil von sich annehmen. Sich anzunehmen und nicht mehr gegen sich zu arbeiten stoppt sofort die Energieverschwendung, das unnötige Verbrauchen Ihrer Willenskraft. Gütiges Wohlwollen mit sich selbst ist Ihnen möglich. Muster besitzen eine energetische Wertigkeit, die zeitweise die der bewussten Absicht übersteigt. Ein Muster lässt sich mit Willensanstrengung unterdrücken. Das kostet Energie, die schon bald erschöpft ist, wenn sie nicht wieder aufgeladen wird. Je höher ein Muster in der Hierarchie steht, umso mehr Energie brauchen Sie, um es zu unterdrücken. Wenn Sie jedoch erst einmal damit begonnen haben, Ihre Muster anzunehmen, wird es Ihnen auch für Muster, deren Inhalt Ihnen spontan nicht zusagt, gelingen, sie *ohne Bedauern* zu akzeptieren. Es ist, was ist, und all das ist und war gut so. Unsere Muster helfen uns, damit wir uns in unserer Welt orientieren können. Durch sie wissen wir, was für uns jetzt gerade möglich ist und was nicht. Insofern haben sie eine wichtige Schutzfunktion. Als sehr persönliche Regeln haben sie für den einzelnen Menschen höchsten Wert und höchste Priorität. Sie sollten sie deshalb ohne Bedauern und ohne jede Wertung respektieren, egal wie merkwürdig, verschroben, pervers, brutal, ungewöhnlich, dumm oder unangemessen sie erscheinen. Ihr Gewinn: Sicherheit.

Ihre Muster bieten Ihnen Offenheit, Entspannung, innere Ruhe, Sicherheit, Energie, Lebendigkeit, Authentizität, Erfolg und Kraft. Greifen Sie zu!

Schritt 4: Energie durch freie Wahl

Sie verstehen sich ein gutes Stück besser, sind sich selbst viel näher als vorher. Jetzt haben Sie die Wahl. Sie können auch ohne Modifikation bewusst sagen: Du (Muster) bist jetzt willkommen und ich weiß, du willst wirken. Oder: Du bist jetzt nicht willkommen, ich bitte dich, nicht zu wirken. Statt sich – wie bisher – immer wieder über bestimmte eigene Verhaltensweisen zu ärgern (Wie konnte ich das nur tun? Warum passiert immer mir das?), können Sie nun endlich beginnen, zu sich zu stehen, so wie Sie sind. Das gibt Ihnen Kraftreserven zurück. Ihr Gewinn: Energie.

Schritt 5: Lebendigkeit durch Freisetzen des Impulses

Ihre Muster sind immer mit einem oder mehreren Gefühlen verbunden, den Gefühlen, die Sie bei der Musterinitiierung hatten. Wenn ein Muster wirken möchte, können Sie die Energie dieser Gefühle für sich wieder nutzbar machen. Auch in Trauer oder in Verzweiflung steckt Kraft und erst recht in Angst. Gefühle, die Sie bisher als unangenehm empfanden und einfach nur loswerden wollten, können Sie nun annehmen und als Impuls nutzen. Ihr Gewinn: Lebendigkeit.

Schritt 6: Authentizität, Erfolg und Kraft durch Muster

Wenn Sie sich gegen Ihre Muster verhalten (müssen), kostet es Ihre Energie. Wenn Sie sich im Fluss Ihrer Muster befinden, liefert Ihnen das Energie. So können Sie über die Akzeptanz Ihrer Muster unmittelbar Kraft gewinnen. Aber wie lange dauert es, Energie aus einem Muster schöpfen und umsetzen zu können? Das können wenige Minuten sein, viel öfter sind es Wochen oder Monate oder sogar Jahre. Es ist „Winning by Doing". Der Weg, sich selbst ganz und gar anzuerkennen und darauf aufzubauen, verspricht Erfolg. Muster haben die emotionale Energie ihrer Initiationssituation aufgenommen. Diese Energie hat sie geformt. Nutzen Sie diese Energie für Ihre Zwecke, indem Sie das Muster in dem von Ihnen selbst definierten Sinn anwenden. Ihre Muster sind das Einzige auf der Welt, das sich freut, ausgenutzt zu werden – egal, ob sie wirklich von Ihnen stammen oder übernommen sind. Ihr Gewinn: Authentizität, Erfolg und Kraft.

ANHANG

Aufgaben

Sie gewinnen viel, wenn Sie den Weg zu Ihren inneren Strukturen über nachfolgende Aufgaben gehen. Die äußerst effektive Methode der Musteridentifikation (⇨ „Wie Sie Muster erfolgreich erkennen", Seite 211) ermöglicht ein aktives und kreatives Erkennen Ihrer Muster. Das verlangt jedoch ein Zwiegespräch und ist im Rahmen eines Buches nicht machbar. Stattdessen können Ihnen die Aufgaben helfen, sich über Vorschläge passiv an Ihre eigenen Muster heranzutasten. Einige Aufgaben versuchen auch, Sie die Lösung alleine finden zu lassen, sozusagen im inneren Zwiegespräch. Das mag mal besser, mal weniger gut gelingen. Aber es ist das Maximum dessen, was ohne zwischenmenschlichen Kontakt zur Musterkennung möglich ist.

Alle Aufgaben sind das Gegenteil von Fastfood. Wenn Sie sie konsequent bearbeiten, brauchen Sie Zeit und Ruhe. Um so mehr Zeit und Ruhe Sie sich nehmen, umso besser bzw. hilfreicher für Sie werden die Ergebnisse sein.

Besorgen Sie für die Aufgaben ein extra Heft, das groß genug ist (DIN A4): Das ist Ihr Musterheft.

Darin schreiben Sie Ihre individuellen Muster kompakt zusammen. Gliedern Sie das Heft wie folgt:

Inhaltsverzeichnis Ihres Musterheftes

Wenn Sie Ihre eigenen Muster seriös identifizieren wollten, rechnen Sie bitte damit, dass es Wochen oder sogar Monate dauert. Die folgenden Aufgaben haben nichts mit Multiple Choice zu tun. Sie müssen immer wieder in völliger Ruhe zu sich finden und sich dann öffnen für die Ebene, die jeweils betrachtet wird. Sie brauchen dafür die Fähigkeit, sich abzugrenzen und sich einzulassen – beides zur richtigen Zeit und im richtigen Maß. Wir wünschen Ihnen viel Freude dabei, sich darauf einzulassen, den tollsten Menschen in Ihrem Leben noch besser kennen zu lernen!

Die Aufgaben sind chronologisch nach Kapiteln geordnet, bei den Kapiteln finden Sie jeweils einen Hinweis auf die zugehörige/n Aufgabe/n. Übertragen Sie als Erstes das Inhaltsverzeichnis auf Seite 1 Ihres Musterheftes.

Aufgabe 1 („Was läuft, wenn nichts läuft?")

Schauen Sie das ganze Kapitel nach den Mustern durch. Fühlen Sie bei jedem einzelnen Muster in sich hinein. Welches Muster stößt in Ihnen auf Resonanz? Können Sie sich an eine selbst erlebte Situation erinnern, bei der das betreffende Muster vielleicht wirksam war? Wenn Sie sich sicher sind, eines Ihrer Muster erkannt zu haben, schreiben Sie es in Ihr Musterheft auf Seite 2. Es ist aber auch gut möglich – und das gilt für alle folgenden, entsprechend aufgebauten Aufgaben gleichermaßen –, dass diese Seite in Ihrem Heft leer bleibt.

Aufgabe 2 („Was läuft, wenn nichts läuft?")

Stellen Sie sich zwei konkrete Situationen aus Ihrem aktuellen Leben vor, in denen Sie ein eindeutiges, eher positives Gefühl spürten. Es können berufliche wie private Situationen sein. Schreiben Sie getrennt voneinander zwei Kurzgeschichten darüber, eine auf Heftseite 10, die andere auf Seite 12. Die Geschichte sollte nicht länger als eine DIN-A4-Seite sein. Die Geschichten können ruhig voller Wertungen, Meinungen, Stimmungen, Gefühle, Urteile usw. sein. Sie bilden eine Basis, auf der Sie später mithilfe der Musteridentifikation versuchen können, an eigene

Muster zu kommen. Beantworten Sie in Ihrer Kurzgeschichte folgende Fragen:

- Was ist genau geschehen?
- Wer außer mir selbst war daran beteiligt?
- Was habe ich daraus gelernt – oder auch nicht?
- Welche wichtigen Sätze habe ich in dieser Situa-
  tion gesagt?
- Was war mein Ziel? Habe ich es erreicht und
  wenn, warum? Habe ich es nicht erreicht und
  wenn nicht, warum nicht?

Aufgabe 3 („Bedingt lauffähig: Muster – das menschliche Betriebssystem")

Schauen Sie das ganze Kapitel nach den Mustern
durch. Spüren Sie bei jedem einzelnen Muster in
sich hinein, egal, mit welcher Geschichte es im Buch
verbunden ist. Die konkrete Geschichte ist unwich-
tig, es ist nicht Ihre Geschichte. Erzeugt das Muster
Resonanz in Ihnen? Können Sie sich an eine Situation erinnern, die Sie erlebt haben und bei der das
Muster vielleicht wirksam war? Wenn Sie sich sicher
sind, eines Ihrer Muster erkannt zu haben, schreiben Sie es in Ihr Musterheft auf Seite 3.

Aufgabe 4 („Auf Schritt und Tritt: Muster, wohin man sieht")

Entspannen Sie sich, beispielsweise mit einer Methode wie autogenem Training, Muskelrelaxation, Yoga
oder Meditation, oder einfach durch Musikhören.
Wenn Sie sich wirklich entspannt fühlen, lesen Sie
die Muster (und nur die) von Tabelle „Metamuster
und ihre Hintergründe" auf Seite 46ff. einzeln

durch. Entscheiden Sie für jedes Muster in aller Ruhe und ganz für sich, ob es eines Ihrer Muster ist oder nicht. Fühlen Sie im Bauch eine Resonanz auf einen Mustersatz? Wenn Sie das Gefühl haben, dieser Satz ist eines Ihrer eigenen Muster, dann schreiben Sie ihn noch nicht in Ihr Musterheft, sondern auf ein extra Blatt Papier. So gehen Sie Satz für Satz durch. Insgesamt sollten Sie auf vier bis sechs Muster kommen.

Wenn Sie *mehr als sechs* Muster aufgeschrieben haben, schauen Sie alle nochmals durch und entscheiden, welche Bedeutung jeder einzelne Satz hat: Ist er wichtig oder kommt er nur selten zum Tragen? Streichen Sie die heraus, die Ihnen am unwesentlichsten erscheinen.

Wenn Sie *weniger als vier* Muster aufgeschrieben haben, gehen Sie bitte nochmals die ganze Liste durch, ob es da nicht noch den einen oder andern Satz gibt, der Sie bewegt.

Nun lesen Sie den ersten notierten Satz und finden Sie sich geistig in früheren Situationen ein, die mir dem Satz zu tun haben könnten. Wird der Verlauf der jeweiligen Situationen mit dem Satz tatsächlich korrekt beschrieben? Vielleicht müssen Sie an dem Satz auch nur eine Kleinigkeit ändern, zum Beispiel statt **Ich kann niemandem (ver)trauen: Ich will niemandem (ver)trauen**. Wenn Sie spüren, den korrekten Satz gefunden zu haben, übertragen Sie ihn in Ihr Musterheft ab Seite 14. Auf diese Weise gehen Sie Satz für Satz durch. Legen Sie für jedes Muster eine neue Seite an. Schreiben Sie über jedes Muster das Wort: „Primärmuster". Mit diesen Mustern werden Sie später weiterarbeiten.

Aufgabe 5 („Auf Schritt und Tritt: Muster, wohin man sieht")

Teil A
Diese Aufgabe ist nur für Männer: In welchen Situationen wirkt das Muster bei Ihnen? Wie lautet es bei Ihnen genau? Schreiben Sie es auf Seite 20 Ihres Hefts.

Teil B
Diese Aufgabe ist nur für Frauen: In welchen Situationen wirkt das Muster bei Ihnen? Wie lautet es bei Ihnen genau? Schreiben Sie es auf Seite 20 Ihres Hefts.

Aufgabe 6 („Auf Schritt und Tritt: Muster, wohin man sieht")

Schauen Sie das ganze Kapitel – außer der Tabelle „Metamuster und ihre Hintergründe" – nach den Mustern durch. Wenn Sie sich sicher sind, eines Ihrer Muster erkannt zu haben, schreiben Sie es in Ihr Musterheft auf Seite 4. Beachten Sie, ob die Muster wirklich im Wortlaut passen oder nicht. Übertragen Sie nur Muster, deren Wortlaut genau stimmt.

Aufgabe 7 („Im Zentrum der Macht: Muster herrschen mit treuem Gefolge")

Schauen Sie das ganze Kapitel nach den Mustern durch. Wenn Sie sich sicher sind, eines Ihrer Muster erkannt zu haben, schreiben Sie es in Ihr Musterheft auf Seite 5.

Aufgabe 8 („Aus eins mach sechs: Muster vermehren sich")

Nach der Aufgabe 4 sind Sie gut vorbereitet, Ihren eigenen Primärmustern die Sekundärmuster zuzuweisen. Schauen Sie sich auf den Seiten 14 bis 20 Ihres Musterhefts die Primärmuster an. Stellen Sie zu jedem Muster die Fragen aus der Tabelle „Sekundärmuster-Typen als Antwort auf zentrale Fragen", Seite 81. Die Fragen beziehen sich nur auf den Wortlaut des Primärmusters, nicht auf passende Geschichten, die Ihnen dazu vielleicht einfallen. Anhand der gefundenen Antworten ergänzen Sie – zunächst ungeachtet der Sprachregeln – auf den Seiten 14 bis 20 Ihre Sekundärmuster, und zwar mit Bleistift, da später vielleicht Korrekturen nötig sind.

Aufgabe 9 („Aus eins mach sechs: Muster vermehren sich")

Schauen Sie das ganze Kapitel nach den Mustern durch. Wenn Sie sich sicher sind, eines Ihrer Muster erkannt zu haben, schreiben Sie es in Ihr Musterheft auf Seite 6.

Aufgabe 10 („Die Unbestechlichen: Muster lassen sich nicht blenden")

Schauen Sie Ihre bisher aufgeschriebenen Muster daraufhin durch, ob diese Ihre Energie für Änderungen und Weiterentwicklung aufbrauchen können oder nicht. Welche Muster wirken demotivierend? Notieren Sie sich diese auf Seite 21 im Musterheft.

Aufgabe 11 („Strategie 1: Ich bin immer bei dir")

Finden Sie zwei Situationen heraus, bei denen Sie Ihren Käse an der falschen Stelle suchen. Was klappt immer wieder nicht so, wie Sie es gerne hätten? Es sollte aber kein allzu großes Drama dahinter stecken. Schreiben Sie diese Situationen als Kurzgeschichten (anhand der Fragen in Aufgabe 2) auf Seite 22 und 24 des Hefts. Sie werden diese Kurzgeschichten später weiter bearbeiten.

Aufgabe 12 („Strategie 4: Du kennst mich doch lang genug")

Schauen Sie das ganze Kapitel nach den Mustern durch. Wenn Sie sich sicher sind, eines Ihrer Muster erkannt zu haben, schreiben Sie es in Ihr Musterheft auf Seite 7.

Aufgabe 13 („Strategie 5: Ich hänge an deinen Werten")

Teil A
Zunächst notieren Sie Ihre eigenen Werte auf Seite 26 Ihres Musterheftes, so wie Sie Ihnen in den Sinn kommen. Erst dann lesen Sie die Werte-Liste (⇨ Seite 343ff.) durch. Welche dieser Werte erzeugen in Ihnen Resonanz? Entscheiden Sie möglichst schnell und aus dem Bauch heraus, nicht mit dem Kopf. Markieren Sie die betreffenden Werte.

Wenn Sie insgesamt *mehr als 15* Werte erkannt haben, definieren Sie die 15 wichtigen und lassen die anderen bei der weiteren Bearbeitung außen vor. Wenn Sie insgesamt *weniger als 6* Werte gefunden haben, versuchen Sie durch nochmaliges Bearbeiten der Liste mindestens auf 6 zu kommen.

Teil B
Übertragen Sie die von Ihnen erkannten Werte ebenfalls auf Seite 26 des Hefts. Notieren Sie alle Werte als senkrechte Liste am linken Seitenrand. Schreiben Sie sich nun über Ihre eigene Werteliste folgenden Satz: Empfinde ich die Missachtung dieses Wertes als unangenehm, schlimm oder unerträglich? Unerträglich meint: Wenn dieser Wert bei Ihnen nicht erfüllt wird, empfinden Sie das nahezu als Katastrophe.

Gehen Sie nun Wert für Wert durch und denken dabei an Situationen, in denen der entsprechende Wert nicht geachtet wurde. Wenn Ihnen keine Situationen aus Ihrer eigenen Vorgeschichte einfallen, denken Sie sich einfach eine aus. Hierzu zwei Beispiele: Gefängnis bedeutet im Allgemeinen den Entzug (Missachtung) von Freiheit. Beim Sprechen die Zahnprothese zu verlieren, bedeutet für die meisten einen Verlust von Würde.

Mit dieser Aufgabe haben Sie Ihre Werte-Pyramide geschaffen: Die Werte, deren Missachtung als unerträglich erscheint, sind Ihnen am wichtigsten. Die zweitwichtigsen sind die mit der Wertung „schlimm bei Missachtung", die anderen stellen Ihre Basiswerte dar.

Teil C
Gehen Sie Wert für Wert durch, und schreiben Sie auf Seite 27 Ihres Hefts, was Sie genau unter diesem Wert verstehen. Bedeutet beispielsweise Geduld für Sie, ein Puzzle zu machen oder auch noch weitere zehn Jahre auf eine Beförderung warten zu können

oder die Fähigkeit, Eskapaden Ihres Partners hinzu-
nehmen?

Aufgabe 14 („Strategie 6: Als innerer Schweine-
hund lass' ich dir deine Ruhe")

Denken Sie darüber nach, wann Ihre inneren
Schweinehunde zuschlagen. Ist es das nicht aufge-
räumte Gartenhäuschen, sind es die ungeputzten
Schuhe, der vergebliche Versuch abzunehmen, die
Briefe, die unbeantwortet herumliegen, die Zeit-
schriften, die nicht gelesen sind? Notieren Sie sich
diese unerledigten Aufgaben stichpunktartig auf
Seite 28 Ihres Musterhefts. Schauen Sie dann, wel-
ches Muster dahinter steckt; übertragen Sie diese
Muster in Ihr Heft auf Seite 29.

Aufgabe 15 („Strategie 7: Ich verstecke mich")

Teil A
Lesen Sie sich die Zitate im Kapitel „Strategie 7: Ich
verstecke mich" (⇨ Seite 131) durch, und markieren
Sie diejenigen, welche Ihnen besonders gefallen,
Ihnen besonders vertraut sind oder die Sie selbst
immer wieder einsetzen. Genauso können Sie markieren, welche Aussagen völliges Unverständnis oder
sogar Wut in Ihnen bewirken. Welche Sätze haben
mit Ihnen – in welchem Zusammenhang auch immer – zu tun?

Teil B
Markieren Sie nun die Muster zu den eben markier-
ten Zitaten. Wie immer sind die Muster nur Vorschläge. In Ihrem individuellen Fall können Sie ganz
anders lauten. Wenn aber die Mustersätze Sie betref-

fen, ein Lächeln hervorrufen oder Sie auch traurig oder anders gestimmt machen, dann haben Sie wohl mit Ihnen zu tun. Schreiben Sie solche Sätze ins Musterheft auf Seite 30.

Aufgabe 16 („Strategie 9: Ich bin ganz nah und doch so fern")

Teil A
Wählen Sie den Zeitpunkt für diese Aufgabe mit besonderem Bedacht. Um die Aufgabe sinnvoll durchzuführen, sollten Sie genügend Muster beisammen haben, mindestens 60. Dann fragen Sie sich Muster für Muster:

- Welche Muster sind mit angstbesetzten Situationen verbunden?
- Welche Muster sollen Angst verhindern?
- Gibt es vielleicht sogar Mustersätze, die Ihnen Angst machen, zumindest in vorstellbaren Zusammenhängen?

Tragen Sie solche Muster ins Musterheft ein, diesmal auf Seite 31.

Teil B
Wenn Sie Muster gefunden haben, deren Zusammenhang mit eigenen Ängsten sicher ist, können Sie die Ängste selbst bearbeiten. Dafür müssen Sie sich zunächst klar machen, um welche Angst es jeweils geht. Wie am Flugangst-Beispiel erläutert, kann oft eine andere Angst dahinter stecken als die offensichtliche.

- Worum geht es wirklich? – nur das verdient Bearbeitung!
- Welche direkte Funktion und/oder Wirkung hat die Angst?
- Was bewirkt sie indirekt?
- Was verhindert sie?
- Worauf könnte sie mich hinweisen?
- Wohin führt sie mich?
- Wovon bewahrt sie mich?
- Was wäre mit mir, mit meinem Leben, wenn die Angst vorbei wäre?
- Womit würde ich die Lücke (Zeit) füllen?
- Worauf müsste ich dann verzichten?
- Was würde ich vermissen?
- Wer würde es außer mir noch merken?
- Wie würde derjenige bzw. würden diejenigen darauf reagieren?

Aufgabe 17 („Strategie 9: Ich bin ganz nah und doch so fern")

Achten Sie zukünftig bei Gesprächen auf Ihre „Man-Sätze". Wenn es geht, schreiben Sie diese auf, ansonsten versuchen Sie sich die Sätze zu merken. Ersetzen Sie später das Man durch Ich und schauen Sie, ob Sie damit auf weitere Ihrer Muster stoßen. Mit diesen Mustern können Sie auch Sekundärmuster bilden (⇨ „Aus eins mach sechs: Muster vermehren sich", Seite 79ff.). Diese Aufgabe hat meistens eine Nebenwirkung: Mit der Zeit bleiben Ihnen „Man-Sätze" im Hals stecken, Sie werden authentischer in Ihren Formulierungen. Tragen Sie diese Muster nach und nach auf Seite 32 Ihres Hefts ein.

Aufgabe 18 („Strategie 10: Ich bin der Choreograf deines Verhaltens")

Schauen Sie das ganze Kapitel nach den Mustern durch. Wenn Sie sich sicher sind, eines Ihrer Muster erkannt zu haben, schreiben Sie es in Ihr Musterheft auf Seite 8.

Aufgabe 19 („Strategie 12: Ich mache dich glauben")

Schauen Sie das ganze Kapitel nach den Mustern durch. Wenn Sie sich sicher sind, eines Ihrer Muster erkannt zu haben, schreiben Sie es in Ihr Musterheft auf Seite 9.

Aufgabe 20 („Wie Sie Muster erfolgreich erkennen")

Sie haben schon insgesamt vier Kurzgeschichten verfasst (Heftseiten 10, 12, 22 und 24). Lesen Sie diese noch einmal durch, ganz in Ruhe und ganz bei sich. Können Sie erkennen, welchem allgemein gültigen Satz jede einzelne Geschichte folgt? Es geht wie immer nicht um den konkreten Glaubenssatz, sondern um die allgemeine Bedeutung, die jede dieser Geschichten für Sie hat und die Sie als Mustersatz formulieren können. Wenn Sie sich sicher sind, notieren Sie den Satz in Ihrem Musterheft und bilden wieder die Sekundärmuster daraus (⇨ „Aus eins mach sechs: Muster vermehren sich", Seite 79ff.), diese schreiben Sie auf die Heftseiten 11, 13, 23 und 25.

Aufgabe 21 („Wie Sie Muster exakt formulieren")

Teil A

Bitte lesen Sie nun die Mustersätze über Liebe in Kapitel „Wie Sie Muster exakt formulieren" (Seite 234ff.) durch. Spüren Sie in sich, welcher der Sätze Ihrer ist. Vielleicht finden Sie Ihren Satz nicht, dann nehmen Sie die Beispiele als Anregung, um auf Ihren Satz zu kommen. Schreiben Sie den Satz in Ihr Heft auf Seite 33 und finden die Sekundärmuster dazu (⇨ „Aus eins mach sechs: Muster vermehren sich", Seite 79ff.), die Sie ebenfalls auf Seite 33 festhalten.

Teil B

Wenn Sie Ihren Satz kennen, lassen Sie einmal Ihr Leben Revue passieren. Finden Sie drei markante Situationen, in denen es um Liebe (nicht Sex) ging. Können Sie mit gutem Gewissen den im Heft notierten Liebes-Satz als Leitsatz darüber schreiben? Haben Sie – und die anderen – sich wirklich so verhalten, dass dieser Satz entweder beachtet wurde und Sie entsprechend zufrieden waren oder gerade nicht beachtet wurde, was Sie mit Wut, Trauer, Hass, Aggression, Haltlosigkeit, Hoffnungslosigkeit, was auch immer erfüllte? Dann passt er. Herzlichen Glückwunsch!

Nun geht es mit einer Fantasieaufgabe noch etwas weiter: Stellen Sie sich bitte drei Situationen vor, in denen Ihr Liebessatz *gegen* Sie arbeitet. Vielleicht geschieht dies immer wieder, dann brauchen Sie weniger Fantasie und mehr Erinnerungsfähigkeit. In diesem Fall sollten Sie sich für später merken, dass dieser Satz modifiziert werden muss oder Sie ihn in Zukunft anders einsetzen sollten (⇨ „Sich trennen oder beisammen bleiben", Seite 239ff.). Wenn Sie sich hingegen nur unter Aufwendung all Ihrer Fantasie vorstellen können, wie der Satz Ihnen schadet, und das wirklich (fast) nie vorkommt, unterstützt er Sie. Dann haben Sie Glück, es kann nur der Satz sein: **Ich werde geliebt.**

Alle anderen Sätze drücken ein Verlangen, einen Wunsch, eine Frustration oder eine Enttäuschung aus – zumindest das Potenzial dafür. Damit können Sie nicht gut fahren.

Mit dieser neuen Information gehen Sie bitte noch einmal in sich und schauen, wann immer das Muster Ihnen schadet. Für Ihre Zukunft steht es an, das Muster zu modifizieren.

Aufgabe 22 („Wie Sie Muster exakt formulieren")

Prüfen Sie alle bisher notierten Muster darauf hin, ob sie die in den Kapiteln „Wie Sie Muster erfolgreich erkennen" (⇨ Seite 211) und „Wie Sie Muster exakt formulieren" (⇨ Seite 234ff.) genannten Kriterien erfüllen. Falls nicht, korrigieren Sie die aufgeschriebenen Muster jetzt.

Aufgabe 23 („Sich trennen oder beisammen bleiben?")

Lesen Sie alle Ihre Muster durch. Welche müssen Ihrem Gefühl nach modifiziert werden, welche können einfach so bleiben und welche sollten in einem anderen Kontext verwendet werden? Markieren Sie sich diese Muster, damit Sie sie später leichter erkennen. Diese Aufgabe steht für Ihre Zukunft an.

Aufgabe 24 („Muster ändern")

Auf Seite 21 Ihres Musterhefts haben Sie Muster
notiert, welche Ihre Motivation vermindern (⇨ Aufgabe 10). Sind Sie noch immer dieser Meinung?
Können Sie diese Muster nicht unverändert zu Ihrem Besten einsetzen? Wenn das nicht möglich ist,
modifizieren Sie diese zuerst. Nutzen Sie dafür
folgende Regeln:

• Machen Sie sich zunächst die Gefühle klar, welche
  das ursprüngliche Muster in Ihnen erzeugt.
• Wenn Sie eine Modifikation definiert haben, die
  Ihnen durchführbar erscheint, kontrollieren Sie
  anhand des Modifikationssatzes die nun entste-
  henden Gefühle. Wenn diese Ihnen nicht deutlich angenehmer sind, wird die Modifikation keine Chance haben.

Aufgabe 25 („Erfolg durch Authentizität: I am what I am")

Lesen Sie alle Ihre Muster durch. Welche Muster
missachten Ihre Werte, die Sie auf den Heftseiten 26
und 27 bearbeitet haben? Sie müssen modifiziert
werden. Diese Aufgabe steht für Ihre Zukunft an.

Aufgabe 26 („Erfolg durch Authentizität: I am what I am")

Sie haben viele Ihrer Muster erkannt und notiert.
Jetzt ist Ihnen die krönende Hauptarbeit möglich.
Diese braucht ihre Zeit, stellen Sie sich darauf ein.
Am besten, Sie reservieren sich dafür Zeit an zwei
aufeinander folgenden Tagen. Lesen Sie *alle* Ihre

Muster erneut durch. Nehmen Sie sich verschieden-
farbige Leuchtstifte zur Hand und markieren Sie
Muster für Muster alle Sprach*sequenzen* nach folgendem beispielhaften Schema:

- Sequenzen, die auf Macht hindeuten, markieren
  Sie orange.
- Sequenzen, die auf Liebe hindeuten, markieren
  Sie rot.
- Sequenzen, die auf Leistung hindeuten, markie-
  ren Sie grün.
- Sequenzen, die auf Ziele hindeuten, markieren
  Sie gelb.
- Sequenzen, die auf anderes hindeuten, markie-
  ren Sie blau.

Manche Mustersätze können auch mit mehreren
Farben markiert werden.

Legen Sie nun fünf neue Seiten (34–38) in Ihrem
Musterheft an: für Macht, für Liebe, für Leistung, für
Ziele und für anderes. Betiteln Sie die Seiten ent-
sprechend. Bei Mustersätzen, die mehrfarbig mar-
kiert sind, müssen Sie sich entscheiden, welche
Motivation in Ihrem persönlichen Fall vorrangig
wirkt. Übertragen Sie dann Ihre Muster je nach
Farbe auf die entsprechenden Seiten.

Nun ist absolute Ruhe und innere Bereitschaft
notwendig. Schauen Sie sich eine der Seiten an und
lesen Sie alle Muster nach einer Grundmotivation
durch. Machen Sie das insgesamt dreimal. Markieren Sie sich das Muster, das Ihnen als wichtigstes
dieser Gruppe erscheint. Wenn Sie sich nicht gleich
entscheiden können, schreiben Sie nur die zwei
oder drei Sätze auf, die in Frage kommen, und lesen

diese nochmals durch. Wiederholen Sie dieses Vorgehen für alle fünf Motivationstypen.

Es ist durchaus sinnvoll, vor der letzten Entscheidung eine Nacht verstreichen zu lassen. Sie arbeiten so lange mit Ihren Mustern, bis Ihnen aus dem Bauch heraus klar ist, welches Ihre fünf Sätze sind. Übertragen Sie diese fünf Sätze auf Seite 39.

Sie haben Ihre fünf führenden Muster erkannt – zumindest haben Sie sich sehr konkret angenähert. Viel Arbeit liegt hinter Ihnen – sie wird sich lohnen.

Aufgabe 27 („Der Sinn des eigenen Lebens")

Sie können nun beginnen, Ihrem Lebenssinn näher zu treten. Tragen Sie auf Seite 40 bis 41 Ihres Hefts die bisher erkannten Nutzenmuster ein. Diese finden Sie auf den Heftseiten 11, 13, 14 bis 19, 20, 23, 25 und 33. Machen Sie sich dann noch einmal Ihre Musterhierarchie klar. Welches sind die führenden Muster (siehe Heftseite 39)? Welches sind Ihre wichtigsten Werte (siehe Heftseite 26)?

Gehen Sie nun in einen äußerlich wie innerlich wirklich ruhigen Raum und lassen wichtige Momente Ihres bisherigen Lebens Revue passieren. Gehen Sie auf keinen Fall wertend oder analytisch vor. Betrachten Sie sich und Ihr Leben so, wie Sie einen Spielfilm betrachten würden. Bringen Sie in diesem Film Ihre führenden Muster, Ihre Nutzenmuster und Ihre eigenen Werte zusammen – in dieser Gesamtheit können Sie Ihren Lebenssinn finden. Dieser ist in der Regel kein einzelner Satz, sondern eine Art Kurzgeschichte. Diese löst sich selbstverständlich aus dem Korsett der Sprachregeln für Muster. Tragen Sie Ihren Lebenssinn auf Seite 42 ein.

Herzlichen Glückwunsch zu Ihrer Einmaligkeit!

Werte-Liste

A
Abenteuer
Abgrenzung(sfähigkeit)
Achtsamkeit
Achtung
Altruismus
Anerkennung
Anpassung(sfähigkeit)
Ansehen
Anstand
Anteilnahme
Ästhetik
Attraktivität
Aufgeschlossenheit
Aufmerksamkeit
Aufopferung(sgabe)
Aufrichtigkeit
Ausgeglichenheit
Authentizität
Autorität

B
Barmherzigkeit
Bedachtsamkeit
Begeisterungsfähigkeit
Beharrlichkeit
Beherrschung
Bescheidenheit
Bewusstheit

Beziehung(sfähigkeit)
Bildung

C
Charakter(festigkeit)
Charisma
Charme

D
Demokratie
Demut
Direktheit
Distanz
Disziplin
Duldsamkeit
Durchhaltevermögen

E
Echtheit
Ehrfurcht
Ehrgeiz
Ehrlichkeit
Eifer
Eigenständigkeit
Einfachheit
Einfallsreichtum
Einfluss
Einfühlungsvermögen
Einzigartigkeit
Empfindung(sfähigkeit)
Empathie
Energie
Engagement
Entscheidungsfähigkeit
Entschlossenheit

Entwicklung
Erfolg
Erfüllung
Erkenntnis
Ernst

F
Familie(nsinn)
Fantasie
Feinfühligkeit
Flexibilität
Freiheit
Freigebigkeit
Freizügigkeit
Freude
Freundlichkeit
Freundschaft
Frieden
Fröhlichkeit
Furchtlosigkeit
Fürsorglichkeit

G
Gastfreundschaft
Geborgenheit
Geduld
Gefühlsfülle
Gelassenheit
Gelehrsamkeit
Gemeinsamkeit
Gemütlichkeit
Genialität
Genügsamkeit
Geradlinigkeit
Gerechtigkeit(ssinn)

Gestaltungskraft
Gesundheit
Gewissenhaftigkeit
Glauben
Gleichheit
Glück
Gottvertrauen
Größe
Gründlichkeit
Gutmütigkeit

H
Harmonie
Heiterkeit
Herausforderung
Herzensgüte
Herzlichkeit
Hilfsbereitschaft
Hingabe
Höflichkeit
Humor

I
Idealismus
Individualität/Individualismus
Innovationskraft
Intelligenz
Integrität
Intuition

K
Kameradschaft(lichkeit)
Kinderliebe
Klarheit
Klugheit
Kommunikation(sfähigkeit)
Kompetenz
Konfliktfähigkeit
Können
Kontaktfreudigkeit
Korrektheit
Kraft
Kreativität
Kunst

L
Lebendigkeit
Lebensfreude
Leichtigkeit
Leistung(sfähigkeit)
Lernen
Liebe

M
Macht
Männlichkeit
Menschenkenntnis
Menschlichkeit
Mitgefühl
Mitleid
Moral
Musik
Mut
Mütterlichkeit

N
Nachhaltigkeit
Nachsicht
Nähe
Natur(verbundenheit)
Neugier

O
Objektivität
Offenheit
Optimismus
Ordnung

P
Partnerschaft
Perfektionismus
Persönlichkeit
Pflichtbewusstsein
Pragmatismus
Pünktlichkeit

Q
Qualifikation

R
Rationalismus
Realismus
Rechtmäßigkeit
Redegewandheit
Reichtum
Religiosität
Respekt
Risikobereitschaft
Rücksicht
Ruhe, äußere

Ruhe, innere
Ruhm

S
Sauberkeit
Schläue
Schöngeistigkeit
Schönheit
Schweigsamkeit
Selbständigkeit
Selbstaufopferung
Selbstbestimmtheit
Selbstbewusstsein
Selbstdarstellung
Selbstdisziplin
Selbsterkenntnis
Selbstliebe
Selbstlosigkeit
Selbstsicherheit
Selbstvertrauen
Selbstverwirklichung
Selbstwert(gefühl)
Sensibilität
Seriosität
Sexualität
Sicherheit
Sinnfindung
Sorgfalt
Souveränität
Spiritualität
Spontaneität
Stabilität
Stärke
Status
Stolz

T
Tapferkeit
Tatkraft
Tiefgang
Toleranz
Transzendenz
Treue
Tüchtigkeit

U
Überlegenheit
Überzeugung(skraft)
Umsicht
Umwelt(schutz)
Unabhängigkeit
Unparteilichkeit
Unterstützung
Unverzagtheit
Urteilskraft

V
Verantwortung(sbewusstsein)
Verbindlichkeit
Vergebung
Vergnügen
Verlässlichkeit
Vernunft
Verschwiegenheit
Verständnis
Verstand
Vertrauen

W
Wahrhaftigkeit
Wahrheit
Wärme
Weiblichkeit
Weisheit
Weitsichtigkeit
Wertschätzung
Willen
Wirtschaftlichkeit
Wissen
Witz
Wohlbefinden
Würde

Z
Zärtlichkeit
Zielstrebigkeit
Zufriedenheit
Zugehörigkeit(sgefühl)
Zuverlässigkeit
Zuversicht

Literatur

Die folgenden Bücher und Zeitschriftenartikel haben mich in meinen Gedanken für dieses Buch angeregt.

Amstel, J. van: Sex-Knigge für Frauen. Knaur, München 2004

Bergner, T.: Burn-out? – Das muss nicht sein. In: Frauenarzt 44 (2003) 1119–1123

Bergner, T.: Lebensaufgabe statt Lebens-Aufgabe. In: Deutsches Ärzteblatt (2004) 101: A 2232–2234

Besser, R.: Transfer: Damit Seminare Früchte tragen. Beltz, Weinheim/Basel 2001

Cavelius, A./Brudereck, A.: Ess-Knigge. Südwest, München 2001

Csikszentmihalyi, M.: Flow. Das Geheimnis des Glücks. Klett-Cotta, Stuttgart 1998

Damasio, A. R.: Ich fühle, also bin ich. List, München 1999

Dilts, R. B.: Die Magie der Sprache. Junfermann, Paderborn 2001

Dilts, R. B.: Die Veränderung von Glaubenssystemen. Junfermann, Paderborn 1993

Filliozat, I.: Die Intelligenz der Gefühle entdecken. Walter, Zürich/Düsseldorf 1998

Goleman, D./Boyatzis, R./McKee, A.: Emotionale Führung. Ullstein, München 2002

Grinder, J./Bandler, R.: Therapie in Trance. Klett-Cotta, Stuttgart 2000

Großmann, A.: Erfolg hat Methode. Gabal, Offenbach 1995

Halman, L.: The European Values Study: A third wave. Tilburg 2001

Hipler, M.: Gefühle sind veränderbar. Brendow, Moers 2000

Jacobi, J.: Komplex, Archetypus, Symbol in der Psychologie C. G. Jungs. Rascher, Zürich/Stuttgart 1957

Jung, C. G.: Über psychische Energetik und das Wesen der Träume. Walter, Freiburg 1971

Kast, V.: Vom Sinn der Angst. Herder, Freiburg 1996

Kehr, H. M.: Souveränes Selbstmanagement. Beltz, Weinheim/Basel 2002

Köhler, H.: Vom Rätsel der Angst. Verlag Freies Geistesleben, Stuttgart 2000

König, K.: Über die menschliche Seele. Verlag Freies Geistesleben, Stuttgart 1992

McClelland, D. C./Boyatzis, R. E.: The leadership motive pattern and long-term success in management. In: Journal of Applied Psychology 67 (1989) 737–743

Motamedi, S./Strikker, F.: Sicher auftreten, überzeugend vortragen. Rowohlt, Reinbek 1997

Münchhausen, M. von: So zähmen Sie Ihren inneren Schweinehund! Piper, München 2004

Osten, H. von der: Über die Welt und über Gott. J. Kamphausen, Bielefeld 1997

Palmer, H.: Avatar. Die Kunst befreit zu leben. Kamphausen, Bielefeld 2001

Rhinehart, L.: Das Buch Est. Hugendubel. München 1983

Riemann, F.: Grundformen der Angst. E. Reinhardt, München/Basel 1993

Robbins, A.: Das Powerprinzip. Heyne, München 1995

Rogers, C. R./Rosenberg, R. L.: Die Person als Mittelpunkt der Wirklichkeit. Klett-Cotta, Stuttgart 1980

Rogers, C. R.: Entwicklung der Persönlichkeit. Klett-Cotta, Stuttgart 2000

Rost, W.: Emotionen. Elixiere des Lebens. Springer, Berlin/Heidelberg/New York 2001

Saint-Exupéry, A. de: Was du gibst, macht dich nicht ärmer. Benziger, Zürich/Düsseldorf 1999

Salovey, P./Mayer, J. D.: Emotional Intelligence. In: Imagination, Cognition and Personality 9 (1990) 185–211

Satir, V.: Meine vielen Gesichter. Kösel, München 2001

Schmidt-Azert, L.: Lehrbuch der Emotionspsychologie. Kohlhammer, Stuttgart/Berlin/Köln 1996

Shazer, S. de/Berg, I. K./Lipchik, E. et al.: Kurzzeittherapie: Zielgerichtete Lösungsorientierung. In: Watzlawick, P.: Kurzzeittherapie und Wirklichkeit. Piper, München 2001, S. 165–197

Shazer, S. de: Der Dreh. Überraschende Wendungen und Lösungen in der Kurzzeittherapie. Car-Auer-Systeme, Heidelberg 2002

Sheldrake, R.: Das schöpferische Universum. Die Theorie des morphogenetischen Feldes. Ullstein, München 2001

Soesman, A.: Die zwölf Sinne. Tore der Seele. Verlag Freies Geistesleben, Stuttgart 1998

Stein, M.: C. G. Jungs Landkarte der Seele. Walter, Düsseldorf/Zürich 2000

Trenkle, B.: Das Aha! Handbuch der Aphorismen und Sprüche für Therapie, Beratung und Hängematte. Carl-Auer-Systeme, Heidelberg 2004

Varga von Kibéd, M./Sparrer, I.: Ganz im Gegenteil. Carl-Auer-Systeme, Heidelberg 2001

Watzlawick, P.: Anleitung zum Unglücklichsein. Piper, München 1999

Watzlawick, P.: Wie wirklich ist die Wirklichkeit?. Piper, München 1998

Wilber, K.: Das Spektrum des Bewusstseins. Rowohlt, Reinbek 2003

Wittgenstein, L.: Tractatus logico-philosophicus. Logisch-philosophische Abhandlung, Suhrkamp, Frankfurt a. M. 1960

Zeig, J. K.: Die Weisheit des Unbewussten. Carl Auer, Heidelberg 1995

Stichwortverzeichnis

Über den Autor

Dr. med. Thomas M. H. Bergner ließ sich nach seinem Medizinstudium und langjähriger Tätigkeit an einer Universitätsklinik zunächst als Facharzt mit einer eigenen Praxis für Dermatologie und Allergologie nieder. Sowohl privat als auch in beruflichen Fortbildungen beschäftigte er sich dann seit 1994 zunehmend mit Aspekten der Persönlichkeitsentwicklung und Psychotherapie. Früh entdeckte er für sich selbst die Relevanz von „Lebensmustern" und fand seine Fragen betreffend deren Funktionen in vorhandenen Konzepten nur unzureichend beantwortet. Die daraufhin von ihm entwickelte Methode, die er in *Lebensmuster erkennen und nutzen* beschreibt, hat er als Coach und Trainer für Führungskräfte und Selbstständige in einer eigenen Seminarreihe bereits erfolgreich angewendet. Thomas M. H. Bergner lebt heute in Ebenhausen bei München.